Susanne Goertz

W0040663

Seidenhart

– Die ganze Geschichte –

Eine Motorrad-Abenteuerreise entlang der Seidenstraße
nach Kaschgar, durch Tibet und bis nach Fernost

Stock
und Stein
Verlag, Krefeld

Die Umschlagfotos entstanden im tadschikischen Pamirgebirge bei
Karakul (oben) und bei Arslanbob in Kirgistan (unten).
Das Bild auf der Buchrückseite wurde in Ost-Anatolien aufgenommen
und zeigt den Ishak-Pasha-Palast.

Das Copyright für sämtliche Fotos und Zeichnungen liegt bei
Thomas Goertz und Susanne Goertz.

Einige Namen wurden aus Gründen des Persönlichkeitsschutzes geändert.

"Seidenhart" ist im Verzeichnis lieferbarer Bücher (vlb) gelistet
und in der Deutschen Nationalbibliothek verzeichnet.

6. Nachdruck (2019)
Ersterscheinung: Copyrigt 2014 by Stock und Stein Verlag Krefeld
                    Susanne Goertz
                    Raderfeld 30b
                    47807 Krefeld
E-Mail: susanne@stockundsteinverlag.de

Gesetzt in Times New Roman
Umschlaggestaltung und Grafik: Susanne Goertz
Lektorat: Wolfgang Dömges

ISBN 978-3-00-044903-1
www.stockundsteinverlag.de

*Für Thomas, der mit mir durch die Steppen und
Oasen des Lebens reist*

*Für Brigitte und Wolfgang, die sich nicht mehr
über meine Ideen wundern*

*Für Kathi, die das noch nie getan hat
und deren Leben die schönste Reise überhaupt
werden soll*

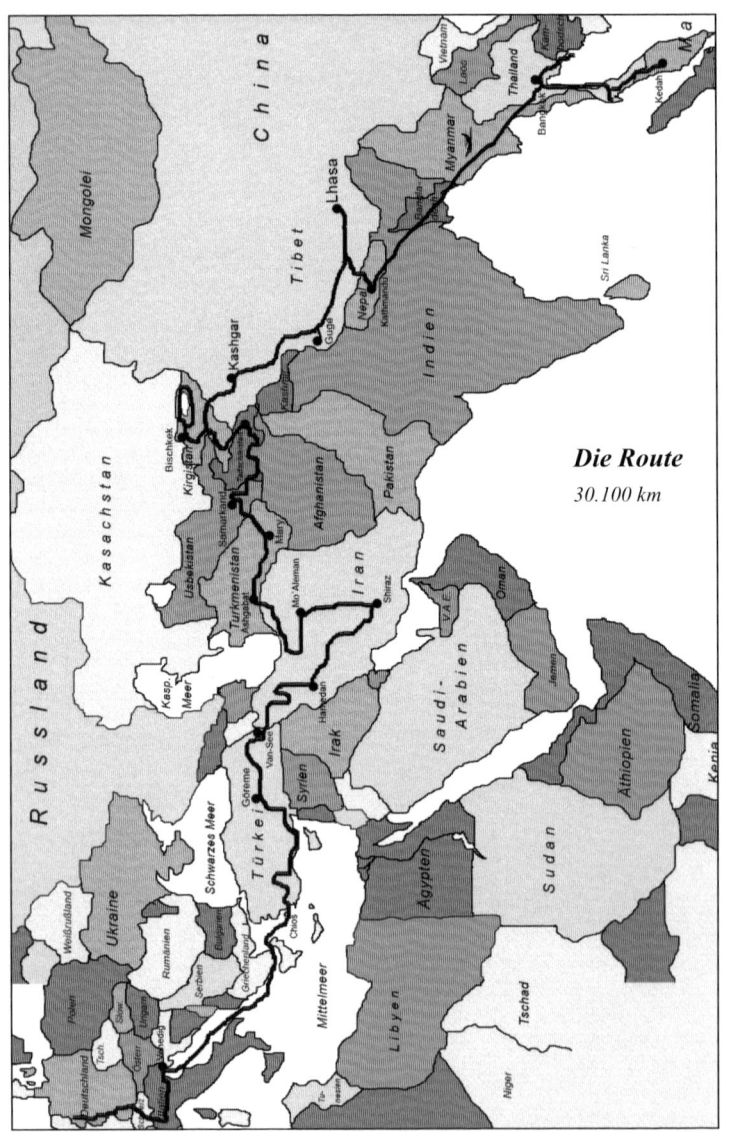

Die Route

30.100 km

Die Seidenstraße

Die Seidenstraße ist ein seit der Bronzezeit entstandenes Netz von Karawanenstraßen, dessen Hauptroute das östliche Mittelmeer mit Ostasien verbindet.

Sie ist eine der unwirtlichsten Strecken der Erde, die keinen natürlichen Verlauf hat. Sie führt durch wasserloses Land von einer Oase zur anderen, von einem Handelsknotenpunkt zum nächsten. Dabei erklimmen die Strecken Pässe, die mit über 5.000 Höhenmetern zu den am schwersten und höchsten befahrbaren der Welt gehören. Aber die immense Bedeutung der Verbindung für die transnationale Kommunikation zwischen Ost und West hielt die Seidenstraße für Jahrtausende aufrecht, auch wenn durch Kriege und Naturkatastrophen ihr Verlauf einem ständigen Wandel unterzogen war.

Auf der Seidenstraße blühte der Austausch von Handelswaren wie Seide, Edelsteinen, Gold, Glas und Gewürzen in die eine Richtung und Eisen, Pelzen, Keramik und Bronze in die andere.

Mindestens genauso viel Einfluss wie der Handel auf die Weltgeschichte hatte der Austausch von Ideen, Religionen und Kulturen, die Kaufleute, Gelehrte und Reisende mit in ihrem Gepäck führten.

Gerade in letzter Zeit ist diese Route wieder zu einem Symbol für Wohlstand und ein freies Leben geworden – nicht zuletzt durch das Streben Chinas nach der Öffnung zum Westen hin. Die uralten Städte wie Kashgar, Hotan und Rawalpindi erblühen in neuem Glanz, zumindest wirtschaftlich. Und auch wenn es nun die berühmten fantasievoll mit orientalischen Mustern geschmückten Laster sind, die die pittoresken Kamelkarawanen von einst verdrängt haben, so pulsiert dieses älteste aller Handelsnetze doch wie eh und je voller Leben.

Inhalt

Vertraue auf Allah, aber binde Dein Kamel an!

(Sufi-Sprichwort aus dem Iran)

Vorher ...

"Mami, wann gibt's Essen?" Ich unterbreche das Herumwühlen in der vollgestopften Schublade: "Jetzt jedenfalls nicht!" Oben fällt die Tür wieder ins Schloss. Wo sind nur die verdammten Passfotos?

Die Lade fliegt mit einem Knall zu. Mein innerer Schweinehund erwacht mit einem Ruck, streckt sich und gähnt: "Wozu eigentlich all der Aufwand? Wieso bleibt ihr nicht einfach zu Hause, und du machst jetzt das Abendessen?"

Verdrossen drehe ich die leere Klarsichthülle, in der sich unsere Passbilder befinden sollten, hin und her. Nein, so leicht gebe ich nicht auf. Da wirft mich auch nicht der Berg an Dingen zurück, die bis zur Abreise auf Erledigung warten, denn ich will auf dem Motorrad mit Thomas hinter den Horizont fahren. Da muss auch der anhänglichste Schweinehund zuhause bleiben. Jetzt oder nie, das ist die Devise! Egal, wie oft wir noch neue Passbilder machen lassen müssen. Ein halbherziger und wenig hoffnungsvoller Blick in die letztmögliche Schublade, und da liegen sie, die Passbilder für unsere Visa, halb verborgen unter einem Stapel Fotos aus den Achtzigern. Glückliche Gesichter grinsen an Olivenbaum gesäumten Landstraßen in die Kamera. Portugal. Waren wir da eigentlich schon zwanzig?

***

Juli 1986. Die langen Jeans nerven, mir bricht der Schweiß aus. Aber die luftigen Shorts sind schon zusammen mit der eingerollten Hängematte und dem Walkman in die Puma-Sporttasche gewandert. Thomas verzurrt das braune Kunstleder-Ungetüm mit Spanngummis auf der Rückbank der alten Yamaha. Er ist immerhin Besitzer einer Crosshose und klobiger Sidi-Motorradstiefel der ersten Generation, die zum Motorradfahren wohl besser geeignet sind als die weichen Robin-Hood-Stiefelchen mit Stulpe, in die ich jetzt schlüpfe. Das war´s, wir müssen aufbrechen. Mit langen Gesichtern checken wir den Luftdruck an unseren Maschinen, prüfen die Kettenspannung. Immerhin. Viel Ahnung haben wir ja nicht von Motorrädern, aber die werden die 3.500 Kilometer schon wieder nach Hause schaffen. Wir müssen unseren staubigen Zeltplatz unter den Pinien am Felscliff hoch über dem Atlantik räumen. Vier Wochen Freiheit, Unbekümmertheit und Sonnenschein gehen mit dem nahenden Ferienende vorbei. Wie wundervoll wäre es, wenn wir nicht die Heimreise antreten müssten. Uns wieder in den Studien- und Berufsschulalltag einsortieren zu müssen, ist ein Gedanke, den wir uns lieber nicht machen. Drauflos leben, und wenn wir es hier an der Algarve satt sind, einfach noch viel, viel weiter zu fahren und alle Länder zu entdecken, das wäre doch was!

Das waren so ungefähr unsere Gedanken, als wir mit ein paar Mark in der Tasche einen letzten Blick aufs glitzernde Meer warfen und hinter uns die bepackten Motorräder parkten, startklar für den Heimweg. Fast dreißig Jahre ist das her.

***

Und fast dreißig Jahre später fahren wir zwei Reiseenduros und denken immer noch ganz ähnlich. All die Jahre war der verlockende Gedanke an grenzenlose Freiheit nicht kleinzukriegen. In der Zwischenzeit konnten wir viele aufregende Reisen unternehmen. Wir bereisten mit den Rucksäcken Fernost, das war jedoch die Ausnahme. Meist kurvten Thomas und ich auf den Sätteln der Motorräder durch ganz Europa und durch Nordafrika. Als die Straßen langweilig wurden, lernten wir unter Einsatz von Leib und Leben Enduro zu fahren und tummelten uns mit Vorliebe in den dunklen Wäldern Rumäniens oder den Wüsten Tunesiens und Marokkos herum. Abgesehen von dem Reisevirus, den wir schon mit uns herumtragen seit wir wissen, wo Norden und Süden ist, beginnt die Planung unserer ersten richtig langen Reise im Grunde genommen eines Winterabends auf der roten Couch in unserem Wohnzimmer. Irgendein Reisebericht im Fernsehen – ich weiß nicht einmal mehr genau, um welches Land es ging – ist mit einem Mal ein Reisebericht zu viel.

Der Konsum zahlreicher Motorrad-Reisevideos, Diashows und Fernsehberichte über Abenteuer in fernen Ländern per Zweirad, LKW oder mit dem Rucksack liegt hinter uns. Dokumentationen über orientalische Städte im Nahen, Mittleren und Fernen Osten geben uns den Rest, wir wollen das alles so gern mit eigenen Augen sehen. Bald. Am besten jetzt! Und vor allem, auf unseren Motorrädern unterwegs sein. Zelt und Schlafsack hintendrauf, Kocher und Klamotten in die Alukoffer und auf und davon in unbekannte Gefilde, das wäre doch etwas ... da ist es wieder, das Wort "wäre".

Machen wir ´was draus. Fahren wir entlang der Seidenstraße nach Fernost.

Aus der üblichen Spinnerei, die nach dem TV-Abspann selten länger als ein paar Minuten dauert und regelmäßig von Trivialitäten wie Spülen, Telefonieren oder Umschalten auf einen anderen Kanal ins Abseits gedrängt wird, erwächst ein nachtfüllendes Gespräch. Die Ideen zu Reisezielen und Durchführungsmöglichkeiten prasseln nur so auf uns nieder. Kreuz und quer schießen uns Bilder von blühenden Steppen, grünen Tropen, einsamen Bergen, verärgerten Chefs, neuen Bekanntschaften, verwaistem Haushalt, windzerzaustem Haar und bepackten Motorrädern durch den Kopf. Anerzogene Bodenständigkeit und ein gewisses Maß an Organisationsfähigkeit führen zwangsläufig zu der Einsicht, dass aus dem Reiseplan nur etwas werden kann, wenn für eine gute Vorbereitung gesorgt ist.

Also schieben wir fürs Erste die verlockenden Spinnereien beiseite und beginnen mit der sachlichen Analyse unserer Situation.

Nicht einfach, aber das muss sein. Thomas und ich haben eine Tochter, wir stehen mitten im Arbeitsleben und der Alltag piesackt uns oft genug mit all seinen kleinen und großen Verpflichtungen. Wie sollen wir es nur anstellen, das selbst geschaffene Schiff aus Sicherheit, Geborgenheit und Perspektiven zu verlassen, ohne gleich unsere wirtschaftliche und gesellschaftliche Existenz über Bord zu werfen? Quasi einen aufregenden Seilakt mit Fangnetz hinzubekommen? Ganz klar ausgedrückt: Wir wollen nach unserer Rückkehr nicht um den Preis einer langen Reise wieder von vorn anfangen. Die Möglichkeit, einfach drauflos zu leben, ist im Laufe unseres bisherigen Lebens einem festen, durchaus komfortablen Rahmen gewichen. Wie kriegen wir das bloß hin ...

Erst einmal sparen, so lautet in weiser Voraussicht die Devise. Geld macht nicht glücklich – aber kein Geld macht definitiv unglücklich, wenn man weg will. Mindestens aber unbeweglich. Wie viel Geld müssen wir überhaupt zusammen bekommen? Wir rechnen. Uns ist klar, dass wir uns auf einer langen Reise von vielen Monaten finanziell pro Tag nicht so viel zumuten dürfen, wie wir das auf unseren zwei- bis vierwöchigen Touren getan haben. Das war die Ferienzeit, die kostbaren, aber sehr überschaubaren Wochen des Jahres, in denen wir es uns gut gehen ließen – und manchmal durfte es auch etwas mehr kosten. So ein Tagesbudget kann nicht der Maßstab sein, denn dann sind wir schon im Nahen Osten pleite.

Wir surfen im Internet, um herauszubekommen, was denn andere Leute auf ähnlich langen Reisen so ausgeben. Und stellen fest, dass sich so gut wie alle Blogger und Reisebericht-Verfasser bei der Beantwortung dieser Frage sehr bedeckt halten. Ob das Gründe hat?, frage ich mich. Gehen die Ausgaben niemanden etwas an? Über alles Mögliche und Unmögliche können wir Informationen finden, aber um die Kosten wird herum geredet wie um den heißen Brei. So veranschlagen wir ins Blaue hinein 20.000,- Euro für eine Reisezeit von neun Monaten, inklusive Fährgeld, Visagebühren und Geld für Ersatzteile, die wir möglicherweise unterwegs besorgen müssen.

Bei der Wahl der fahrbaren Untersätze haben wir es leicht. Unsere Motorräder überzeugen mindestens durch ihr Alter. Eine Africa Twin und eine Transalp, beide mit über zwanzig Jahren auf den Tanks, nennen wir unser Eigen. Beinahe werden wir beim hiesigen Motorradhändler schwach, die neuen Modelle sind wirklich schick. Aber die Technik! Sie mag ja innovativ und komfortabel sein – wenn man sich in gut erschlossenen Gegenden aufhält. Wie sollen wir uns denn helfen, wenn mitten in der Pampa irgendein Problem ein Lesegerät verlangt, weil die komplizierte Elektronik streikt? Wir wollen lieber keine ABS-, Computer- oder sonstige für uns nicht reparablen Ausfälle riskieren. Das schreckt uns so ab, dass wir der Schönheit des Designs widerstehen und auf Altbewährtes setzen. Ein bisschen was verstehen wir mittlerweile von der Technik unserer vertrauten Maschinen, und all die anderen Unwägbarkeiten lassen wir unter der Devise "Mut zur Lücke" laufen.

Dann wäre da noch die nicht ganz unwichtige Sache mit unseren Jobs. Thomas hatte bereits vor fünf Jahren im entspannten Rahmen eines Grillfestes bei seinem Chef vorgefühlt, wie er denn zu einer Auszeit seines Mitarbeiters steht. Ganz der gute Chef, meinte dieser, er könne sich das schon vorstellen, schließlich sei die Firma auch dazu da, die Träume ihrer Mitarbeiter zu verwirklichen. Er hielt sein Versprechen.

Meinen guten Arbeitsplatz sah ich schon davonsegeln, denn was Thomas widerfahren ist, ist sicher nicht die Norm. Schweren Herzens suchte ich meinen Chef einige Monate vor dem Aufbruchtermin auf, um mit ihm über die Kündigung zu sprechen. Seine Reaktion war: "Hm, nicht so gern. Was hältst Du davon, wenn wir

Deinen Arbeitsvertrag so lange ruhen lassen?" Ich konnte es kaum fassen und war selig.

Nebenberuflich arbeite ich außerdem als freie Schriftsetzerin. Einige Aufträge werde ich sicherlich dank moderner Datentechnik von unterwegs erledigen können, so der optimistische Plan.

Kurz gesagt, wir haben beide das unverschämte Glück, von unseren Chefs freigestellt zu werden und die Zuversicht, nach neun Monaten an unseren Arbeitsplatz zurückkehren zu dürfen.

Das Wichtigste zuletzt: Eigentlich ist unsere Tochter im "richtigen" Alter, um flügge zu werden. Bei der nüchternen Feststellung dieser Tatsache schleichen sich jedoch muttertypische, von fiesen kleinen Stimmen gewisperte Bedenken ein: Kann sie es schaffen, über Monate hinweg ohne unsere helfende Hand zurechtzukommen? Wird sie es hinbekommen, unseren nicht gerade kleinen Haushalt aufrecht zu erhalten, ohne dass nach unserer Rückkehr eine Sanierung des Gebäudes nötig ist? Und sie zwanzig Kilo abgenommen hat, weil es nichts zu essen gab? Und wird sie die Traurigkeit über unsere lange Abwesenheit verkraften?

Jetzt ist es aber genug! Die Voraussetzungen sind gut, die Zukunft wird alles Weitere zeigen. Würden aber meine Eltern nicht im benachbarten Haus wohnen und notfalls als Zuwende- und Krisenhilfemöglichkeit für unseren Spross vor Ort sein, wer weiß, ob ich das Abenteuer zu diesem Zeitpunkt wagen würde.

Wir legen den Termin zur Abfahrt fest. Das ist ungeheuer wichtig, nicht nur wegen der praktisch zu erledigenden Aufgaben. Wir haben nun einen festen Zeitpunkt, auf den wir zuarbeiten können. Da wird nichts geschoben, von nun an können wir die Tage rückwärts zählen.

Die Motorräder werden ein halbes Jahr vor dem Stichtag auf Vordermann gebracht, bekommen neue Reifen, Bremsbeläge und den

Austausch sämtlicher Flüssigkeiten verpasst. Die Kofferträger werden verstärkt, und Thomas bringt leistungsstarke Zusatzscheinwerfer an. Tagelang finde ich ihn ausschließlich in der Werkstatt im Garten, laut pfeifend oder leise fluchend, je nach Werkstück. Ich kümmere mich unterdessen um Visa für den Iran, für Turkmenistan, Usbekistan, Tadschikistan und China, ebenfalls pfeifend oder fluchend. Die Papierberge türmen sich schneller auf, als ich das Altpapier rausbringen kann.

Für das iranische Visum brauche ich ein Foto, das mich mit Kopftuch zeigt. Da ich so etwas nicht besitze, bewaffne ich mich mit einem einfachen Halstuch, schwinge mich aufs Fahrrad und bitte den Optiker im Dorf, Passbilder von mir zu machen. Nur, wie bindet man denn so ein Tuch? Ich probiere vor dem Spiegel herum, der skeptische Blick des Optikers begegnet meinem eigenen im Spiegel. "Sieht das nicht bescheuert aus?" Er kann ein Grinsen kaum verbergen und nickt: "Irgendwie geht das anders, glaube ich. Ich rufe mal meine Kollegin runter, die kann da bestimmt helfen!" Die Kollegin ist Griechin, immerhin schon näher am Bestimmungsort als eine wie ich vom Niederrhein. Sie nestelt an mir herum, merkwürdig sieht die Kopfbedeckung immer noch aus. Der Optiker grinst hinter seinem Apparat, und ich kann es ihm nicht verübeln.

Internationale Führerscheine muss ich ebenso besorgen wie Carnets de Passage – eine Art Zollpapier für Fahrzeuge, das in vielen Ländern verlangt wird – und einen zweiten Reisepass für jeden von uns. Damit werden wir unterwegs wesentlich flexibler agieren können, falls wir jeweils einen Pass bei einer Botschaft für weitere Visaeintragungen hinterlegen müssen. Beim Hausarzt lassen wir uns komplett durchimpfen. Von Hepatitis in ihren verschiedenen fiesen Erscheinungsformen über Typhus, Japanische Enzephalitis und Masern bis zur Cholera ist alles dabei. Letzteres soll ein Geheimtipp gegen viele Arten der Reisediarrhoe sein. Wir sind gespannt. Die Versicherungsflut wird eingedämmt, nur das Nötigste bleibt bestehen. Aufgaben wie Zeitungen abbestellen, Daueraufträge einrichten und Ämter unterrichten laufen so nebenher.

Und ich bringe unserer Tochter das Kochen bei.

Der Esszimmertisch quillt über von allem, was nichts mit Essen zu tun hat. Er dient als Kartentisch, als Planungsbüro, als Werkstatt für Feinmechanik und Lötarbeiten. Thomas lädt grinsend kostenlose Open Street Map Karten aus dem Internet herunter und füttert damit unsere beiden Navigationsgeräte. Im Hintergrund läuft U2, gleich kommt auf Phoenix ein Reisebericht. Mein Gatte entdeckt auf den exotischsten TV-Kanälen die tollsten Sendungen über Marco Polo, Sven Hedin und Co. Ich kann sie mittlerweile nicht mehr sehen, will endlich selber los!

Mitte März stapelt sich vielversprechend das Gepäck in einer Ecke unseres Schlafzimmers. Noch zwei Wochen! Im Grunde genommen nehmen wir auch nichts anderes mit als auf eine dreiwöchige Reise. Der Unterschied besteht hauptsächlich im Umfang der Werkzeugsammlung, damit wir uns bei Reifenpannen oder anderen Komplikationen selbst helfen können, und in der Sorgfalt der Kleiderauswahl. Wir müssen sowohl dicke, warme Sachen für Gebiete wie Tibet einpacken, als auch leichte Sachen für Zentralasien und Fernost. Einige Male räumen wir das Unterste nach oben, dann ist das Gepäck fürs Erste zufriedenstellend in Alukisten und Packrolle verstaut.

Aber wo sind die Schafsfelle? Ohne den pelzigen Bezug gehe zumindest ich nicht auf große Fahrt. Ich habe die beiden Stücke aus einer Haut geschnitten und passend für unsere Sitzbänke präpariert, damit sie während der Fahrt nicht herum rutschen. Nicht nur, dass sie das Sitzen um einiges bequemer machen, auch bei einer Rast wärmt so ein Fell wunderbar den Bobbes.

Die Tage werden wieder länger, der Frühling naht und damit der Tag der Abreise – und ein zwiespältiges Gefühl macht sich breit. In

16

Abfahrt am Niederrhein mit neun Monaten Zeit vor dem Windschild.

Anbetracht der herrlichen Aussichten empfinde ich die Bedenken als unpassend und dämpfend, aber doch sind sie da, leise und verhalten, aber wohl ganz natürlich, wenn der Mensch sein gewohntes Umfeld verlässt. Und an manchen Tagen denke ich, ich schaffe es nicht, das Chaos bis zur Abfahrt in den Griff zu bekommen. Es sind noch so viele unterschiedliche Baustellen, die auf Fertigstellung warten. Ich freue mich auf Entschleunigung und den Tag der Abfahrt, an dem dann sowieso alles egal ist, was noch liegen bleibt.

Ja, und eines Tages Ende März stehen wir nervös und ein wenig neben uns in der Morgenkälte. In der Einfahrt warten die beiden gepackten Hondas. Unsere Familie und einige gute Freunde sind da, unsere Tochter und die Eltern sind zu Tränen gerührt. Das ist ein schwerer Moment, schwer und gleichzeitig so verheißungsvoll, dass uns fast schwindelig wird. Umarmungen begleiten gute Wünsche für die Fahrt um die halbe Welt. Wir drehen die Zündschlüssel im Schloss, die Motoren springen willig an und laufen in der Stille des Morgens warm. Helme auf, ein letztes Kopfnicken und weg sind wir. Wir biegen ab, und damit sehe ich auch unsere Lieben nicht mehr im Rückspiegel.

Saukalt – aber mit Sonne im Herzen

Während der ersten Kilometer fahren die Sinne Achterbahn. Ich knapse noch am Abschied. Die Räder rollen gleichmäßig unter vertrautem Motorengebrumm Richtung Süden, aber meine Gedanken sind noch nach hinten gerichtet. Aber langsam – wie die steigende Sonne – öffnet sich der Horizont vor uns wie ein Vorhang: Bühne frei für die Freiheit! Applaus für die Neugierde auf unsere Welt! Ein befreiender Jubelschrei gegen den Wind, ein Blick in den Rückspiegel – Thomas, der dicht hinter mir fährt, wird es nicht anders gehen.

Zwei Tage später sitzen wir im "Anker" und grübeln nach, wieso denn ein Gasthaus mitten im Schwarzwald zu einem für die Gegend so exotisch-maritimen Namen kommt. Draußen vor den vereisten Butzenscheiben ist das Thermometer bei minus acht Grad festgefroren, und der Schnee vor dem Haus liegt zehn Zentimeter hoch. Wie wir es vom Niederrhein bis in den Schwarzwald geschafft haben, wissen wir nicht so recht. Aber ohne Eis kein Preis oder so ähnlich – die Gaststube ist warm, wir halten die heiße Glühweintasse mit steifen Fingern umklammert und lassen den würzigen Dampf über unsere Gesichter streifen. Die Wärme tut unseren verfrorenen Leibern gut. Jetzt taue ich wieder richtig auf, und der Körper entkrampft. Der Wirt fragt uns, wo wir denn hinwollen und stellt zwei Schüsseln mit heißer Rinderkraftbrühe vor uns auf den Holztisch. "Nach Indonesien!" Sein Mund klappt auf und wieder zu, dann angelt er hinter der Theke nach seiner Kamera und verschwindet zum Eingang. Ich kratze ein Guckloch in die Eisblumen am Fenster hinter mir. Draußen in der Kälte macht der Wirt Fotos von unseren eingeschneiten Motorrädern.

So richtig ist es noch nicht in unseren Köpfen angekommen, dass wir nun auf großer Tour sind. Vorwiegend waren wir heute mit

Überleben in arktischer Umgebung beschäftigt. Für Morgen sieht die Tagesplanung vor, dass wir weiter in Richtung Schweiz rutschen wollen. Oder wir kaufen uns Schlittenhunde und legen uns ein neues Hobby zu ... bevor wir noch auf weitere verrückte Gedanken kommen, klärt uns der Wirt beim Essen über den Ursprung des Gasthausnamens auf. In alter Zeit, als in Holland noch der Schiffsbau florierte, um Holzschiffe für die Seemacht herzustellen, kamen die Niederländer bis in den Schwarzwald hinauf, auf der Suche nach perfekten, geraden Stämmen für Planken und Masten. Die alten Bäume wurden in den dunklen Wäldern geschlagen und über Nebenflüsse in den Rhein geflößt, um von dort aus bis nach Holland befördert zu werden. In diesem Gasthaus machten die Arbeiter Rast auf ihrer Reise, wie wir jetzt – der Name "Anker" macht Sinn!

Liebe Freunde hatten uns auf den ersten Kilometern ab unserer Haustür mit ihren Motorrädern begleitet. Trotz der un-frühlingshaften Temperaturen stiegen sie in die Motorradklamotten und ließen sich den Spaß nicht nehmen. Bald winkten sie an einer Autobahnabfahrt zum Abschied, um sich fröstelnd auf den Heimweg zu machen. Ein merkwürdiges Gefühl für uns, in den nächsten Monaten nicht umkehren zu müssen!

Immerhin fast fünfhundert Kilometer konnten Thomas und ich trotz der widrigen Umstände hinter uns lassen, resümieren wir bei Brühe und Brezeln in der gemütlichen Gaststube. Bei einer Tageshöchsttemperatur von vier Grad am Mittag schon eine galaktische Entfernung, zumindest für eine Frier-Hippe wie mich. Bei unserer zweiten Rast bemerkte eine mitleidige Raststättenangestellte angesichts unseres steifen Gangs: "Ja, haben Sie denn kein Auto?"

Was soll ich sagen ...

Meine Finger sind trotz Griffheizung auf den Oberseiten gefühllos und schneeweiß geworden. Etwas Abhilfe gegen die Kälte am Körper schafften die beiden Taschenwärmer, die ich effektiv in meiner Unterwäsche platziert hatte.

$$***$$

km 710

Aus dem tief verschneiten Schwarzwald geht es Richtung Schweiz, und an der deutsch-schweizerischen Grenze sieht es wettertechnisch sogar ganz freundlich aus. Die Sonne durchbricht von Zeit zu Zeit die graue Wolkendecke und immer, wenn uns ein Strahl streift, ist ein Hauch von Wärme zu spüren. Man wird für solche Kleinigkeiten sehr empfänglich und immer wieder wandert der Blick zum Himmel, um das nächste blaue Himmelsloch auszumachen.

Wir wollen uns das Geld für das schweizerische Pickerl sparen und kurven auf herrlichen Landstraßen Richtung Winterthur, um David, einem Bekannten mit Talent zur Fertigung ultimativer Tankrucksäcke, einen Besuch abzustatten.

Nach einem Plausch bei einer Tasse Tee führt uns der Weg über einen tausend Meter hohen Pass, der Schnee türmt sich links und rechts der Straße auf einer Höhe von erschreckenden sechzig Zentimetern. Leider liegt von der weißen Pracht auch so einiges auf der Fahrbahn, so dass die Maschinen gefährlich ins Rutschen geraten, wenn wir nicht genau die freigefahrene Spur halten. Aber auch dort droht tückisches Glatteis zwischen dem groben Asphalt. Das Heck bricht aus, das Vorderrad droht die Führung zu verlieren, das war wohl etwas zu schnell. Ich lerne ebenso schnell, dass bei dieser Witterung eine noch vorsichtigere "Schleichfahrt" angesagt ist.

Eine Gänsehaut jagt die nächste, ich friere wieder erbärmlich, nun bereits den dritten Tag in Folge. Wundere mich dabei aber, was so alles geht, ohne dass man vom Bock fällt. Und beneide Männer, die aus bautechnischen Gründen die Kälte besser aushalten als weibliche Wesen.

20

Knapp vor dem Dunkelwerden erreichen wir das Heim eines schweizerischen Paares. Wir haben die beiden übers Internet kennengelernt, auf der Suche nach Leuten, die mit uns eine Art Reisegruppe durch China bilden wollen. Wir dürfen in ihrem Haus übernachten.

Der Dampf im Bad wird dichter, ich lasse das warme Wasser der Dusche zwanzig Minuten auf meinen gefrosteten Körper prasseln und die erstarrten Lebensgeister kehren zurück.

Zusammen mit ihnen – die beiden sind Jeep-Fahrer – ihren beiden kleinen Kindern und einem weiteren Paar aus Deutschland mit einem Expeditionsmobil wollen wir uns Mitte August an der kirgisisch-chinesischen Grenze treffen. Jeder kommt über eine andere Strecke dorthin gereist und nutzt dann den gemeinsamen wirtschaftlichen Vorteil einer Gruppendurchquerung. So wie wir, damit wir den in China obligatorischen Guide für uns beide überhaupt bezahlbar zu machen. Die hohen Kosten für die chinesische Agentur, die den Guide stellt, können wir nur stemmen, indem wir in einer Gruppe reisen, ob es uns passt oder nicht. Mir passt das beim ersten Hinsehen eher nicht, denn ich kann das Ausmaß der Einschränkungen nicht abschätzen, die damit verbunden sein werden. Immerhin werden wir vier Wochen in dieser Konstellation auf chinesischem Staatsgebiet unterwegs sein, wahrscheinlich auf vorgeschriebenen Routen und im Konvoi. So lauten jedenfalls die Vorschriften von der chinesischen Agenturseite aus. Wir willigen natürlich in alles ein und werden vor Ort sehen, wie wir das Beste daraus machen können. Thomas sieht die Sache mit der Gruppe praktischer. Zwei oder drei Autos im Trupp, das bedeutet auch, in Notfällen auf Unterstützung in Landessprache hoffen zu können.

Die Schweizer Familie ist sehr nett, das wird schon passen. Die beiden Deutschen werden wir erst richtig an der chinesischen Grenze kennenlernen.

Beim Blick aus dem Fenster am nächsten Morgen ist es – weiß.

Und damit verbunden zwangsläufig kalt.

Bloß weg aus diesem Riesen-Kühlschrank, ab in den Süden! Es kann nur besser werden. Wir haben kaum einen Blick für die verschneiten Hügel übrig, für die Kinder, die juchzend auf ihren Schlitten die Hänge herunterjagen. Winterfreuden! So war das zwar nicht gedacht, aber Ende März durchaus zu erwarten.

Wir wählen den Weg über Vorarlberg. Und geraten aus unerfindlichen Gründen mitten hinein ins Zentrum des Wintersportortes, der kurz vor dem alten Pass liegt. Da haben wir wohl die Abzweigung zur Schnellstraße verpasst. Über uns baumeln Füße in Skischuhen, der Lift bringt die Wintersportler zu ihren Pistenträumen. Belustigte bis ungläubige Blicke folgen uns, als wir in der weißen Pracht wenden. Unser Traum ist das hier nicht. Erst recht nicht, als die Ohrenschmerzen einsetzen. Trotz wärmender Sturmmaske kriecht die Kälte durch meinen Helm und der stechende Schmerz läßt die Tränen in die Augen schießen. Ich stoppe vor dem Schild, das uns den richtigen Weg nach St. Anton weist. Die Euphorie des Aufbruchs vor wenigen Tagen ist wie weggeblasen und macht einem Tiefpunkt Platz. Diese Schmerzen und die ständige Kälte! Ich zerrupfe ein Tempotuch und stecke mir die Schnipsel in die Ohren, um sie etwas mehr zu schützen. Beschämt wische ich mir die Tränen vom Gesicht – dass ich so kurz nach dem Aufbruch schon heule! Ich bin froh darüber, dass Thomas mich gut kennt und weiß, dass ich in ein paar Minuten wieder im Sattel sitzen werde und weiter will. Es wird schon irgendwie gehen. Einen Moment lang denke ich an Motorradfahrer, die im Winter durch Norwegen und Russland fahren. Vorsätzlich sozusagen. Wenn ich nicht wüsste, dass es sie gibt, würde ich es nicht glauben.

Die Überquerung des Reschenpasses erscheint mit eintausendfünfhundert Metern Höhe schneetechnisch halbwegs machbar.

Soweit die Theorie. Oben tanzen die Schneeflocken im wilden Sturm, ohne ein oben und unten zu kennen. Die Sicht reicht kaum bis zur nächsten Fahrbahnmarkierung. Immerhin gab ein Räumfahrzeug vor kurzem sein Bestes, wäre es länger her seit seiner Durchfahrt, würde man vom Ergebnis seiner Arbeit nichts mehr erkennen können. Der Reschensee erinnert an die Permafrostzone in Sibirien, passend dazu bekommen wir Schneeverwehungen im fahlen Nachmittagslicht geliefert, die von heftigen Böen über das Eis des zugefrorenen Sees auf die Fahrbahn getrieben werden. Diesen Naturgewalten von der heimischen Couch aus bei einer Tüte Chips im TV zuzuschauen wäre durchaus sehenswert, ist es aber nicht, wenn man selbst mitspielt in dem Streifen. Auf der Gegenfahrbahn kämpfen sich Autos in Schrittgeschwindigkeit und mit laufenden Scheibenwischern voran. Ich blicke durch den Vorhang aus Schneeflocken in Riesenaugen, deren Blicke uns ungläubig durch die Seitenfenster folgen. Und ich gucke mit Riesenaugen einem Rennradfahrer hinterher, der auf der verschneiten Strecke herum strampelt, als ginge es um sein Leben. Das trifft die Sache möglicherweise sogar.

***

Der Himmel schließt seine Pforten, zurück bleibt ein Winterwunderland. Mein Motorrad zieht nicht mehr vernünftig. Mehr als 50 km/h bei Bergauffahrt sind überhaupt nicht drin. Die Gedanken kreisen um verstopfte Vergaser, kaputte CDI oder womöglich einen Defekt am Motor. Ich beschleunige nur noch äußerst vorsichtig, denn wer weiß, was ich durch Überbelastung alles kaputtmachen kann. Aber bei der Kälte ist kaum an eine Fehlersuche zu denken, wenn es nicht unbedingt sein muss. Sie läuft ja noch … Wir wollen versuchen, mit der sprotzenden Maschine wenigstens ins Warme zu kommen, um der Ursache für den Leistungsverlust mit beweglicheren Fingern auf den Grund zu gehen. Ich mache mir Sorgen: Wir sind doch gerade erst heraus aus Deutschland, und jetzt muckt schon eine unserer Maschinen! Der Spruch des Tages kommt bei einem kurzen Tankstopp vom Tankstellenbesitzer: "Ist Ihnen nicht kalt?" – Doch.

Aber irgendwann schlängelt sich die Strecke den Pass Serpentine für Serpentine hinunter, nur noch die Berggipfel sind schneebedeckt. Ein Hauch von Farben und Frühling ist zu spüren, und das zum mediterranen Süden geöffnete Meraner Tal lockt mit dem Anblick der ersten Zypressen und Palmen am Straßenrand. Endlich! In Sekundenbruchteilen nimmt der Geist die optischen Reize auf und wandelt sie in Hochstimmung um.

Für den Vormittag ist in Meran Regen angesagt. Das kann uns nicht schocken, wir haben den Süden vor Augen und den Nachrichtensprecher im Ohr, der für das hinter uns liegende Alpengebiet mal wieder Minusgrade verspricht.

Den Lago d´Idro lassen wir links liegen und schlängeln uns auf gut ausgebauten Straßen durch Norditalien. Bis Venedig ist es nicht weit, auch der unaufhörliche Regen bremst uns nicht aus.

In der Stadt am Meer finden wir zügig eine Herberge mit wummernder Heizung – und der Zimmerpreis wird auf der Stelle heiß verduscht. Wir sind am Mittelmeer!

In der malerischen Lagunenstadt beginnt die Seidenstraße. Wir stehen am Beginn einer Reihe legendärer alter Handelsstädte entlang der ehemaligen Handelsroute. Hier in Venedig soll das Geburtshaus Marco Polos stehen, des venezianischen Händlers, der vor über 750 Jahren von dieser Stelle aus Reisen bis nach China unternommen hat. Wir verabschieden uns schnell von dem Gedanken, das ehrwürdige Gebäude im strömenden Regen zu suchen, obwohl die Stadt bei diesem trüben Wetter ihren ganz eigenen Charme verströmt. Stattdessen suchen wir den Anleger der nächste Fähre auf, die uns nach Patras in Griechenland bringen kann. Die Entscheidung, per

Fähre etwas voranzukommen, fiel am Abend – beim Blick auf den Wetterbericht für die kommenden Tage – leicht. Nichts als Regen, kaum über neun Grad, und keine Besserung in Sicht.

Wie in alten Tagen buchen wir eine "Deckspassage", schön billig, und das bedeutet: kein komfortables Bett und erst recht keine Kabine. An Deck muss man bei der gelinde ausgedrückt schlechten Witterung mit diesem Ticket auch nicht gerade schlafen, denn es gibt große Räume mit sogenannten Pullmannsitzen, die wie im Kino neben- und hintereinander aufgereiht sind und in denen der Passagier während der Überfahrt halb hängend dösen kann.

Wir haben anderes im Sinn. Nachdem unsere Motorräder im Schiffsbauch vertäut und rundherum im Zentimeterabstand von Lastwagen eingekeilt sind, machen wir uns auf die Suche nach einem geeigneten Aufenthaltsort für die nächsten sechsunddreißig Stunden. Aus Erfahrung schleppen wir unsere Luftmatratzen und die Schlafsäcke in eines der recht weitläufigen lobbyartigen Cafés und wollen warten, bis das Personal den Betrieb für die Nacht einstellt, um dann unser gemütliches Bett zu machen. Es wimmelt im Café wie in einem Ameisenhaufen, in den man ein Stöckchen gesteckt hat. Familientrupps, Pärchen, LKW-Fahrer, alle suchen einen Sitzplatz auf einem der kugelförmigen Sessel im 70er-Jahre-Stil oder auf den knallorangefarbenen langen Sofabänken. So wie wir, mit dem Unterschied, dass wir uns später hier lang machen wollen. Mit Argusaugen wird unser Vorhaben von einem Kellner durchschaut. Die Zeit verrinnt. Muss der Mann denn überhaupt nicht schlafen? Auf das auffällige Aufpumpen der Luftmatratzen verzichten wir in Anbetracht der vorhandenen Polster ja schon, aber kaum bewegen wir unsere müden Gliedmaßen auf einer der überaus bequemen Sofas in die Horizontale, ist er zur Stelle und will uns zu den unbequemen Pullmansitzen ein Deck tiefer bugsieren.

Wir sind hartnäckig, setzen uns vorerst wieder ordentlich hin, mimen Leseaktivitäten, und irgendwann fordert der Schlaf wohl auch von dem lästigen Kellner seinen Tribut und er ist verschwunden. Immerhin fünf Stunden Schlaf bekommen wir, bevor die Morgenschicht uns gleich nach ihrem frühen Dienstantritt mit Radau von der gemütlichen Couch jagt. Also, das wurde früher nicht so streng gesehen! Wir packen verschlafen zusammen und holen uns einen Tee. Damit sind wir wieder legalisiert im Café unterwegs.

Im graublauen Licht zwischen Nacht und Morgen treibt es uns an Deck. Ist das ein laues Lüftchen, das uns hier um die Nase weht? Noch kühl und frisch von der Nacht, ist doch die Potenz des anbrechenden Tages zu spüren. Nach Süden!

Am späten Abend spuckt die Fähre neben fünf Dutzend umsichtig an Land manövrierter Trucks auch uns beide an Land. Angesichts der fortgeschrittenen Stunde stellt sich die Frage: Wo in Patras schlafen? Die Uhr zeigt mittlerweile Mitternacht, dementsprechend viel ist in den Bars und Clubs los. Schlafen will hier wohl keiner außer uns. Es gibt einige Stadthotels, die aber leider keinen Hof für die Motorräder haben – und bei dem Geflattere der vielen Nachtschwärmer wollen wir die Kisten lieber nicht auf der Straße stehen lassen. Nach einer halben Stunde Herumgekurve zwischen Taxen, Teens und Tanzwütigen werden wir schließlich fündig, springen zuerst unter die Dusche und anschließend ins Bett, wo wir sofort einschlafen.

Die Sonne weckt uns, und wir packen die paar Sachen zusammen, die wir für die Nacht benötigten. Dabei fällt Thomas auf, dass sein Navigationsgerät nicht aufzufinden ist. Wir kehren das Unterste nach oben, nichts zu finden. Er ist sich absolut sicher, das Gerät am Abend zuvor aus der Motorrad-Halterung genommen zu haben. Wir suchen noch einmal. Nichts. Ob wir es auf dem Hotelflur verloren haben, beim Heraufschleppen von Helmen, Tankrucksäcken und Jacken? An der Rezeption wurde nichts abgegeben, erfahren wir zu unserem Unbehagen.

Ob es vielleicht doch noch in der Halterung an der Africa Twin klemmt? Ein kurzer Blick durch die Glastüre des Hotels genügt: Fehlanzeige. Unerklärlich.

Noch unerklärlicher ist, dass das Navi stattdessen draußen auf der Sitzbank liegt, ohne während der Nacht gestohlen worden zu sein! Wir geloben im Stillen, in Zukunft besser auf unsere Sachen aufzupassen.

Die Motoren schnurren, wir verlassen die Hafenstadt Richtung Athen. Der Blick schweift übers Meer und über liebliche Hügel. Sanfte Kurven, sanfte Temperaturen. Mit einem Schlag wird mir klar: Du musst dich auf nichts mehr konzentrieren als auf den Reisegefährten an deiner Seite, das Motorrad unter dem Hintern und das bisschen Gepäck hintendrauf. So fühlt sich Freiheit an!

Reichlich überrumpelt von den klaren Farben des azurblauen Meeres, den sonnenbeschienenen Feldern und dem betörenden Duft der blühenden Zitronenbäume fahren wir wie durch einen Traum. Es war wieder ein langer Winter in diesem Jahr.

Wir kramen die Sonnenbrillen heraus, stellen unser Körperempfinden auf "20 Grad Außentemperatur" um und folgen der zweihundert Kilometer langen Küstenstraße nach Osten. Der hartnäckige niederrheinische Spätwinterhusten, den ich seit Wochen mit mir herum schleppte, hat sich inzwischen ins Nirwana verabschiedet.

Nach diesem Körper-Check registriere ich, dass die Alp zwar williger als in Italien vorwärtskommt, trotzdem dreht sie nach wie vor nicht über 5.000 Touren. Sobald wir einen Ruhetag einlegen, wollen wir der Sache endlich auf den Grund gehen.

Da wir weder Wasser noch Kekse oder Obst im Gepäck haben, liegt vor der Überfahrt auf die Insel Chios die Notwendigkeit eines Supermarkt-Besuchs. Das ist im vom Verkehr verstopften Piräus leichter gesagt als getan. Im Zickzack-Kurs durchforsten wir die verstopften Straßenschluchten, so gut wie alles gibt es in den zahlreichen Geschäften zu kaufen. Aber – was essen die Leute bloß? Oder besser gefragt, woher bekommen sie ihre Brötchen und ihre Wurst? Das Suchen ist schweißtreibend. Es ist richtig heiß heute, das mag uns auch so vorkommen, weil wir Temperaturen über 20 Grad überhaupt nicht mehr gewohnt sind. Ich beschwere mich nicht, als der Schweiß beginnt, in kleinen Strömen durch die Jacke zu rinnen.

Es dauert fast eine halbe Stunde, bis wir im Getümmel einen richtigen Lebensmittelladen entdecken und den verbliebenen Platz in den Alukoffern mit Ess- und Trinkbarem auffüllen können.

Am Ticketverkaufsschalter im Hafen ist nichts los, und so bekommen wir in Nullkommanichts die Fahrscheine für die Überfahrt nach Chios ausgestellt. Wir rollen unter Deck.

Die Nachtfähre startet um 21:00 Uhr. Wieder haben wir unsere Luftmatratzen und Schlafsäcke mit aufs Passagierdeck geschleppt. Schnell finden wir den Raum mit den Pullmannsitzen und halten Ausschau nach einer geeigneten Ecke, in der wir unser Doppelbett auf dem Boden errichten können. Hinten rechts an den Fenstern, in der letzten Reihe der Sitze, das wäre schon genau der richtige Platz. Inständig hoffen wir, dass uns der Claim nicht wegen Platzmangels durch andere Mitreisende streitig gemacht wird. Denn zusehends füllt sich das Deck, wie im Kino strömen die Passagiere in den Saal, werfen einen prüfenden Blick auf ihre Platzkärtchen und irren durch die Reihen, um die dazu gehörigen Sitze zu finden. Platzkärtchen? Wir hatten noch nicht einmal mitgekriegt, dass die Sitze überhaupt nummeriert sind …

Mit jedem Reisenden, der eintritt, wird es spannend wie beim "Schiffe versenken" spielen: C6 – daneben, A5 – daneben! Die Sitze ganz hinten bleiben frei. Unser gemütliches Eckchen ist uns sicher. Zumindest bis fünf Uhr in der Frühe, als eine Lautsprecheransage krächzend und in undefinierbaren Sprachen wohl vom Ende der

Das erste Frühstück auf Chios.

Überfahrt kündet. Noch ist kein Silberstreif des heraufdämmernden Tages am Horizont zu sehen. Die Fähre legt auf der Insel an und entlässt uns in eine sternenklare Nacht. Wir geistern auf unseren Maschinen einige Kilometer durch die tiefschwarze Nacht bis zu einem einsamen Strand, an dem wir auf den Sonnenaufgang warten wollen. Nur ein paar Katzen auf Nachtpatrouille sehen, wie wir unsere Motorräder neben einer alten Fischerhütte abstellen und Wurst, Käse und Obst im Strandkies ausbreiten. Ich hole noch die beiden Schafsfelle von den Sitzbänken der Motorräder, und wir nehmen am Strand Platz wie zwei Könige, an einem der wohl schönsten Frühstücksplätze der Welt.

Inselleben auf griechisch

km 1.530

Langsam erhebt sich die Morgensonne aus dem dunklen Meer. In den Hügeln zu beiden Seiten der kleinen Bucht hängen Nebelschwaden in allen Schattierungen von Blau.

Das leise Rauschen der Wellen hat etwas Beruhigendes und Unendliches. Beide stellen wir fest, dass es überhaupt nicht so schnell vorangehen muss mit der Reise, immerhin liegen neun Monate Motorradzeit vor uns, in der wir uns im Grunde um nichts anderes kümmern müssen als um unsere Gesundheit und unsere Maschinen. Da ist es wieder, dieses nie da gewesene Gefühl der Ungebundenheit, und jetzt, wo wir nicht nur eine Ahnung davon bekommen, haut uns diese Einsicht fast um.

Zurück in der Inselhauptstadt wollen wir die Erkenntnis, viel Zeit zu haben, gleich in die Tat umsetzen.

Im Informationshäuschen am kleinen Hafen erkundigen wir uns nach einem Campingplatz, um für einige Tage eine Bleibe zu finden. Wir erfahren, dass es auf Chios nicht einen Campingplatz gibt. Zum wild campen haben wir eine Dusche zu nötig, also muss ein Zimmer her. Zufälligerweise vermietet der Betreiber des Infohäuschens auch gleichzeitig Zimmer. Er besitze ein sehr hübsches Haus, gleich am Strand. Das müssen wir uns doch einmal ansehen! Und so ziehen wir in eine griechische Traumherberge am Meer mit eigener Terrasse, und das für einen Appel und ein Ei.

Während unser Zimmer durch die eilends herbei gerufene Hausfrau hergerichtet wird, machen wir uns vor dem Haus auf die Suche nach der Ursache für den Leistungsabfall der Alp.

Alle möglichen Ursachen kommen uns in den Sinn: die CDI ist defekt, der Vergaser sitzt zu, die Membrane ist gerissen … Als erste Aktion entfernt Thomas die Sitzbank, um einen Blick auf die CDI werfen zu können. Er blickt mit einem schiefen Grinsen auf und zeigt auf die nun offen liegende Stelle. Auch mir fällt der völlig deplatzierte Putzlappen mitten im Luftansaugstutzen auf. Da hat er überhaupt nichts verloren. Diesen Lappen nutze ich als Putzhilfe, zum Ölmessen und andere Arbeiten. Seit Jahren klemmte er in seinem Eckchen unter der Bank und hatte noch niemals zuvor seinen Platz verlassen.

Erleichtert grinsen wir uns an, zugleich empfinde ich im Stillen großes Bedauern der Alp gegenüber, der ich auf den letzten Kilometern dermaßen die Kehle abgedrückt habe! Wir machen das gleich wieder mit einem Pflegeeinsatz gut, indem wir die verkrusteten Mopeds mittels Wasserschlauch vom immer noch vorhandenen Straßensalz befreien (wo hatte nochmal Schnee gelegen? Schnee …?)

Es fällt uns schnell auf, dass wir auf Chios die einzigen Touristen zu sein scheinen. Lediglich die typischen europäischen Sommerferien-Monate Juli bis August sollen für etwas mehr Trubel auf dem Eiland sorgen, aber selbst dann seien die Verhältnisse nicht mit dem Rummel in den Tourismuszentren auf dem nahen türkischen Festland zu vergleichen, erfahre ich.

Ein Amerikaner, der mit einer Griechin verheiratet ist, meint den Grund zu kennen: "Es ist alles viel zu teuer in Griechenland. Meine Pension reicht kaum aus für das Leben hier, und dabei ist unser Haus schon abbezahlt. Ich werde wohl über kurz oder lang mit meiner Frau in die Staaten zurückkehren müssen".

In der Tat stellen wir fest, dass die Preise in den Supermärkten tatsächlich das deutsche Preisniveau zum Teil weit übertreffen. Und nichts ahnend bezahlen wir für zwei Orangensaft und einen Cappuccino über elf (!) Euro in einer kleinen Hafenkneipe, die zwar dreißig Tische hat, aber außer uns keine Gäste. Kein Wunder, uns passiert das auch nicht mehr.

"Nachmittags ist bei uns alles geschlossen. Wir Griechen, wir arbeiten so hart am Morgen, da müssen wir nachmittags ausruhen.", sagt unser liebenswerter und hilfsbereiter Vermieter mit einem verschmitzten Lächeln, als Thomas am Nachmittag zu einem Reifenhändler aufbrechen will. Das Vorderrad der Africa Twin hat einen Schlag, und das Fahren ist kein Vergnügen.

Thomas kommt aus dem Staunen nicht mehr heraus, als er sich trotz des gut gemeinten Hinweises auf den Sattel schwingt und im Vorbeifahren in die Geschäfte schaut. Es ist etwa vier Uhr nachmittags und außer Tankstellen und Bars hat das restliche dienstleistende Gewerbe in der Tat geschlossen.

Unweigerlich gerät man in Versuchung, einen Zusammenhang zwischen dem griechischen Hochpreisniveau und der Arbeitszeitlänge zu bilden, um sich in der Quintessenz zu fragen, warum die Euro-Krise erst jetzt hochgekommen ist.

Am nächsten Tag brechen wir gemeinsam auf, um wieder für einen runden Lauf zu sorgen. Am arbeitsreichen griechischen Vormittag werden wir beim örtlichen Honda-Motorradhändler vorstellig. Der verfügt jedoch über keine eigene Werkstatt und schickt uns einige Meter weiter zu einem Reifenhändler. Der baut geschwind das Vorderrad aus, um es gleich darauf auf die Maschine zum Auswuchten von Motorradreifen zu fixieren. Der Monteur schaltet die Auswuchtmaschine ein – Stille. Nichts dröhnt los, nichts bewegt sich. Fünf Minuten nimmt er sich Zeit für die Fehlersuche an dem streikenden Gerät, aber er kommt zu keiner Lösung. Kopfschüttelnd will er unverrichteter Dinge das eiernde Vorderrad wieder einbauen.

Thomas bedeutet dem Mechaniker, das Rad zunächst ausgebaut zu lassen und uns zu zeigen, wo wir einen anderen Reifenhändler in der Nähe finden können. Der Mechaniker beschreibt den Weg, drückt meinem Gatten die Zündschlüssel seines Rollers in die Hand und als der auf der Rollersitzbank Platz nimmt, packt er ihm das Rad vor die Knie und ich höre noch, wie er Thomas viel Glück wünscht.

Ich warte stilecht auf einem Plastikhocker am Straßenrand vor der Werkstatt und sehe Thomas nach wenigen Minuten wieder um die Ecke biegen, vorsichtig den Reifen zwischen den Beinen balancierend. "Das war wieder nichts, der andere Händler hat erst gar keine Maschine zum Auswuchten!"

Unser Monteur, der sich zumindest als branchen- und ortskundig herausstellt, rät Thomas, in diesem kniffligen Fall doch einen Mann namens Papadoglio aufzusuchen, drei Kilometer von hier entfernt. Auf griechisch beschreibt er den Weg. Wir sehen ihn daraufhin mit hochgezogenen Augenbrauen an, wir haben kein Wort verstanden. Der Monteur tritt zurück, formt die Hände zu einem Trichter und ruft etwas hoch in den ersten Stock. Oben öffnet sich ein Fenster, und gleich darauf erscheint unten der Vater der 50-jährigen Besitzerin des Nachbarladens. Damit Thomas das verheißungsvolle Haus des Papadoglio auf keinen Fall verfehlen wird, wird der alte Mann ihn auf seinem Roller dorthin bringen. Thomas besteigt diesmal den Rücksitz, das Rad in seiner Rechten.

Die beiden kurven durch Chios Stadt, bis Thomas mit lahmem Arm bei Papadoglio abgesetzt wird. Er schildert ihm das Problem, man nickt verständnisvoll, schnappt sich das Rad und kommt nach wenigen Minuten mit ausgewuchtetem Reifen in den Verkaufsraum zurück, davon zeugen zumindest die neuen Gewichte auf der Felge. Dem freundlichen Roller-Chauffeur ist indes wohl etwas Wichtiges eingefallen, er ist im Getümmel der Gassen verschwunden.

So sehe ich von meinem Plastikstühlchen aus Thomas im Taxi statt auf einem Scooter anrollen. Der Monteur baut das Rad schnell ein und die Twin sollte nun endlich wieder rund laufen. Weit gefehlt: Nach wenigen Metern schimpft Thomas mir mitten im Verkehr zu, dass der Lenker immer noch schlackere, wenn auch nicht mehr ganz so heftig. Dafür funktioniert sein Tachometer aber jetzt nicht mehr. Wahrscheinlich hat der Monteur beim Radeinbau die Tachoaufnahme nicht richtig justiert.

Später sitzen wir bei einem Cappuccino auf dem Dorfplatz des malerischen Örtchens Pyrgi. Pyrgi ist eines der vier sogenannten "Mastixdörfer" auf Chios, hier wird bis heute das wertvolle Harz des Mastixstrauches gewonnen, um unter anderem Geigenlacke und kostbare Klebstoffe daraus herzustellen.

Das Dorf hat eine Besonderheit aufzuweisen, die uns noch niemals zuvor an einem anderen Ort begegnet ist: Die Hausfassaden nahezu aller Bauten sind in der Sgraffito-Technik, auch Kratzputz genannt, ausgearbeitet. Das bezeichnet den mehrschichtigen und mehrfarbigen Auftrag vieler Schichten Putz übereinander, in die der Handwerker (oder vielleicht eher Künstler) Schicht für Schicht geometrische Muster einkratzt. Das Ergebnis ist eine beeindruckende Palette an Mustern und Farben, keine Fassade gleicht der anderen und wir staunen über die geometrische Vielfalt.

Die Sache mit dem defekten Tacho lässt Thomas keine Ruhe. Kaum hat er die Kaffeetasse geleert, kramt er mitten auf dem Dorfplatz sein Werkzeug heraus und will der Sache auf den Grund gehen. Es dauert nicht lange, und er ruft zu mir herüber: "Das gibt´s doch nicht, das musst du dir ansehen!"

Beim Radausbau hat der Mechaniker die Kabel abgerissen, die zum Kontakt in der Nähe der Radnabe führten. Kein intaktes Kabel, keine Tachoanzeige. Was für ein Murks!

An einem Nebentisch bleibt einigen Männern der Ärger über das kaputte Kabel nicht verborgen. Sie unterbrechen ihren vormittäglichen Plausch und beeindrucken uns durch ihre Hilfsbereitschaft und Freundlichkeit. Während Thomas versucht, das Kabelding wieder zu einem Stück zusammen zu fügen, stoßen sie dazu, verschaffen sich einen Überblick über die Problematik und diskutieren Lösungsansätze. Damit Thomas den Schaden notdürftig reparieren kann, läuft einer von ihnen los, kommt nach wenigen Minuten mit einer Rolle Isolierband in der Hand zurück und schenkt es ihm. Wir sollen es lieber einpacken, falls so etwas noch mal passieren sollte. Die

Männer wünschen uns eine gute Reise und wenden sich wieder ihrem sonnigen Tisch zu.

Wir dagegen wenden die Motorräder und finden uns beim Inselerkunden in einer Traumbucht wieder, die menschenleer und so kitschig schön daliegt, dass wir uns kaum sattsehen können. Die Maschinen werden abgestellt, unsere Klamotten fliegen in den Sand und wir hüpfen in die Fluten.

Nachmittags klopft es an die Zimmertür. Unser Vermieter hält uns breit lächelnd zwei große Teller entgegen, einer mit griechischem Bauernsalat und Brot beladen, der andere mit gebratenen Scampi auf Reis gefüllt. Seine Frau habe gleich für uns mitgekocht, meint er, und wünscht uns einen guten Appetit.

Kein Wunder, dass wir uns auf der kleinen Mittelmeerinsel pudelwohl fühlen. Das ist ja der reinste Urlaub hier!

´rüber nach Kleinasien!

Uns drängt nach einigen Tagen die Lust zum Weiterfahren, das türkische Festland wartet am Horizont auf Entdeckung. Bald rollen wir zum Anleger, um die Morgenfähre von Chios nach Cesme zu erwischen. Um kurz vor acht herrscht bereits großer Andrang am Pier. Passagiere mit Kisten, Kästen und Trolleys drängen sich auf dem schmalen Asphaltstreifen, der zwischen Zaun und Schiffsrampe verläuft.

Kaum passieren wir das kleine Tor zum Fährbereich, bedeutet uns der Einweiser mit hektischen Armbewegungen, dass wir jetzt aber mal richtig Dampf machen müssten und ganz schnell zur Passkontrolle ´rüber laufen sollten, die Fähre würde schon in wenigen Minuten ablegen.

Thomas schnappt sich die notwendigen Papiere und ich bewache im Gedränge unsere beladenen Motorräder. "Not ok!", ruft mir der Einweiser zu – ich soll ebenso wie Thomas persönlich am Schalter erscheinen. Er erklärt sich bereit, so lange auf unsere Sachen aufzupassen, also ziehe ich nur die Zündschlüssel ab und flitze hinterher.

Wir sind die Einzigen, weil letzten am Ticketschalter und dementsprechend schnell auch wieder draußen, jetzt kann es ans Verladen gehen. Die Fähre ist eine größere Nussschale und bietet zwar Platz für viele Passagiere, aber für nur vier Autos. Allein unsere beiden ausladenden Maschinen beanspruchen den Platz eines PKW, auf Deck geht es entsprechend beengt zu. Das Boot schwankt wegen des üppigen Seegangs dermaßen, dass die eiserne Auffahrrampe abwechselnd nur links oder rechts krachend gegen den Betonboden am Anleger schlägt.

Beim Anblick der Naturgewalten wird mir ganz anders zumute, denn ich bin überhaupt nicht seefest und frage mich, wie ich das schwere Motorrad über diese schwankende Angelegenheit bugsieren soll. Mein Mann ist ganz Kavalier und fährt nach seiner Twin auch meine Transalp auf den kippeligen Kahn. Ich hoffe neben einem stabilen Verhältnis zu meinem Magen darauf, dass die Motorräder bei dem Geschwanke auf See nicht umkippen werden.

Die Überfahrt von wenigen Kilometern gestaltet sich wie erwartet grenzwertig, ich wende den Blick keine Sekunde vom Horizont, um dem Gleichgewichtssinn wenigstens eine minimale Stütze zu bieten. Eine kreidebleiche Passagierin flitzt mit gesenktem Kopf und vor den Mund gepresster Hand an uns vorbei. Glücklicherweise erledigt sie die Sache über die Reling gebeugt, unglücklicherweise steht sie im Wind ganz vorn am Bug, so dass wir Passagiere durch den Fahrtwind alle etwas von dem Elend abbekommen.

***

In der Türkei wieder Land unter Füßen und Rädern, müssen wir nicht lange auf die Zollabfertigung warten, bevor wir bei behaglichen 25 Grad im Sonnenschein den Weg nach Pamukkale einschlagen.

Die weißen Sinterterrassen in der Nähe der Stadt Denizli gaben dem Ort seinen Namen: Pamukkale ist der türkische Ausdruck für "Watteburg". Über viele Jahrtausende hinweg sorgten kalkhaltige Thermalquellen für riesige schneeweiße Kalkablagerungen und für die Ausbildung glasklarer Sinterpools, die am Hang des Berges terrassenförmig übereinander liegen. Der stetig zunehmende Touristenstrom und die damit verbundenen Schädigungen an den Terrassen nahmen in den beginnenden 1990er Jahren ein solches Ausmaß an, dass die UNESCO androhte, die Terrassen von Pamukkale aus der Liste des Weltkulturerbes zu streichen. Flugs begann von staatlicher Seite ein außerordentliches Rettungsprogramm: Alle

Hotels, die oberhalb der Terrassen lagen, wurden geschlossen und abgerissen. Diese Häuser entnahmen das klare Wasser für ihre eigenen Thermalpools und leiteten die Abwässer anschließend über die weißen Hügel ab. Von nun an durfte kein Tourist mehr die Terrassen und die natürlichen Wasserbecken betreten, denn Sonnencremes und mechanische Beschädigungen sorgten für eine stete Zersetzung der feinen Kalkkristalle. Übrig blieben traurige Pfützen auf schmutzig braunem Kalk.

Da die Thermalquellen auch nach Tausenden von Jahren nach wie vor weitersprudeln, ist es nach über fünfzehn Jahren intensiver Renaturierung gelungen, den natürlichen weißen Glanz dieses herrlichen Ortes beinahe vollständig wiederherzustellen. Hotels dürfen seit der Renaturierung nur noch unterhalb des riesigen Hanges im Tal errichtet werden, und dort dürfen die Betriebe das ablaufende Wasser auch für ihre Schwimmbäder verwenden.

Wir schlagen unser Zelt gleich gegenüber der weißen Pracht auf. Auf dem kleinen Campingplatz halten sich außer uns beiden noch ein paar europäische Wohnmobilisten auf.

Es dauert nicht lange, und einer der Urlauber schlendert zu uns herüber und fragt nach dem Woher und dem Wohin. Wir können gerade einmal ein, zwei Sätze sprechen, da legt er auch schon los. Erzählt von den technischen Finessen seines Wohnmobils, wo er überall schon gewesen sei, dass er ja eigentlich Segler sei und was ihm so alles im Leben widerfahren ist.

Nach einer halben Stunde Trommelfellattacke wird mir die Sache zu bunt, ich lasse Thomas im Stich und trolle mich unter dem Vorwand, das Zelt aufräumen zu müssen, außer Hörweite. Im Zelt gibt es mangels Masse natürlich nichts aufzuräumen, aber als Alternative zu den Vorträgen hätte ich sogar bügeln und Fenster putzen vorgezogen. Geduldig, oder eher gesagt höflich, lauscht Thomas noch einige Zeit dem Selbstdarsteller, um sich anschließend vorzunehmen, ihm in den folgenden Tagen besser aus dem Weg zu gehen.

Wir sind hier, um die Terrassen unter die Lupe und unter die Füße zu nehmen, denn seit einiger Zeit sind ein paar Sinterpools wieder für Touristen freigegeben, und auf festgelegten Wegen kann man das Gelände erkunden, ohne Schaden anzurichten.

Mit vorschriftsmäßig entkleideten Füßen im glasklaren Wasser der natürlichen Becken herumzulaufen, ist wunderbar. Lauwarm umspült das Wasser die Beine, feinste Maserungen der jahrhundertealten Kalkgebilde spüren wir unter den Fußsohlen. Wir erklimmen den gleißenden und glitzernden Bergrücken und sind damit gleich in Sachen Kultur unterwegs.

Am Gipfel erheben sich die Tore der versteckt liegenden antiken Stadt Hierapolis. Bereits vor über 2.000 Jahren wurden die Thermalquellen von den Bewohnern zum Baden, Bewässern und zum Waschen und Färben von Wolle genutzt, durch die die alte Stadt reich wurde. Wohnhäuser, Paläste und das unverzichtbare Theater sind gut erhalten, stundenlang klettern wir in den Ruinen herum.

***

Es tröpfelt. Verschlafen registriert das Ohr, das aus meinem Schlafsack ragt, eine stete Zunahme der Tropfenschlagzahl da draußen. Ich ziehe die Daunendecke fester um den Kopf, um das nervige Geräusch auszusperren, ohne Erfolg. Der Regen hat uns wieder eingeholt.

Es ist nicht schwierig, Thomas im Halbschlaf davon zu überzeugen, dass das Wetter einen längeren Aufenthalt in Pamukkale überflüssig macht. An der 250 Kilometer entfernten Küste versprechen wir uns wieder eine trockene Umgebung.

Der Antrieb, bei kühlem Regenwetter aus den Schlafsäcken zu krabbeln, die Klamotten einzupacken und das klatschnasse Zelt zu verstauen, hält sich in bescheidenen Grenzen. Vielleicht klart es ja gleich auf? Immerhin bekomme ich es hin, in der winzigen Zeltapsis ein Frühstück hinzufummeln. Leider heute ohne heißen Tee, denn der Benzinkocher würde nicht nur die Brennschale in Flammen setzen.

Eine Zeltwandstärke entfernt entwickelt sich der Regen zum Tagesprogramm. Ausharren nützt nichts, also einpacken, Regenkombis an und los. Woanders kann es nicht nasser sein, und alles ist besser als Kälte und Nässe. Na ja, und vielleicht besser als der Seitenwind, der uns auf der 1.000 Meter hoch liegenden Ebene vor Mugla beinahe von den Motorrädern haut. Natürlich in Verbindung mit ordentlichem Regen.

Aber irgendwann erreichen wir eine einsam gelegene Bucht westlich von Marmaris, am Ende einer viele Kilometer langen Sackgasse. Sackgasse ist vielleicht nicht ganz der richtige Ausdruck, denn die Straße ist eine der schönsten Küstenstraßen, und wo sie in der bunten Fischerhaus-Ansammlung endet, geht die Fahrt nur noch über den Kiesstrand weiter bis zu unserem ausgeguckten Campplatz.

Auch an der Küste blieb es heute nicht trocken. Durch den Sturzregen hat sich die hinter dem Dorf liegende Lagune kurzerhand mit dem Meer vereint. Als ich Thomas dabei knipse, wie er die paar Hundert Meter durchs Wasser fährt, habe ich Probleme mit dem Kameraauslöser oder vielmehr mit den klobigen Handschuhen, die ich aus Faulheit nicht ausgezogen habe. Ich ziehe sie mir von den Fingern und fummle an dem Apparat herum. Dermaßen abgelenkt, realisiere ich nicht, wie tief das Wasser ist, durch das Thomas gerade pflügt und gebe einfach Gas, als er mir – am anderen Ende des Sees angekommen – zuwinkt. Und wundere mich, warum es bei mir so langsam vorangeht. Ich hänge wie an unsichtbaren Gummibändern, die mein Motorrad am Vorankommen hindern – kein Wunder, das Wasser steht weit über den Radnaben, es läuft in meine Stiefel und der unebene Untergrund ist unergründlich. Die Größe der glitschigen Steine unter Wasser kann ich nur erahnen, das Vorderrad rutscht sich seinen Weg. Jetzt nur nicht verkrampfen, und vor allem bloß nicht anhalten, bloß nicht umkippen. Ich versuche weder zu viel noch zu wenig Gas zu geben. Wie ein Amphibienfahrzeug bahnt sich das Motorrad den Weg durch die Fluten. Mit klopfendem Herzen und glücklich, dass das Gepäck nicht im Wasser gelandet ist, habe ich wieder festen Boden unter den Rädern. Thomas grinst: "Geht doch!"

Von acht Wildgänsen abgesehen, sind wir die einzigen Gäste in der Bucht. Die schnatternde Gesellschaft ist bereits beim Zeltaufbau dankbar für die seltene Ablenkung, das Interesse an uns verstärkt sich bei jedem Griff in irgendeine Tüte. Lautstark sind sie gleich zur Stelle, rupfen und zupfen an Tüten und Kisten herum und verschonen auch die Reifen der Motorräder nicht mit Schnabel-Untersuchungen.

Es ist so kitschig schön hier, dass auch der Wind, der nachmittags aufkommt, die Idylle nicht trüben kann. Fischerboote schaukeln im glasklaren Wasser, die Sonne blitzt durch die Wolken, die Fischer dösen oder flicken ihre Netze, und der Campbesitzer umsorgt uns mit seinen Kochkünsten, als der Abend gekommen ist. Auch die Übernachtungskosten kommen uns entgegen: Die erste Nacht ist frei. Wir sind perplex, bis wir darauf kommen, dass wir wohl gerade die berühmte türkische Gastfreundschaft genießen dürfen. Für die folgenden Übernachtungen zahlen wir 4,50 Euro für den Zeltplatz. Hier halten wir es einige Tage aus – ganz locker!

Mit den Fotokameras bewaffnet machen wir einen Spaziergang entlang der Bucht. An Motiven mangelt es nicht, das Meer schillert im Sonnenschein in allen Azurtönen und die Fischer sind beim Netze flicken und Holzboot reinigen anzutreffen.

Dort, wo seit Urzeiten eine Reihe knorriger alter Bäume ganz nahe an der Wasserkante steht, ist der Farbkontrast zwischen dem verwitterten Holz der Stämme und dem blauglitzernden Meer besonders eindrucksvoll. Ich schleiche um die vernarbten Stämme, bücke mich unter wettergebeugten Ästen auf der Suche nach den besten Motivausschnitten. Schöne Aufnahmen, ich reiche Thomas den Apparat. Ein heftiger Stoß in den Rücken, und im hohen Bogen fliegt mir die Kamera aus der Hand und knallt mit einem kranken Geräusch auf die Kieselsteine. Ehe sich Thomas den Fotoapparat greifen konnte, prallte das Gehäuses auch schon auf. Ich fahre mit einem erschrockenen Schrei herum, irgendetwas Großes, Schweres ist mir in den Rücken gefallen. Ein zotteliger Riesenhund steht in Hab-Acht-Stellung vor uns. Sein Anblick verheißt nichts Gutes, genauso wenig wie der Anblick der Kamera am Boden. Aber zuerst muss dieser Hund weg! Wir brüllen ihn an, er legt die Ohren an. Als wir uns nach Steinen bücken, um sie zu Wurfgeschossen umzufunktionieren, trollt er sich endlich.

Unser Lieblings-Zoomobjektiv ist kaputt. Der Ärger ist riesengroß, wenn mir so etwas passiert, bin ich für einige Zeit untröstlich. Das kenne ich schon, und Thomas muss sich meine Tiraden anhören, bis es ihm genug ist. Helfen tut das Schimpfen über das Missgeschick natürlich nichts, irgendwann halte ich auch endlich die Klappe und grummle im Stillen weiter.

Was nun? Ein neues Objektiv muss her, sonst wird nichts aus unserem Vorhaben, wunderbare Bilder mit nach Hause zu bringen. Wir sind doch erst in der Türkei! Die Beschaffung eines Ersatzes soll uns in den nächsten Tagen auf Trab halten.

Auf unserer Weiterfahrt Richtung Osten an der türkischen Küste entlang versuchen wir es zunächst in Marmaris, das ist immerhin eine größere Stadt. Wir überlegen, wo viele Touristen sind, wird auch viel gekauft. Und zählen Kameras und Objektive vielleicht nicht zu Dingen, die so mancher als Mitbringsel im Ausland beschafft? Viele Touristen sind auf den Bürgersteigen unterwegs, sie flanieren, schlecken Eis am Stiel oder schleppen Einkaufstüten. Manche blicken uns erstaunt hinterher, als wir mit unseren Motorrädern umherkurven und sie unsere deutschen Nummernschilder identifizieren. Einige sprechen uns an, wenn wir halten und uns nach Geschäften erkundigen, die vielversprechend sein könnten. Viele Male bekommen wir ähnliches zu hören wie: "Das ist toll, was ihr da macht! Eine gute Reise wünschen wir!"

Wir freuen uns über die Aufmerksamkeit, kommen aber mit unserer Suche nach einem Kameraladen nicht so recht voran.

Da vorn, ein Laden mit Kodak-Reklame! Erwartungsvoll schnappt sich Thomas das kaputte Objektiv, betritt das Geschäft und kommt erst einige Minuten später wieder heraus. Das ist vielversprechend. Aber – Fehlanzeige, der Verkäufer verweist uns nach Antalya. Oder wir sollen es in Kayseri in Kappadokien versuchen. Das ist weit.

Aber bloß kein Stress, so schnell muss ein Ersatz nun auch wieder nicht her. Wir lassen es uns nicht nehmen, gemütlich dem Küstenverlauf zu folgen und die karischen Felsengräber bei Kaunos anzuschauen. Außerdem haben wir noch andere Aufnahmegeräte bei uns.

Schon von Weitem können wir die Aushöhlungen der Gräber in der steilen Felswand ausmachen. Die riesigen, kunstvoll um die Eingänge gearbeiteten Steinfassaden sind bereits im 4. Jhd. v. Chr. in schwindelerregender Höhe in die senkrechte Fläche gemeißelt worden. Die Entdeckerin in mir würde liebend gern dort oben herumstöbern, aber in voller Montur und bei knallendem Sonnenschein ist das eher nicht empfehlenswert.

So führt uns der Weg weiter nach Osten, und bald kommen wir am Ufer eines breiten Flusses zu stehen, dem Köycegiz, der die gesamte Schwemmlandebene teilt.

Doch wo ist die Brücke? Auf unserer Landkarte ist ein feiner Strich eingezeichnet, dem wir zumuten, eine Brücke darzustellen.

Erstmal in den Schatten, die Frühlingssonne gibt alles. Wir parken die Motorräder unter einem gewaltigen Baum und befragen einige Einheimische, die in einer kleinen Teebar gleich am Ufer ihr Schwätzchen halten. Die Leute sind sehr beeindruckt von den großen Maschinen, erklären uns aber leider in feinstem Türkisch (das wir nicht verstehen), dass es gar keine Brücke über den Fluss gibt. Der einzige Weg für uns sei, hundert Kilometer zurückzufahren, um das gesamte Flussdelta auf nördlicher Route zu umgehen. Zurück? Wie heißt es doch, frei nach Herrn Honecker: "Vorwärts immer, rückwärts nimmer!" Hundert Kilometer sind kein Pappenstiel, und wir würden ja viel lieber die vielversprechende Straße dort drüben am anderen Ufer unter die Räder nehmen!

Wir beschließen, die Sache in Angriff zu nehmen und nach Möglichkeiten einer Flussübersetzung zu suchen. Der erste Schritt ist, in der Bar einen eiskalten Granatapfelsaft aus eigener Produktion bei der betagten Besitzerin zu kaufen. Die Kühle tut gut, wir lassen die Blicke schweifen. Außer ein paar winzig-wackeligen Passagierbooten ist weit und breit kein Fährbetrieb in Sicht. Die freundliche alte Dame scheint unsere Gedanken lesen zu können. Das ist nicht schwer, stehen wir doch am Ufer wie Christoph Kolumbus am Bug der Santa Maria, das vermeintliche Indien vor Augen. Sie meint mit einem bedauernden Seitenblick auf die beiden Motorräder, dass wir den Weg wohl zurückmüssten, da unsere Motorräder zu groß für die Boote seien. Das sehen wir schließlich freudlos ein. Und der Saft ist auch alle.

Aber ein Anwohner tut das nicht. Er bedeutet uns zu warten, springt in ein Ruderboot, paddelt über den Fluss und schickt vom anderen Ufer aus eines der Holzboote samt zwei Mann Besatzung zu uns herüber. Schaukelnd macht der kleine Kahn wenige Minuten später am Pier fest und der Schiffsführer springt mit einem Satz an Land. Im selben Moment hält ein alter Kleinbus neben unseren Motorrädern, dem eine Acht-Mann-Combo inklusive kompletter Instrumentierung entsteigt. Die Musikkapelle möchte ebenfalls übersetzen, zu Fuß und ohne den Kleinbus.

Wir trauen inzwischen unseren Ohren kaum, als der Schiffsführer uns bedeutet, es wäre doch gelacht, wenn er uns nicht hinüber bringen könnte. Wir sollen gleich mal das Gepäck von den Motorrädern abladen und vorn aufs wacklige Boot verfrachten. Die beiden Motorräder hätten hinten zwischen den zwei Holzbänken immer noch genug Platz, und die Combo könne ja mit ihren Trommeln und Cellos das kleine Ruderboot nehmen, das gleich am Anleger der Bar festgemacht ist.

Mir stockt der Atem, als die Transalp mangels Planke auf das schwankende Boot geschoben, gehievt und gezerrt wird. Ein alter Mann stemmt sich gegen den Eisenpoller, das Festmacherseil mit beiden Händen gepackt, damit das Boot immerhin noch in Anlegernähe herum schaukelt. Thomas schiebt am Lenker, der Paukenschläger der Musikcombo sowie der Schiffsführer drücken von hinten. Das Boot neigt sich bedenklich. Ich hoffe auf den guten Gleichgewichtssinn der Verlader. Endlich an Bord, wird das Motorrad zwischen den beiden Sitzreihen von einem freundlichen Herren festgehalten, der dafür sorgt, dass es nicht gleich wieder auf der anderen Seite über Bord geht. Thomas verfrachtet zusammen mit den Helfern die Twin auf die gleiche Weise, sie kommt quer am Heck zu stehen.

Ich weiß nicht, wie oft ich "Oh, mein Gott" murmele, so aufgeregt bin ich angesichts der unerwarteten Aktion.

Schließlich quetsche ich mich zwischen Maschinen, Männer und Gepäckstücke, und Thomas fragt sich berechtigterweise, wie wir die Dinger rückwärts, und damit zwangsläufig ohne Motorunterstützung, am anderen Ufer wieder über die hohe Bordwand an Land befördern sollen. Aber darum kümmern wir uns, falls wir drüben ankommen sollten.

Die Türken dagegen machen einen so entspannten Eindruck, als würden sie bloß zwei Sack Reis befördern. Am gegenüberliegenden Ufer packen sie kräftig an und obwohl sich der Abstand Pier - Bordwand während der Entladung erschreckend vergrößert, schleppen, tragen und ziehen sie beide Mopeds wohlbehalten an Land.

Überglücklich danken wir dem Einsatztrupp, zahlen ein paar Euro, befestigen Alukoffer, Packsäcke und Tankrucksäcke an ihren Plätzen und setzen die Fahrt nach Gelemis fort, dem antiken Patara, der "Stadt unter dem Sand".

Gelemis empfängt uns als ein verschlafenes Dörfchen mit ein paar urigen Kneipen und mit kunterbunter Wäsche bestückten Balkonen. Unserem ersten Eindruck nach zu urteilen ist es bei Travellern recht beliebt und mit einem perfekten Sandstrand inklusive riesiger Wanderdünen ausgestattet. Zur Abrundung der Szenerie liegt auf halbem Weg zum weißen Strand die alte Ruinenstadt Patara, in der vor über 1.700 Jahren kein Geringerer als der Hl. Nikolaus geboren wurde. Uns scheint, wir haben es gut angetroffen mit diesem Fleck und rollen langsam durchs Dorf, um uns zu orientieren.

Ein verwittertes Schild mit der Aufschrift "Camping", das an einer rostigen Kette neben einer Taverne baumelt, erregt meine Aufmerksamkeit. Das kleine Tor gleich daneben führt zu einem Gartenweg, und ich höre Stimmen durch die dichten Büsche. Ob das der Eingang zum Campingplatz ist? Freundlich lächelnd kommt mit ein junger Mann entgegen. Seine Füße stecken in Gummistiefeln, Shirt und Hose sind völlig mit Kalk und Zement bedeckt.

"Hello! Where is the camp ground?" Ich deute auf das Schild über mir. Mit ausholender Geste zeigt er auf das volleyballfeldgroße Grundstück hinter ihm, ich entdecke dort Büsche, Schotterhaufen, einen Haufen Bretter und eine Menge Zeugs, das man auf Baustellen verwendet. Er meint, das Platzangebot sei gerade etwas eingeschränkt, weil er an einer neuen Hütte baue, aber dort in der Ecke, hinter dem Sandberg, könnten wir ein Stück Wiese zum Zelten finden.

Ich werfe einen Blick auf vier Quadratmeter Gras, das ums Überleben kämpft. Dann verabschiede ich mich freundlich.

Vielleicht suchen wir diesmal doch besser eine Pension auf.

Nun auf Herbergssuche, lernen wir an der Schranke zum Strand Hüseyin kennen, der eine Familenpension in dritter Generation betreibt. Wir richten uns also wenig später in seinem netten Gasthaus ein, wo wir bei ihm und seinen Leuten gleich Familienanschluss finden.

Neben der Küchentür hängen Fotografien der vielen Familienangehörigen, neuere bunte mit strahlenden Kindergesichtern und zufrieden dreinblickenden Alten, daneben vergilbte Aufnahmen von Schafen, Hirten und Pferden aus längst vergangenen Dorfzeiten. Hüseyin erzählt, dass Gelemis ein uralter Schäferort sei, bis um 1985 die ersten Reiselustigen die Nähe zum perfekten Strand und der Ruinenstadt Patara zu schätzen begannen. Der Strom nahm zu, die ersten Pensionen und Shops wurden eröffnet. Bereits drei Jahre später nahm die rege Bautätigkeit der überrumpelten Dorfbewohner solche Ausmaße an, dass vonseiten des Staates ein offizieller Baustopp verhängt wurde. Ein Glück für die städtebauliche Optik und die Beschaulichkeit des Örtchens, Pech für diejenigen, die nicht schnell genug ihre Investitionen tätigten und beim Boom mitmischten – und mitverdienten. Heute gebe es nur noch zwei Großfamilien, die ausschließlich von der tradierten Tierhaltung leben, berichtet Hüseyin uns. Er selbst habe im letzten Jahr geheiratet, und um die Kosten für den notwendigen Hausumbau zu finanzieren, müsse er neben dem Pensionsbetrieb acht Stunden täglich als Schrankenwärter vor dem Gelände der Ruinenstadt arbeiten – dort, wo wir ihn am Vortag kennengelernt hatten.

Die rund 300 Dorfbewohner sind wie er sommers in der Tourismusbranche tätig, im Winter arbeiten so gut wie alle Familienmitglieder in den riesigen Gewächshäusern der nahen Stadt Kinik.

Seit wir in der Türkei unterwegs sind, begleitet uns der Ruf des Muezzin von den Türmen der Moscheen. Wir verstehen leider kein Wort von dem, was mehrmals am Tag über Häuser und Städte schallt, aber mittlerweile maßen wir uns an, die stimmliche Qualität der gesprochenen und gesungenen Gebete recht gut in eine Skala von "orientalischer Wohlklang für die Ohren" bis "wer lässt bloß diesen Mann aufs Minarett" einteilen zu können.

Wir erfahren, dass die arg geplagte Dorfgemeinschaft vor einiger Zeit gar die Notwendigkeit gekommen sah, den damaligen Vorträger zur Stimm- und Gesangsausbildung in die Stadt zu entsenden. Derart geschult, sollte es den Gläubigen wieder ein Ohrenschmaus sein, seinem Gebetsruf zuzuhören. Welch qualitative Verbesserung die Schulung brachte, entzieht sich unserer Kenntnis.

Am frühen Morgen schrecke ich durch einen metallischen Knall auf, gefolgt von einem Kratzen und Knirschen, das geeignet ist, Zahnschmerzen hervorzurufen. Ich sitze aufrecht im Bett und glaube an eine Naturgewalt. Thomas neben mir seufzt immerhin, schläft aber weiter.

Nach wenigen Sekunden schallt der morgendliche Gebetsruf über den schlafenden Ort. Abrupt setzt der rauschende Krach wieder ein, die Berge ringsum hallen wider von dem Riesenkrach. Der Muezzin ist irritiert und unterbricht seinen Ruf. Ich höre ihn von meinem Bett aus an der gewaltigen Lautsprecheranlage herumfummeln, begleitet von ungeduldigem Gemurmel, tausendfach verstärkt. Es ist fünf Uhr morgens. Offensichtlich bemüht er sich, die Technik wieder in den Griff zu bekommen. Das gesamte Dorf ist Zeuge. Mittlerweile dürfte jeder wach sein. Das Gebet wird so oft unterbrochen, bis der Muezzin entnervt aufgibt.

Es dauert nicht lange, und im Haus regt sich Leben. Hüseyin versucht, für uns eine Quelle ausfindig zu machen, wo wir ein verflixtes Objektiv bekommen könnten. Trotz der vielen großen Städte in der Türkei gestaltet es sich als schwierig, einen Händler ausfindig zu machen, und Istanbul, Kayseri oder Ankara sind fern.

Hüseyin lobt bei dieser Gelegenheit die mittlerweile fast flächendeckende Versorgung der Türkei mit Internet, jeder hat Wifi. Er gibt uns den guten Tipp, uns bald selbst eine türkische GSM-Karte zuzulegen.

Unser Vorhaben, gleich nach dem Frühstück von Gelemis aus aufzubrechen, wird durch ein Mordsgewitter ausgebremst. Bei dem Getöse und sintflutartigen Regen verweilen wir lieber noch vor Hüseyins Küche auf der überdachten Terrasse, als von den nun herunter kommenden Hagelkörnern erschlagen zu werden.

Das Wasser rauscht in Sturzbächen vom Himmel. Die Fluten drohen in die Küche einzudringen, und der Vater unseres Gastgebers greift flugs zur Schlagbohrmaschine, um den Regenmassen, die von der Bergseite über die Terrasse strömen, einen kontrollierten Weg zu bahnen. Er bewerkstelligt das, indem er hektisch große Löcher in den Terrassenboden bohrt. Die kann man ja später wieder zuspachteln, meint er. Das Bohren ist gar nicht so einfach, denn ständig fällt der Strom aus, was gerade sogar der erneut geplagte Muezzin beim Versuch, das Gebet auszurufen, zu spüren bekommt. Laufend fällt die Lautsprecheranlage am Minarett aus und er muss wieder von vorn anfangen.

Bald verziehen sich Donner und Wolken, und wir folgen im Trockenen der Küstenstraße nach Osten. Die abwechslungsreiche Strecke führt uns nach einiger Zeit auf fünfhundert Höhenmeter und durch die Ausläufer des Taurusgebirges.

Hinter einer der zahlreichen Kurven geraten unsere Fuhren plötzlich mächtig ins Schlingern. Mit schreckensweiten Augen sehe ich, dass die Fahrbahn mit Hagelkörnern bedeckt ist. Dem Impuls, abrupt abzubremsen, kann ich widerstehen und bringe das Motorrad mit klopfendem Herzen zum Stehen. Das ist noch einmal gut gegangen. Thomas stoppt neben mir, wir atmen tief durch und sondieren die Lage. Damit haben wir im türkischen April und so nahe der Südküste nicht gerechnet – diese Nachlässigkeit wollen wir in Zukunft nicht mehr zulassen. Im Schleichtempo bugsieren wir die Motorräder durch das unverhoffte Weiß. Immerhin gute fünf Zentimeter hoch liegt das Zeug.

Wie schon bei einem kurzen Abstecher ins Zentrum von Marmaris versuchen wir nun in Kemer, an ein neues Teleobjektiv zu kommen. Wieder haben wir kein Glück, wieder führen wir auf der Straße nette Unterhaltungen mit deutschen Touristen, die uns interessiert ansprechen: "Was, ihr seid mit den Motorrädern hier?" Mit einem Augenzwinkern erwidert Thomas: "Wie, ihr seid mit dem Bus hier?"

Auf der weiteren Gralssuche erscheint uns Antalya als Millionenstadt in Sachen Objektivbeschaffung vielversprechend zu sein. Der Verkehr ist beängstigend, wir bahnen uns mit den bepackten Mopeds einen Weg durch die verstopften Straßenschluchten und wünschen uns ein 360°-Blickfeld.

Rücksichtslos wird im Feierabendverkehr gedrängelt, geschubst und geschnippelt. Die permanent eingesetzte Hupe dient den Autofahrern in Antalya auch zur individuellen Verkehrsregelung und nicht ausschließlich dazu, die Kumpels zu grüßen. Richtig bedenklich stellt sich das Chaos dar, als von hinten eine Sirene ertönt und in meinem Rückspiegel das Blaulicht eines Ambulanzwagens rotiert, der sich ebenfalls seinen Weg durch die Massen zu bahnen versucht.

Die eine Hälfte der Autofahrer bildet rücksichtsvoll eine Gasse, die andere Hälfte nutzt diese Gasse, um sich vor den Rettungswagen zu drängeln, selbst Meter zu machen und die Fahrbahn damit komplett zu verstopfen. Noch zehn Minuten später sehe ich den Krankenwagen im Stau stehen, mehr als fünfzig Meter konnte er nicht zurücklegen. Ein echtes Unglück für den betroffenen Patienten.

Das gewünschte Objektiv gibt es bei Garanti Elektronik, einer todsicheren Empfehlung eines ansässigen Friseurladen-Inhabers, natürlich nicht. Dafür aber ein nettes Gespräch mit ihm über Friseurläden im Allgemeinen und seinen persönlichen Werdegang im Besonderen.

Einige Kilometer vor Side erwischt uns ein Wolkenbruch, es ist dazu bereits stockfinster, als wir in der Stadt ankommen. Side ist mir seit den knallbunten Werbeplakaten an den Fenstern der deutschen Reisebüros ein Begriff. Aus Erzählungen anderer Reisender habe ich Side als Hochburg des Massentourismus im Kopf, und richtig: Bereits zwanzig Kilometer, bevor das Navigationsgerät die Annäherung an den Ortskern erkennen lässt, reiht sich Riesenhotel an Monsterunterkunft. Architektonisch wurde nicht ganz so daneben gegriffen wie in einigen Gebieten an der spanischen Küste, aber die territorialen Ausmaße der Ferienfabriken sind durchaus vergleichbar.

Was sollen wir machen – es regnet wie aus Kübeln, es ist dunkel, also: "Lass versuchen, den Ortskern zu finden! Auf so ein 400-Betten-Hotel habe ich gar keine Lust!"

Wir kurven auf der Suche nach der Mitte des Rummelplatzes vorbei an Dutzenden von Leuchtreklamen und leeren Bars, die im dunklen Nass ziemlich trostlos am Straßenrand liegen. Nur ein paar Feierfreudige huschen mit gesenkten Köpfen an uns vorbei durch den Regen.

Überraschenderweise wandelt sich unsere Umgebung und wir passieren antike Ruinen. Zumindest, soweit wir das überhaupt erkennen können. Keine Spur mehr von Riesenhotels, sind wir schon wieder raus aus Side? Zentrum verpasst? Statt dessen stehen wir gleich gegenüber des alten Amphitheaters vor einer geöffneten

Schranke. Wir knattern unter Missachtung des Wachhäuschens durch die Absperrung, fahren durch verlassene, verwinkelte Gässchen vorbei an bereits geschlossenen Läden bis zur kleinen Strandpromenade. Stockfinster wie ein schwarzer Teppich liegt das Mittelmeer vor unseren Vorderrädern.

Hier, am Ende des Landes, entdecken wir zwischen anderen kleinen Häuschen das hübsche Beach House Hotel. Nachdem Thomas im Regen – des Preisvergleichs wegen – noch Erkundigungen in zwei benachbarten Pensionen eingeholt hat, platschen wir triefnass am Rezeptionisten und zwei verdutzten Kellnern vorbei in ein nettes Zimmer. Ein perfekter Stützpunkt, um sich trocken zu legen. Und um sich in Ruhe der theoretischen Objektiv-Neubeschaffung zu widmen: Per Internetbestellung, per Postversand, per Mitnahme durch Reisende, was auch immer uns weiterbringt.

Das mittlerweile auf Stadtgröße angewachsene ehemalige Fischerdorf heißt heute Alt-Side, eigentlich aber Selimiye. Das ist der Name, den türkische Flüchtlinge aus Kreta dem Ort gaben, als sie 1895 begannen, sich auf den 3.400 Jahre alten antiken Ruinen von Side ein neues Zuhause zu schaffen. Kaum ein Urlauber kennt den Ort mit "richtigem" Namen.

Side ist eine Nummer für sich – die exponierte Lage auf einer Halbinsel, ausgestattet mit einem geschützten Hafen, bringt dem Ort seit Jahrtausenden Wohlstand. Freilich hat sich die Einkommensquelle in den letzten vierzig Jahren komplett in Richtung Tourismus verschoben, und auch vom Charme der ersten Traveller-Entdeckungsjahre ist nicht mehr viel zu spüren.

Wir müssen schon etwas genauer hinsehen und finden in der Altstadt Cafés und Restaurants, die aus den 70ern stammen, der "Gründerzeit" des Tourismus in der Türkei. Diese Läden sind es, die uns anziehen, mit ihrem zusammengewürfelten Inventar aus verschiedenen Dekaden und sämtlichen Stilrichtungen, mit Korbstühlen und polsterdicken Teppich-Liegeflächen, mehr oder weniger laut durch Reggae-Musik beschallt. Nicht zu vergessen die herzliche Bewirtung der Eigentümer und das uns lieb gewordene türkische Essen.

In den Gassen sind wir Freiwild. Da noch keine Saison ist, stürzen sich die Verkäufer mit Wonne auf uns, um wortgewaltig in allen möglichen Sprachen ihre Uhren, Taschen und Shirts an den Reisenden zu bringen. Interessant wird es, als ein Händler lautstark mit seinen "Original-Kopien" wirbt. Wir kriegen uns kaum noch ein vor Vergnügen.

Schon ein paar Tage später kennt man uns in den Sträßchen, die beiden weißen Motorräder fallen auf. Und die meisten Händler wissen mittlerweile, dass wir mit diesen Fahrzeugen sowieso nichts mitschleppen können und wollen, und so beschränkt sich das Interesse an uns auf die Gilde der Uhrenverkäufer, für die wir kein Argument parat haben. Das ist auszuhalten. Kaufen tun wir trotzdem keines der Gucci- und Cartier-Prachtstücke.

Nachdem sich heraus kristallisiert, dass wir uns von Deutschland aus per UPS ein Objektiv zusenden lassen können, warten wir in Side drei angenehme Tage auf die Lieferung. Die Tage vergehen, und nichts, was auch nur annähend nach einer UPS-Sendung aussieht, erreicht uns. Die Nachfragen sowie die Kommunikation mit den verschiedenen Beteiligten nerven Thomas ziemlich. Der Händler schiebt die Schuld auf den Versender, der Versender auf Zoll und Händler, der Händler wiederum auf seine Angestellten. Wir lotsen das nicht vorhandene Päckchen kurzerhand um nach Kappadokien, hier wird das wohl nichts mehr. Es ist zum Verrücktwerden mit diesem Ding, nimmt aber doch nur einen kleinen Teil unserer Aufmerksamkeit in Anspruch.

Viel interessanter ist es, mit Menschen wie zum Beispiel Renate zu reden, die in der Touristenhochburg versucht, ihr Glück zu machen. Sie war eigentlich Reitlehrerin in Deutschland, hat aber aus persönlichen Gründen alles aufgegeben und schlägt sich nun in Side als Schuhverkäuferin durch. Auch kein einfaches Los, die Bezahlung ist schlecht, aber zurück möchte sie auch nicht. Ihr gefällt die Lässigkeit, die Offenheit und die Umgänglichkeit der türkischen Kollegen im tagtäglichen Umgang besser, als das in der Heimat der Fall war mit ihren Reiterkollegen. Und einen neuen Liebsten hat sie hier auch gefunden.

***

Die nächste Straßenbiegung führt uns geradewegs in die blaue See. Erst knapp vor der Felskante, an die brausend die Wogen schlagen, macht die Straße einen Knick nach links und liegt wie ein gewundenes Band vor uns. Schon viele Kilometer genießen wir die Küstenstraße nach Anamur, lassen uns mit Leichtigkeit durch die Kurven tragen und das laue Lüftchen, das uns um die Nase weht, lässt uns tief durchatmen.

Wir haben Zeit, Zeit, Zeit ...

Anamur würden wir heute zu früh am Tag erreichen, da kommt uns das Marmore Kaseli am Rande unseres Weges gerade gelegen. In unmittelbarer Nähe des südlichsten Punktes Kleinasiens, dem Cap Anamur, gelegen, thront die riesige Trutzburg auf einem Fels zwischen Land und Meer. Sie ist eine der am besten erhaltenen mittelalterlichen Burgen am südlichen Mittelmeer, bereits in römischer Zeit stand hier die erste Befestigungsanlage. Zu Kreuzfahrerzeiten wuchs sie durch den steten Ausbau verschiedener Sultane auf die heutige Größe. Wir entdecken schöne alte Mosaiken und erklimmen die Türme. Der Blick über das Meer lässt ahnen, wie die Bewohner der Burg an dieser Stelle bereits vor vielen Jahrhunderten Ausschau nach freundlich wie feindlich gesonnenen Schiffen hielten, die am Horizont erschienen.

Die Realität holt uns ein, wir müssen uns in der Stadt um Profanes wie neue Telefonkarten kümmern. Um auch unterwegs zumindest gelegentlich Zugriff aufs Internet zu haben und zu Ortstarifen miteinander telefonieren zu können, will Thomas Telefonkarten in einem Vodaphone-Shop kaufen. Die Karten seien leider gerade ausgegangen, bedauert die zierliche Verkäuferin, aber wieder ist es ein zufällig anwesender Friseur, der zu Hilfe kommt. Freundlich erklärt er Thomas den Weg zu einem zwei Kilometer entfernten weiteren Geschäft. Der horcht ratlos der Wegbeschreibung, und schließlich nimmt der Friseur ihn als Sozius auf seinem Betriebs-Moped mit. Knatternd verschwinden die beiden um die nächste Ecke.

Während ich vor dem einsetzenden Regen in einem kleinen Geschäft Zuflucht suche, beobachte ich auf der anderen Straßenseite, dort, wo unsere Motorräder parken, einen kleinen Mann in orangefarbener Weste. Er schleicht um die Maschinen herum, zückt blitzschnell Block und Stift und versucht, eine Befestigung für die bekritzelten Zettel zu finden. Was soll das denn werden?

Ich flitze auf die Straße und kann nicht glauben, dass ich hier Parkgebühren zahlen soll. Kein einziges Auto in der ganzen Reihe hat einen Strafzettel! Noch während ich dem Dienstmann erbost zu erklären versuche, dass er seine Zettel gleich wieder einpacken kann, weil die Autos ja offensichtlich auch keine an den Windschutzscheiben kleben haben, kommen mir die Geschäftsinhaber der nahe gelegenen Läden zu Hilfe.

Im Handumdrehen ist der Bürgersteig bevölkert, keiner der Leute lässt sich im Regen davon abhalten, auch etwas zu diesem interessanten Fall beizutragen. Besonders der korpulente Inhaber des Getränkeladens rechts tut sich bei meiner Verteidigung hervor. Er meint zum Ordnungshüter, er solle sich was schämen, Touristen mit Strafzetteln zu ärgern. Das zumindest wird mir übersetzt. Er ereifert sich dermaßen, dass alle Umstehenden wie gebannt dem Wortschwall lauschen. Er hat ja so recht!

Mir stockt der Atem. In einem winzig kurzen Moment holt der Ladenbesitzer mit der Rechten aus – und verpasst dem kleinen Mann eine Kopfnuss. Das muss ja nun auch nicht sein. Ich stehe da mit hängenden Armen und bin reichlich fassungslos.

Thomas hat inzwischen Freundschaft mit dem Friseurmeister geschlossen, das sehe ich gleich, als die beiden nach einiger Zeit das kleine Moped vor dem Barbierladen parken. Die Telefonkarten in der Tasche, soll Thomas dort die Rasur seines Lebens erleben. Nach dem obligatorischen Haarschnitt sind die Ohren an der Reihe. Unter Zuhilfenahme von warmen Wachsbällchen werden die lästigen Härchen mit einem Ruck heraus gerissen. Thomas entfährt ein dumpfes "Uuumpf", dann ist die Nase dran. Breit grinsend verfrachtet der Meister mit professioneller Gründlichkeit lange schmale Wachswürstchen in beide Nasenlöcher. Mir schwant Schlimmes.

Ich fange Thomas´ skeptischen Blick im Spiegel auf, und gleich darauf gelingt dem selbst ernannten Schönheitschirurgen eine kurze Ablenkung – und mit einem weiteren Ruck sind die Wachsstränge samt Nasenhaaren heraus gerissen. Thomas schreit auf, springt wie von der Tarantel gestochen in die Höhe und greift sich gleichzeitig an die Nase. Die Tränen stehen ihm in den Augen, ich kann nur mitfühlen. Wie groß muss seine Beherrschung sein, seinem Gegenüber nicht reflexartig eine zu kleben!

Aber in den kommenden Wochen sollen die schmerzhaft bearbeiteten Stellen tatsächlich kosmetisch einwandfrei bleiben, kein Härchen wird dort mehr sprießen.

***

Nur noch dreißig Kilometer Küstenstraße haben wir zu fahren, bevor wir ins Landesinnere nach Zentralanatolien abbiegen werden, da gerät die Transalp auf gerader Strecke mächtig ins Schlingern.

Die ganze Fuhre rollt unsicher wie auf Moosgummi und ich bringe sie nervös am Straßenrand unter einem Baum zum Stehen.

Von Längsrillen auf der Fahrbahn keine Spur, das konnte es ja wohl nicht sein. Ein Blick nach unten, und die Diagnose ist schnell gestellt: ein Plattfuß, natürlich am Hinterrad. Das bedeutet nämlich mehr Arbeit als am Vorderrad, denke ich lakonisch.

Ich lade das Gepäck ab, denn die Alp hat leider keinen Hauptständer und das Hinterrad muss über eine Eigenkonstruktion mittels untergeschobenem Alukoffer und Seitenständer angelupft werden. Thomas nimmt die Sache in die Hand und baut mit geübten Handgriffen das Hinterrad aus.

Gerade haben wir den Mantel von der Felge herunter und wollen das Loch orten, um es zu flicken, da hält neben uns ein hilfsbereiter älterer Herr auf seinem Mofa. Neugierig mustert er die lahmgelegte Maschine.

Er steigt ab, und schnell finden wir gemeinsam die Ursache für den unfreiwilligen Stopp. Ein dicker Nagel steckt bis zum Kopf im Mantel. Noch bevor wir das Flickzeug auspacken können, bedeutet der nette Türke Thomas, mitsamt Rad hinten auf sein Moped zu steigen, und die beiden entschwinden. Er ist bestimmt Friseur.

Mir kommt kurz der Gedanke, dass vielleicht ein höheres Wesen Vorarbeit geleistet hat und stets einen motorisierten und dazu hilfsbereiten Menschen vorbei schickt, wenn wir ihn brauchen …

Gleich darauf schießt mir durch den Kopf: "Heute ist doch Sonntag!" Kaum ein Geschäft oder eine Werkstatt wird jetzt geöffnet haben. Ich stehe so am Straßenrand herum und überlege gerade, den ADAC anzuklingeln, um ihn um Rat zu fragen, da tauchen Türke und Thomas wieder auf – der Reifen ist fachmännisch geflickt und kann wieder montiert werden! Wir bedanken uns bei dem Fremden mit Keksen und wenigstens einer kleinen Benzinbeteiligung für seine Mühe. Es sollte das letzte Mal auf dieser Reise sein, dass ich an den ADAC denke.

Bis in die Türkei bleiben uns Regen und überflutete Straßen erhalten.

Schnell erklimmen wir die ersten 1.000 Höhenmeter des Taurusgebirges, da wird der Himmel vor uns pechschwarz. Die Berggipfel
verschwinden in Minutenschnelle unter einem finsteren Tuch. Die
Temperatur fällt empfindlich, und gerade noch rechtzeitig, bevor
das mächtige Gewitter mit sintflutartigem Regen niedergeht, erreichen wir eine einsame Gaststube.

Feenkamine und Ballons

km 3.120

Die ersten dicken Tropfen klatschen auf den unbefestigten Parkplatz vor dem Holzhaus. Vor der Gaststätte zerrt ein Mann am Grill, den er schnell unter die überdachte Veranda bugsiert, um die Glut und das Fleisch auf dem Rost zu schützen. Ein kurzer Seitenblick auf uns, und wir dürfen die Motorräder unter dem Dach parken. Der Sturm peitscht die Tropfen bis unter die Veranda. In der warmen Stube finden wir ein Plätzchen am Holzofen und warten ab.

So schnell wie das Wetter aus dem einen Tal heraufzog, verschwindet es auch wieder in einem anderen, und am Nachmittag erreichen wir einen Campingplatz mitten in Kappadokien.

Die fantastischen Tuffsteingebilde auf 1.200 Metern Höhe, die man auch Feenkamine nennt, bilden eine Landschaft, wie wir sie nie zuvor gesehen haben. Hinter jeder Kurve entdecke ich neue Tal- und Felsformen, deren Gestalten die Fantasie anregen. Seit nahezu 1.300 Jahren werkelten vorwiegend Christen daran, sich hier unterirdische Städte von riesigen Ausmaßen zu schaffen. Kirchen, Lagerstätten und Wohnhäuser wurden zunächst als Deckung und zum Schutz vor Feinden, dann aus siedlungsrelevanten Gründen in die Felsen gemeißelt.

Viele der uralten Höhlenkirchen sind zu besichtigen, die schönsten sind in einer Art Open-Air-Museum gesichert, denn die Malereien in den kleinen Kapellen sind einzigartig und so alt wie die Besiedelung.

Ein schwerer Duft nach Apfel- und Aprikosenbäumen liegt in der Luft. Alles steht in voller Blüte, und eine Wanderung durch die märchenhaft unwirklichen grünen Täler in der kargen Umgebung ist wie das Wandeln durch einen Traum. Neben uns plätschert ein Fluss daher, und hinter jeder Wegbiegung entdecken wir verlassene Höhlen, die zum Erkunden einladen und einige, die noch bewohnt sind oder zur Lagerung von Früchten genutzt werden. So viel sind wir lange nicht gelaufen!

Nach einer Nacht im totalen Tiefschlaf weckt mich ein lautes Zischen. Es ist eigentlich spannend und entspannend zugleich, noch verschlafen im Zelt zu liegen und den Geräuschen draußen zu lauschen. Meistens kann ich ihnen eine Quelle zuordnen. Das gelingt mir diesmal überhaupt nicht. Das Zischen wird zu einem lauten Röcheln. Ich rolle mich auf den Bauch und öffne die beiden Reißverschlüsse am Zelt, um mir Sicht nach draußen zu verschaffen – und glaube meinen Augen nicht zu trauen.

Der Himmel hängt voller Ballons! Wirklich voll davon ist er, die Menge nimmt den halben Himmel ein. Zischend produzieren die Ballonfahrer mit den Gasbrennern heiße Luft und die bunten Riesenhüllen erheben sich in die Lüfte. Nichts haben wir während unseres Schlafs von den Vorbereitungen auf den Feldern rings um das Zelt mitbekommen. Ich wecke Thomas und wir zählen mehr als zwanzig kunterbunte Heißluftballons um uns herum, einige zum Greifen nahe.

Thomas hat am nächsten Tag Geburtstag, da liegt das passende Geschenk doch auf der Hand, oder vielmehr in der Luft, denke ich. Niemals zuvor hätte ich mich getraut, ihn an seinem Geburtstag um fünf Uhr zu wecken. Es gab auch nie einen triftigen Grund dazu, soweit ich mich erinnere. Aber diesmal muss es sein. Das Gemurre fällt entsprechend aus, natürlich aus reiner Unwissenheit seinerseits. Die Überraschung ist perfekt, als wir bereits eine Stunde später über dem Boden schweben. Ein unbeschreibliches Erlebnis in dieser Landschaft! Und mich lacht trotz der frühen Stunde ein überaus glücklicher Ehemann an. Wir fahren mit unserem "Piloten" durch solch tiefe und vor allem schmale Taleinschnitte, dass wir denken,

Der Schwarzwald lässt uns im
Märzschnee bibbern.

Dagegen ist schon Frühling in
Griechenland: Pyrgi auf der
Insel Chios.
Die Hausfassaden erstrahlen
in der Sgraffito-Technik.

Der Strand von Patara in der
Süd-Türkei.

Frische Erdbeeren in Anatolien.

In vielen ländlichen Umgebungen der Türkei ist der Traktor noch ein unerschwingliches Luxusgut und das Bestellen der Felder Knochenarbeit.

In Mesopotamien auf dem Weg zum Van-See.

Kayseri in der Zentraltürkei. Im Hintergrund der Vulkan Erciyes Dagi.

Echte Seidenteppiche sind der Stolz der Teppichhändler in Täbis.

Studentenbude auf iranisch: In der Hauptsache dicke Teppiche zum Sitzen und ausreichend Steckdosen zum Laden von Laptops und Handys.

Oben: Im Haus von Abbas im Zentraliran übe ich mich in der Kunst des Teppichknüpfens. Unten: Überall stossen wir auf grösstes Interesse. Ganz unten: Nomadenmädchen aus Bavanat. Unten rechts: Ein iranischer Fotograf im Dorf Gamreh.

Das aus Lehmziegeln erbaute Yazd, mitten in der Wüste Dasht-e Kavir.

Reste einer alten Zitadelle, weitab von jeder Siedlung.

Der Kalon-Platz in Buchara, links
die Kuppel der Miri-Arab-Medrese
(1536). Sie dient bis heute als Lehr-
anstalt.

Dem iranischen Kleiderkodex kann
ich nur halbwegs Rechnung tragen.

Schweißerarbeiten in der Wüste
Karakum, Mary, Turkmenistan.

das ist doch nicht möglich, um kurz darauf auf achthundert Meter über Grund zu steigen. Achtzig weitere bunte Ballons sind in der Luft und schweben lautlos über der kappadokischen Landschaft. Nur das Sausen der Gasbrenner ist dann und wann zu hören.

Wenn ich zu diesem Zeitpunkt gewusst hätte, dass hier bei einem Zusammenstoß vor vier Jahren ein Brite ums Leben kam, hätte ich wohl ein anderes Geschenk gewählt. Und wenn ich drei Wochen in die Zukunft schauen könnte, hätte mir die Nachricht über den Tod von weiteren zwei Leuten den Rest gegeben. Aber glücklich sind die Unwissenden.

Einige Tage bleiben wir an diesem einzigartigen Ort und lernen eine Menge netter Leute kennen. Die einen sind in ihrem Jeep auf dem Weg nach Südafrika, die anderen kommen gerade mit einem umgebauten 70er-Jahre-Omnibus aus Indien. Oder mit dem WoMo aus Deutschland, alle Sorten von Reisenden sind vertreten. Wir lauschen den Erzählungen der anderen und sie freuen sich mit uns über den vor uns liegenden Trip, in dem wir eigentlich schon mittendrin stecken.

***

Wir passieren das auffällig gepflegte Kayseri, die Partnerstadt unserer Heimatstadt Krefeld. Überall am Straßenrand leuchten Blumenrabatten, plätschern Springbrunnen und laufen gut gekleidete Menschen. Im Hintergrund der Großstadtidylle ragt der schlafende Vulkan Erciyes Dagi in den blauen Himmel. Das Wahrzeichen Kayseris erhebt sich 2.900 Meter aus der Ebene, die selbst schon auf 1.000 Metern liegt.

Am Hauptpostamt gibt es eine Bescherung: Das Objektiv ist aus Deutschland angekommen! Trotz Postumleitungen, Hin und Her per Telefon und Internet kann Thomas das Objekt der Begierde am

Schalter in Empfang nehmen. Damit ist die Fotoausrüstung wieder komplett und die einzige Aufgabe des Kapitels "Was müssen wir erledigen" abgehakt. Ab jetzt heißt es wieder: "Was machen wir denn heute?" Wir rollen weiter in unsere Lieblingsrichtung: nach Osten.

Bald mutiert das Rollen eher zum Klettern, nämlich als wir keine Lust haben, der ausgebauten Hauptstraße nach Adiyaman zu folgen. Ein kleines verheißungsvolles Bergsträßlein schraubt sich steil zu den Pässen hinauf. Bald schon endet der Asphalt. Leider sind wir nicht auf einer tollen Naturpiste, sondern auf einer Baustellenstraße unterwegs, das erklären uns nette Bauarbeiter nach zehn Kilometern Schotter und Sand. Die Strecke soll im weiteren Verlauf gänzlich unpassierbar sein, also wenden wir die Motorräder, fahren zurück den Berg hinunter und probieren eine andere Abzweigung. Nun sind wir richtig, wie ein verwittertes Straßenschild mit nur noch der Hälfte Buchstaben darauf zeigt. Fünfzig Kilometer ungesicherte Schotterstrecke liegen vor uns, diesmal echt. An steilen Berghängen entlang und mit Schlaglöchern gespickt, die zum Teil so tief wie Duschwannen sind. Die Aussichten, die wir über Gipfel und in Täler genießen, wenn wir gerade nicht so intensiv auf den Weg achten müssen, sind atemberaubend. So schön und eindrucksvoll haben wir uns den Hohen Taurus nicht vorgestellt. Wir krabbeln die Passstraße hinauf und wieder hinunter. Zwischendurch denke ich mit Unbehagen an die fünf rohen Eier fürs nächste Frühstück, die ich am Morgen im Gepäck untergebracht habe. Immerhin habe ich die empfindliche Fracht in einer Plastiktüte verpackt, mit einem Geschirrtuchfetzen umwickelt und in der weichen Packtasche verstaut, die auf einem der Alukoffer befestigt ist. Tatsächlich bleiben alle heil, so dass fürs Essen gesorgt ist.

"Kurdistan", lese ich auf unserer Straßenkarte. Ich frage Thomas, ob er vor Urzeiten, also als wir uns noch nicht kannten, vielleicht eines der Bücher "Durchs wilde Kurdistan" gelesen habe, aber er

Fürsorgliche Hinweisschilder findet man auch in abgelegenen Ecken der Türkei (hier in einer Schlucht bei Saklikent).

meint, er sei mehr mit Bodo Beutlin vertraut als mit Kara Ben Nemsi. Ich habe auch nur in Erinnerung, dass nach Karl May dort in den einsamen Bergen wilde Völker hausten, die regelmäßig die Karawanen der Seidenstraße abfingen und auch sonst nicht viel mit Recht und Gesetz am Hut hatten. Interessant, aber sehr mickrig als Reiseinformation. Gut, dann machen wir eben unsere eigene Erfahrung, erzählen können einem die Leute sowieso viel, wie wir nicht zum letzten Mal feststellen.

Wild? Herzlich!

km 4.450

Wenn man mit "wild" die kurdische Bergwelt meint, liegt man richtig. Wenn man seine Bevölkerung beschreiben will, absolut daneben. Uns begegnen Hilfsbereitschaft, Zuvorkommenheit und Freundlichkeit hier wie überall in der Türkei.

Wir sind in Kurdistan angekommen, im Landstrich, den man auch Mesopotamien oder Zweistromland nennt. Wir wollen einige Tage am Berg Nemrut verbringen, und so gilt die erste Aktion am Nachmittag der Suche nach einem geeigneten Übernachtungsplatz in seiner Nähe.

Von irgendwem haben wir erfahren, dass es im Nationalpark am Fuße des Berges beim alten Ort Arsameia eine Art Café geben soll, neben dem man sein Zelt aufschlagen darf, also stehen wir kurz darauf vor der Schranke zum Nationalpark. Der Schrankenwärter möchte zu Recht vier Euro von uns als Einfahrtsgeld in den Park kassieren. Mit Händen und Füßen erklären wir ihm, dass wir zu so fortgeschrittener Stunde nicht zum Berg wollen, sondern nur mal oben beim Café nachgucken wollen, ob wir dort zelten könnten. Kein Problem für ihn, er nickt verständig und die Schranke öffnet sich.

Zwei Kilometer weiter einen Bergrücken hinauf stehen wir vor einem gemütlich aussehenden, zum Tal geöffneten Café mit einem riesigen Baum davor, dessen mächtige Krone sich schützend über der Hütte erhebt. Das Haus ist ganz aus Holz gebaut und mit Stroh gedeckt. Drei Holztische zum Essen, eine Teppich-und-Kissen-Lümmelecke und ein sehr freundlicher kurdischer Pächter lassen uns hoffen.

Es gibt Platz für uns. Nachdem der Preis für eine Übernachtung bei fünf Euro liegt und die Infrastruktur sich als perfekt erweist (wir dürfen beim Pächter duschen, die WCs sind ok, es gibt warmes

Essen, und wenn wir wollen, dürfen wir sogar seine Küche benutzen), bauen wir etwas abseits unser Zelt auf. Wir sind die einzigen
Übernachtungsgäste. Rechts gucken wir tief in ein herrliches Tal,
links in ein anderes.

Was will man mehr, flachsen wir. Und hängen glücklich in unseren Klappcampingstühlchen, während wir der Sonne beim Unter-
gehen zugucken.

Oft unterhalten wir uns mit Yussuf, dem Pächter, der mit der Regierung einen langjährigen Vertrag über die Pacht des Cafés abge-
schlossen hat. Er hat ziemlich zu leiden unter der Höhe der
Abgaben, die 1.500 Euro betragen – monatlich! Wie er das mit Be-
wirtschaftung der Gastronomie und einem kleinen Andenkenver-
kauf hereinholt, ist uns schleierhaft, denn viel los ist hier wirklich
nicht. Nur ab und zu kommen tagsüber ein paar Touristen auf dem
Weg zum Berg Nemrut oder zu den nahen Ruinen von Arsameia
vorbei. Und seine Familie muss er schließlich auch von den Ein-
nahmen ernähren. Traurig räumt er ein, dass er und seine Frau bereits den Hochzeitsschmuck verkauft haben, um den Erlös in ihr
Haus zu stecken. Trotzdem zeugen die vielen Lachfältchen um seine
Augen herum von einer optimistischen Lebenseinstellung, das liegt
wohl nicht zuletzt an dem engen Familienzusammenhalt, über den
er sehr glücklich ist und viel erzählen kann.

An einem wie neuerdings so oft sonnigen Nachmittag wollen wir
die achtzehn Kilometer hinauf zum Nimrod erklimmen und lösen
die Koffer von den Motorrädern, um sie wendiger und leichter zu
machen. Gut so, denn den anfänglichen Streckenverlauf können wir
schon vom Zelt aus erspähen: ein schmaler Schotterweg, sehr steil,
mit engen Kurven, der sich ohne Sicherung zum Tal am Abhang
entlang windet.

Von Nahem betrachtet, ist der Weg noch enger als erwartet und
dazu von unangenehmen Längsrinnen durchzogen, die der Regen

ausgewaschen hat. Thomas fährt vor und sucht sich den besten Pfad. Ich komme ganz gut durch, bis eine kriminell steile Serpentine vor mir liegt. Bremsen ist nicht, die Fuhre rutscht sonst glatt rückwärts, das kenne ich schon. Prompt rutscht mein Motorrad in der Linkskurve weg. Ziemlich verdattert finde ich mich auf dem Boden wieder. Wo ist das Mordshindernis, das ich nicht gesehen habe? Nichts zu sehen außer den nervigen Rinnen, aber auch nichts passiert, also wieder aufgestiegen – aber die nächsten drei Linkskurven nehme ich instinktiv nicht mehr so flüssig wie sonst.

Wir passieren ein paar elend wirkende Dörfer oder besser gesagt Weiler, und unwillkürlich muss ich an die Winter denken, die hier bestimmt eiskalt werden. Mir ist unbehaglich zumute, als ich Kinder ohne Schuhe und mit kaputten Shirts im Matsch herumlaufen sehe und Mütter, die mit harten Gesichtern Lasten durch die schlammige Gasse schleppen.

Nur wenige Kilometer weiter hat uns die Moderne wieder, und eine gut ausgebaute Straße führt bis zum riesigen Parkplatz am Fuße der Bergspitze des Nemrut.

Bereits von Weitem erkennen wir die gut fünfzig Meter hohe künstlich angelegte Kuppe aus kleinen Steinen, die wie eine ebenmäßige Haube auf dem Berggipfel sitzt.

Antiochos I. wollte im 1. Jhd. v. Chr. an dieser Stelle das Zentrum einer neuen Religion schaffen. Bereits zu Lebzeiten sorgte er eifrig dafür, auch nach seinem Tod als Gott verehrt zu werden: Gleich nach seiner Krönung gab er sich selbst den Namenszusatz "Theos", was nichts Geringeres als "Gott" bedeutet. Seine nicht gerade anspruchslos zu nennenden Ambitionen veranlassten ihn auch, durch seine Untertanen diesen kolossalen Hügel aufschütten zu lassen und unzählige, bis zu zehn Meter hohe Statuen der griechischen und persischen Mythologie aus dem Stein zu schlagen und herauf zu schaffen. Sage und schreibe 300.000 Kubikmeter Geröll mussten bewegt werden, um die Kuppe selbst und die drei sie flankierenden Terrassen im Norden, Osten und Westen zu schaffen. Mittlerweile sind durch Erdbeben viele der Statuen umgekippt oder kopflos geworden. Die Köpfe, die vor den Torsi liegen, sind als berühmte Fotoobjekte bekannt.

Aus heutiger Sicht können wir dem unbescheidenen Antiochos I. dankbar sein für diesen wahrlich magischen Ort. Oder vielmehr seinen damals sicher bis an die Grenze des zu Ertragenden schuftenden Untertanen.

Die Statuen dort oben wollen wir uns aus der Nähe ansehen. Nach einem anstrengenden Fußmarsch vom Parkplatz aus über einen der uralten Prozessionswege erreichen wir die hohe Schotterkuppe, an deren Fuß sich auf den drei Zeremonial-Terrassen die alten Kultplätze mit den Riesenköpfen befinden. Das Klettern in Motorradklamotten in ungewohnter Höhe lässt uns keuchen und schnaufen. Aber welch ein Ausblick bietet sich uns weit über die dunstigen Hügel Mesopotamiens! Was für ein beinahe überirdischer Ort ist das hier im Abendlicht! Auch die quirligen Schulklassen und andere Besichtigungstrupps können unser Entzücken nicht schmälern.

Während des Staunens komme ich aus unerfindlichen Gründen auf den dummen Gedanken, dass vielleicht noch der Motorradschlüssel auf der Alp stecken könnte. In meinen Taschen finde ich ihn nicht – was für ein Mist! Von der Minute der Erkenntnis an lässt mir die Eingebung keine Ruhe, und ich klettere grummelnd wieder hinunter, kaum dass ich die letzte Terrasse überhaupt zu Gesicht bekommen habe. Ich ärgere mich über meine Dusseligkeit. Immerhin kann Thomas das weiche Abendlicht nutzen, um noch eine Weile dort oben Fotos zu machen.

Das Motorrad ist noch da, als ich unten ankomme, ebenso der Schlüssel, der unangetastet auf dem Zündschloss steckt. Glück gehabt, wie kann man so herum schusseln? Ich will gar nicht dran denken, wenn jemand das Motorrad genommen hätte. Unerträglich, der

Gedanke. Und dann noch selbst verschuldet … Es wäre schon blöd gewesen, wenn auch nur einer den Schlüssel abgezogen und mitgenommen hätte. Zwar haben wir von allen zwei Sätze, aber der Ersatz wäre dann futsch gewesen.

Zumindest gibt es nun einen triftigen Grund, sich abends bei einer Flasche Wein unter dem Hüttendach des Cafés mit Yussuf und Vitali zu treffen, einem jungen Ukrainer, der gerade auf seiner 125er Yamaha eingetrudelt ist. Wir haben zusammen einen lustigen, drei- bis viersprachigen Abend.

Ich nehme mir bei der Gelegenheit vor, meine Russischkenntnisse, die aus zwei VHS-Kursen stammen, ab sofort durch halbwegs diszipliniertes Vokabellernen zu erweitern. Ein kleines Wörterbuch haben wir dabei, und in Zentralasien wird in allen Staaten wie Turkmenistan, Usbekistan, Kirgistan und Tadschikistan neben der "gewachsenen" Sprache auch Russisch geredet. Das wusste ich natürlich vorher, aber wie das so ist mit der Lerndisziplin – und wieso sollte ich meine Einstellung dazu seit Schulzeiten geändert haben: Alles auf den letzten Drücker.

***

Weiter in Richtung der aufgehenden Sonne! Wir verlassen nach einigen Tagen diesen schönen Platz und erreichen um 8:30 Uhr morgens die Fähre, die uns über den riesigen Atatürk-Stausee bringen soll. Das Schiff ist relativ klein, aber bereits vollgestopft mit beladenen PKW und Minibussen. Zwischen kleinen Mopeds und verschnürten Gepäckballen stehen eng gedrängt Männer in Kaftanen oder in Arbeitskleidung, die entspannt in morgendliche Gespräche vertieft sind.

Wir dürfen als letzte die schmale Rampe rauf und uns ein Plätzchen am Rande dieses Ameisenhaufens suchen. Mit uns beiden an

Bord sind nun auch die letzten Quadratzentimeter Schiffsboden belegt.

Wie so oft sind wir die einzigen Touris weit und breit. Man mustert uns verstohlen oder unverhohlen, manch einem huscht ein zurückhaltendes Lächeln über das Gesicht. Wenn ich den Blicken der Passagiere begegne, sehen die Männer schnell weg, die wenigen Frauen an Bord schauen mit großen Augen vom Motorrad zu mir und wieder zum Motorrad.

Am anderen Ufer angekommen, darf ich eine meiner Lieblingsübungen absolvieren: das gewichtige Motorrad rückwärts von einem Fährboot herunter bugsieren. Wir waren als letzte aufgefahren, also müssen wir als erste auch wieder hinunter, was zur Folge hat, dass die Blicke all derer auf uns lasten, die sich nicht um uns herum an Land quetschen. Beides macht die Sache nicht einfacher. Ich verliere auf dem feuchten Eisenboden beinahe das Gleichgewicht, die Maschine neigt sich bedenklich, der Schweiß bricht mir aus allen Poren. Mehr durchgeschoben als gerollt erreiche ich das rettende Ufer.

Die Landschaft ist so verändert hier. Als ob der Stausee einen Riegel zwischen zwei Klimazonen darstellen würde. Keine sattgrünen Täler mit klaren Flüssen mehr, keine saftigen Wiesen und keine Berggipfel dahinter. Auf endlosen Steppenwiesen, wo duftender Klee und weiße Kamille kilometerweit blüht, sehen wir lange Zeit nichts als vereinzelte Schäfer mit ihren Herden und Bienenzüchter, die mitten in dem blühenden Wunder Bienenkästen aufgestellt haben und sich bestimmt über eine reiche Ernte freuen können.

In fünfzig Kilometern Entfernung können wir von einer winzigen Erhebung in der Ebene aus die einzige Stadt der ganzen Umgebung ausmachen. Dort müssen wir unsere Tanks füllen, der Inhalt geht bedenklich zur Neige. Uns selbst müssen wir auch versorgen, denn die Mägen knurren. Am Vormittag hatten wir es vertrödelt, zu frühstücken. Ein Bankautomat an der Hauptstraße erinnert uns daran, dass die Geldbeutel auch fast leer sind. Wir versorgen uns an dem Automaten mit Barem, das ich gleich im nächsten Supermarkt in Essbares umsetze.

Hinter Diyanbakir beginnt die Kornkammer der Türkei. Links von uns erstrecken sich die hohen Berge bis zum Horizont, in den Lüften entdecke ich Adler, Weißstörche und Falken, die majestätisch ihre Kreise über dem ruhigen Land ziehen. Unsere Motorräder schnurren sanft viele Kilometer durch saftig grüne, mit Roggen und Weizen bewachsene Hügel.

Die Luft erwärmt sich schnell auf schweißtreibende Temperaturen. Wir kämpfen mit einer besonderen Variante des türkisch-kurdischen Straßenbaus. Seit mindestens fünfzig Kilometern sind wir gezwungen, in der Affenhitze über nahezu flüssigen Asphalt zu fahren. Keine Absperrungen, keine Ausweichspur macht ein Umfahren der klebrigen Pampe möglich. Über die pechschwarz glänzende Masse wirft ein wohl eigens zu diesem Zweck konstruierter LKW freigiebig Split auf die Straße. Anschließend spart sich der Straßenbauer die Walze, denn diese Arbeit wird praktischerweise von den Reifen der nachfolgenden Autos und LKW erledigt – und von uns, denen unten der schwarze Kleister an den Reifen klebt und oben der Split um die Ohren fliegt.

Wir hoffen, dass sich das Reifenprofil nicht vollends zusetzt oder gar wegschmilzt und klettern auf 1.700 m Höhe, bis wir schließlich die Ufer des Van-Sees erreichen. Die Kulisse ist einmalig, die 3.000er und 4.000er umrahmen im späten Abendlicht mit ihren schneebedeckten Gipfeln den riesigen klaren See. 460 Kilometer sind wir heute gefahren, Zeit, eine preiswerte Unterkunft zu suchen! Zum Zelt aufbauen sind wir viel zu müde, und eine Dusche wäre jetzt auch nicht schlecht, um sich den Split aus den Ritzen zu holen. Wenig später, als wir unseren Kram nach oben ins Zimmer geschleppt haben und die Mopeds im Schuppen untergebracht sind, stellen wir fest, dass es vielleicht doch besser gewesen wäre, auch hier unser gepflegtes Textilheim irgendwo in der Pampa aufzuschlagen. Zumindest hätten wir bei der Wahl der Unterkunft etwas genauer hinschauen sollen. Schön blöd.

In den Zimmerecken siedelt schwarzer Schimmel. Das komplette Bettzeug ziehen wir wegen des Verdachts auf noch unentdeckte Mitbewohner vorsichtig ab und deponieren es in der hintersten Zimmerecke, um die Tierchen nicht zu erschrecken oder womöglich zu wecken. Ich erinnere mich mit Schaudern an eine gewissen Herberge in der Türkei, in der wir vor vielen Jahren als begehrtes Neuland für eine ganze Horde Läuse herhalten durften. Und das mit den langen Haaren. Ein Riesenaufwand inklusive Läusekamm-Einsatz und täglicher Haarwäsche mit einem Läuseterminator aus der Flasche war die lästige Folge. Das brauchen wir nicht noch einmal, wir werden in unserem eigenen Schlafzeug nächtigen.

Die Betten sind gemacht, Thomas überträgt die GPS-Tracks aufs Laptop und sichert bei der Gelegenheit gleich noch die Fotos der Kamera. Jetzt ab unter die Dusche, denke ich. Ich öffne die Tür zum Duschbad auf dem Flur. Und wo ist die Dusche? Auf dem Boden steht ein roter Plastikzuber, in dem ein grüner Plastiktopf mit Stiel liegt. In Kniehöhe an der Wand ist der einzige Wasserhahn angebracht. Aus der Anordnung der mir zur Verfügung stehenden Materialien schließe ich auf deren Verwendungsmöglichkeiten, stelle mich mit Schlappen neben den Zuber, den ich mit eiskaltem Wasser aus der Leitung gefüllt habe, und übergieße mich anschließend unter Zuhilfenahme des grünen Pöttchens mit dem Wasser. Einseifen, zweiter Guss, fertig. Keine Ahnung, ob ich das so richtig gemacht habe, aber ich bin sauber. Thomas ist dran. Bibbernd rate ich ihm, bei der Prozedur nicht allzu tief einzuatmen, der Bewuchs an den Wänden des fensterlosen Raums lässt ebenfalls auf unbekannte Kulturen schließen.

Am nächsten Morgen werden wir – recht untypisch für das türkische Binnenhochland – von Möwenkreischen geweckt. Als seien wir am Meer, schweben Schwärme der weißen Vögel über dem See, auf der Suche nach einem guten Fisch-Frühstück.

Wir überlegen, den kompletten See einmal zu umfahren, das müssten so um die fünfhundert Kilometer sein. Andererseits lockt das Grenzgebiet zum nahen Iran, und so nutzen wir zum ersten Mal den Reiseführer auf unserem Rechner als Zünglein an der Waage. Aha, da steht ja die Arbeitsanweisung für heute: "Die Nordroute empfiehlt sich besonders, da sie die schönsten Ausblicke über den See hinweg auf die spektakuläre Bergkette im Süden bietet."

Na also, ab und zu sollte man auch mal tun, was andere sagen.

Die eindrucksvolle Strecke in die trockene, karge Hochebene von Dogubayazit führt uns streckenweise keine dreihundert Meter vom iranischen Grenzzaun entfernt durch Halbnomaden-Dörfer, Schneefelder und über einen 2.600 Meter hohen Pass. Dann, nach einer letzten Serpentine, liegt die von ockerfarbenen Bergen umgebene Ebene vor uns – mit dem mächtigen, bildschönen Ararat im Hintergrund, der majestätisch wie eine Erscheinung vor uns liegt. Beide bremsen wir wie auf ein Kommando gleichzeitig ab, diese umwerfende Ansicht müssen wir in Ruhe vom Straßenrand aus genießen. Der Ararat ist einfach kein Berg, an dem man einfach so vorbeifährt. Das Licht des sonnigen, aber leicht diesigen Tages lässt den schneebedeckten, ebenmäßigen Gipfel wie frei über der Ebene schweben.

***

Die letzte türkische Stadt vor der iranischen Grenze ist Dogubayazit mit seinem berühmten Ishak-Pasha-Palast, einer damals überaus einträglichen Zollstelle an der Seidenstraße. Er wurde im 17. Jhd. vom osmanischen Emir Çolak Abdi Pasa und seinem Sohn Ishak

Pasa II. auf einer in die Ebene ragenden Bergnase errichtet – mit damals 366 Zimmern und Stilelementen von orientalischer Schönheit. Die weite, flache Ebene, die zu seinem Fuß wie ein großer Teller eingeschmiegt zwischen den umliegenden Bergen liegt, war schon in Urzeiten ein idealer Rastplatz für die wandernden Karawanen. Glitzernd durchströmt der Fluss Sarisu die Ebene und sorgte bereits damals für die Wasserversorgung der Händler und deren Vieh.

Unterhalb des Palastes stoßen wir auf ein großes Ruinenfeld, hier schloss sich dem Palasthügel in früheren Zeiten eine städtische Bebauung an, durch die die Seitenstraße nach Täbris in den Iran führte. Heute erreicht man den Grenzort Bazargan über die vier Kilometer nördlich des Palastes gelegene Schnellstraße. Auffallend viele brandneue Autos der Luxusklasse, bevorzugt Four Wheel Drive mit verdunkelten Scheiben, sind in dieser gottverlassenen Gegend unterwegs. Der Drogenhandel mit dem Nachbarland scheint zu blühen und für so manchen Grenzgänger oder Strippenzieher fette Profite abzuwerfen.

Wir tauchen ein in die quirlige Grenzstadt Dogubayazit und planen unsere Route durch den Iran, zumindest versehen wir die bei einem Händler nach langem Suchen erstandene Landkarte mit groben Eckdaten. So viel hörten wir aus den Medien von diesem doch recht isolierten Land. Wir sind so gespannt, was uns jenseits des Grenzzauns erwarten wird! Thomas Begeisterung für das kommende Land ist riesengroß, ich bin etwas zurückhaltender in meiner Euphorie. Wie werden mir die Leute wohl begegnen, so als Frau auf einem Motorrad? Ich mache mir auch so meine Gedanken, ob ich mich als Mädel richtig verhalten werde und nicht in irgendein Fettnäpfchen trete. Weil ich keine Ahnung hatte von dem, was uns erwartet, habe ich meine Informationen aus einem Iran-Reiseführer. Immerhin, mal sehen, ob es damit klappt.

Den Rest muss die Intuition übernehmen.

Der Große Ararat in Ost-Anatolien, 5.137 m.

Wir können gar nicht sicher sein, dass uns eine Einreise in den Iran überhaupt erlaubt wird, denn die Internet-Gerüchteküche verbreitete in den letzten Monaten in schöner Regelmäßigkeit Informationen, dass wegen der anstehenden Wahlen keine Einreise für "Individualisten" möglich sei. Einige Reisende wurden ohne Angabe von Gründen nicht eingelassen und mussten zurück in die Türkei. Visum hin oder her, das letzte Wort hat der Grenzbeamte, und politische Verwicklungen können von einem auf den anderen Tag für eine Sperrung der Grenzen sorgen.

Wir sind also entsprechend angespannt und nervös, als wir über die weite Ebene auf die Grenzstation zurollen.

Iran – Schluss mit Altvertrautem

km 5.180

Bereits weit vor der Grenze überholen wir eine ewig lange LKW-Schlange mit hauptsächlich türkischer Zulassung, die Männer müssen hier schon seit Tagen stehen und auf die Abfertigung warten. PKW-Verkehr gibt es kaum.

Ziemlich allein kommen wir vor der Schranke, nein, es ist ein mächtiges gesichertes Metallgitter, zu stehen. Für uns eine befremdliche Grenzsicherung, wenn man aus dem freien Europa kommt. Über den elektronischen Sicherheitseinrichtungen, den Kameras und Stahlkonstruktionen prangt ein meterhohes Bildnis des iranischen Machthabers. Meine Beklemmung weicht etwas, als wir von den Beamten freundlich angelächelt und willkommen geheißen werden.

Ich fühle mich trotz der netten Begrüßung sehr befangen in meinen Motorradklamotten und weiß nicht so recht, wie ich mich verhalten soll. So stehe ich im Schatten unter dem Vordach der Kontrollstation herum, um auf die Motorräder aufzupassen, während Thomas die Bürokratie der Einreise erledigt.

Dies ist eine Männergesellschaft, das spüre ich gleich. Niemand spricht mich mehr direkt an, keine Blicke, Thomas ist der Kommunikationspartner. Gleich, nachdem ich den Helm abzog, habe ich einen Kopfschal umgelegt, den ich vorsorglich in den Tankrucksack steckte, um ihn schnell bei der Hand zu haben.

Thomas kommt zufrieden grinsend aus dem Grenzbüro, er schwenkt die Papiere in der Hand. Den üblichen Formalitäten-Marathon musste er bei mehreren verschiedenen Stempelstellen erledigen, aber da alle Schreibtische im Umkreis von hundert Metern liegen, sind wir nach einer Stunde "durch". Das Tor öffnet sich.

Eine Versicherung für die Motorräder ist im Iran obligatorisch, im nächsten Örtchen stehen jede Menge entsprechender Versicherungsbuden. Für vierzig Euro pro Fahrzeug ergattert Thomas die Legitimationen.

Er ist noch beim Makler drinnen, da hält ein Kleinwagen neben mir, und zwei Iranerinnen steigen aus, um am Stand nebenan Obst zu kaufen. Verstohlen mustert mich die ältere der beiden, bis die Jüngere auf mich zukommt. In bestem Englisch fragt sie mich, wo wir denn herkämen und welche Städte wir im Iran besuchen wollen. Ihre Mutter und sie fänden es ja ganz wunderbar, dass wir ihr Land besuchen würden. Dies ist der erste Kontakt und der erste Eindruck, den das völlig unbekannte Land auf mich macht. Dieser Eindruck soll sich nicht ändern.

$$***$$

Allein mit der Versicherung ist es leider nicht getan, wir bekommen vom Grenzbeamten aufgetragen, iranische Zulassungen zu besorgen. So müssen wir einen Abstecher ins hundertvierzig Kilometer entfernt Khoy machen, um dort bei der Traffic Police die Zulassungen ausstellen zu lassen. Sie werden benötigt, wenn man länger als zehn Tage im Land bleiben möchte. An der ersten Tankstelle füllen wir unsere Benzintanks und zahlen umgerechnet siebzehn Eurocent für einen Liter. Welch himmlische Tank-Verhältnisse!

Glücklich malen wir uns aus, wie wenig nun die Transportkosten zu Buche schlagen werden, nachdem man uns in dieser Beziehung in der Türkei so richtig geschröpft hatte. Dort zahlten wir das Zwölffache.

In Khoy angekommen, bleiben wir nicht lange allein. Schon beim ersten Orientierungsstopp an einer Kreuzung sorgt unser Erscheinen für eine mittelgroße Volksversammlung. Die Leute drängeln sich um uns, wollen wissen, woher und wohin, und Tipps für Übernachtungsmöglichkeiten im Ort lassen nicht lange auf sich warten. Besonders freundlich sind zwei Studenten, die uns beobachten, als wir die Motorräder durch eine Toreinfahrt zum Parkplatz eines Gasthauses bugsieren. Auch sie sprechen uns in bestem Englisch an und wollen wissen, ob sie uns mit irgendetwas behilflich sein können. Wir sind baff, die Wievielten sind das heute?

Thomas und ich schauen uns an. Hilfe könnten wir schon brauchen, denn wir haben keinen blassen Schimmer, wo die Traffic Police zu finden ist. Und so schwänzen die beiden am kommenden Tag die Uni, versichern uns aber, dass sie heute dort auf keinen Fall etwas verpassen werden. Statt den Hörsaal von innen zu sehen, springen sie vor unserem Gasthaus in ein Taxi und bedeuten uns, zu folgen.

Die Traffic Police hat gerade keine iranischen Nummernschilder für ausländische Motorräder vorrätig. Die Beamten meinen, wir sollten doch bitte ohne fahren, der ausgehändigte Zettel würde an den Kontrollposten schon ausreichen. Uns soll es recht sein.

Die Studenten haben sich uns inzwischen als Amir und Haydar vorgestellt. Keinesfalls wollen sie darauf verzichten, uns in ihre Studentenbude einzuladen, und so sitzen wir wenig später mit ihnen auf dicken Teppichen auf dem Boden. Sie haben eine Zweizimmerwohnung mit kleiner Küche und Bad. Die Möblierung ist spärlich, eigentlich gar nicht vorhanden, aber für die wichtigen Dinge im Studentenleben ist gesorgt: Viele Kissen lehnen an den Wänden, in der Ecke steht ein Fernseher, und an allen verfügbaren Steckdosen hängen Handy-Ladegeräte und Laptops.

Es klingelt, und der eilends hinzu gerufene Freund Sanyar steht in der Tür. Nun zu fünft, serviert Haydar uns Tee, Brot und einen leckeren Joghurt-Aufstrich. Die iranische Landkarte wird auf dem Boden ausgebreitet, und die drei zeigen uns Orte, die sie kennen und solche, von denen sie glauben, dass sie für uns einen Besuch wert seien.

Sie wollen uns ihre Universität zeigen. Wir schlendern durch die Straßen, und sie erzählen uns von ihrer Unzufriedenheit. Wir hören von massiven Interneteinschränkungen, strikten Verboten im Umgang mit dem anderen Geschlecht, von Verboten, Musik zu hören, ganz besonders die aus westlichen Kehlen und Instrumenten. Ganz zu schweigen vom Verbot der freien Meinungsäußerung, von der die Menschen hier nur träumen können. Wir erfahren von der regelrecht depressiven und frustrierten Stimmung, die vor allem die jungen Leute in ihren Klauen hält und die in Hoffnungslosigkeit mündet. Amir will in jedem Fall sein Heimatland verlassen, sobald er sein Englisch-Studium beendet hat und ein Visum bekommt. Wenn er eines bekommt. Denn auch das Reisen, erst recht zu Studien- und Jobzwecken, wird den Iranern nicht leicht gemacht.

Uns wird während der Gespräche schonungslos vor Augen geführt, in welch freiem Land wir aufgewachsen sind und unser Leben führen können, unter so vielerlei Aspekten.

Später, nachdem uns Haydar in der Moschee des Viertels wunderbar klingende Koransuren vorgetragen hat, sitzen wir mit den Dreien in einem Eiscafé. Meine Strickjacke rutscht vorn etwas auseinander, und Amir weist mich zaghaft darauf hin. Nicht, dass ich nicht noch ein hoch geschlossenes T-Shirt unter der Jacke tragen würde, aber er meint, privat in den Häusern sei das ja völlig in Ordnung, so als Frau mit offener Jacke, aber in der Öffentlichkeit würde das nicht gern gesehen. Da haben wir den Salat, das ist mir sehr peinlich. Ich sehe an seinem verschämten Blick, wie unangenehm ihm selbst der Hinweis ist. Und ich spüre, wie meine Befangenheit und die Unsicherheit in der Öffentlichkeit um ein weiteres Kaliber zunehmen.

Wir verabschieden uns herzlich von unseren neu gewonnenen Freunden und können nur mit Mühe verhindern, dass sie uns für Tage bei sich einquartieren.

Auf dem Weg nach Täbris verstärkt sich der Eindruck, dass wir im Iran so herzlich willkommen sind, als hätten alle auf uns gewartet.

So überholen wir einen Pickup mit vielen Mädels, die sich auf der Ladefläche den Wind um die Nase wehen lassen. Bei unserem Anblick geraten sie in Verzückung und beim Versuch, mit ihren Handys Fotos von uns zu machen, fallen ein paar von ihnen fast von der Ladefläche.

Bei einem anderen PKW öffnet sich bei achtzig km/h die Fondtür, und uns schmettert ein gebrülltes "Welcome!" entgegen. Die Belegschaft der hintersten Sitzbank versucht inzwischen, uns während des Überholvorgangs durchs offene Seitenfenster abzuklatschen.

***

Die für die Iraner schlimme Inflation ist ein Segen für uns, und immer noch fällt und fällt der Kurs. Für ein komplettes Essen mit Getränken müssen wir in der Stadt nur umgerechnet 4,50 Euro zahlen – für uns beide.

Eine Erfahrung der neuen Art stellt auch der iranische Straßenverkehr dar. Täbris ist die erste große iranische Stadt, mit der wir Bekanntschaft machen. Einen solchen Kamikaze-Fahrstil haben wir noch nirgends erlebt. Da wird gedrängelt, geschoben und abgedrängt. Dauernd. Besonders befremdlich ist die Gewohnheit der Autofahrer, beim Einbiegen nicht etwa auf den fließenden Verkehr zu achten, sondern sich ohne den geringsten Blick nach links einfach auf die Fahrbahn zu begeben. Der nachfolgende Verkehr weicht natürlich mit mehr oder weniger hoher Geschwindigkeit nach links aus, ebenfalls ohne in den Rückspiegel zu schauen. Das Geschiebe setzt sich fort bis an den äußersten linken Fahrbahnrand. So wird eine zweispurig angelegte Straße bei entsprechendem Verkehrsaufkommen von mindestens vier Fahrzeugen nebeneinander genutzt, und höchstens ein Blatt Papier passt zwischen die Seiten der Wagen. Allenfalls. Die meisten Fahrzeuge sind links und rechts verbeult.

Wir schlagen uns durch. Gnade uns Gott. Oder Allah.

***

Inzwischen umfasst meine Kopftuch-Kollektion drei Modelle – Frau will ja auch mal wechseln. Ohne die lästigen Dinger herumzulaufen, ist unmöglich. Keine Frau würde das im Iran wagen, ich passe mich an. Aber in einer großen Stadt wie Täbris kann ich trotzdem beobachten, wie der Kopfputz vor allem bei den jungen Frauen doch bedenklich Richtung Nacken rutscht, befestigt mit allerlei eigens zu diesem Zweck hergestellten Nadeln, Klammern und Clips. Je gewagter der freie Oberkopf, desto gesicherter ist die Sache am Hinterkopf, damit sich das Kopftuch nicht ungewollt verselbständigt. Wir erfahren, dass eine eigens für solche Fälle ernannte "Ethik-Polizei" darüber wacht, dass die muslimischen Gepflogenheiten peinlichst genau eingehalten werden. Dieselben Beamten patrouillieren auch in den Grünanlagen und auf Plätzen, um darauf zu achten, dass der zwischengeschlechtliche Kontakt nicht Verheirateter oder nicht Verwandter unterbleibt. Nicht von küssen oder Händchen halten ist die Rede, zum Verbotenen kann schon zählen, nebeneinander auf einer Parkbank zu sitzen. Ein Verstoß kann üble Folgen, sogar Arrest für die Beteiligten nach sich ziehen.

Die zahlreichen fremden Eindrücke wollen wir natürlich per Internet unseren Leuten daheim mitteilen. Mails bekommen wir manchmal durch, Facebook ist selbstverständlich gesperrt. Dort hatten wir eigens für die Reise eine Seite angelegt. Auch Wetterseiten stehen auf der Liste der gesperrten Seiten, sie zeigen ja schließlich (verbotene) Satellitenaufnahmen. Ok, wir werden uns schon an die Restriktionen gewöhnen, immerhin können wir unseren Blog pflegen, auch wenn das Internet elend langsam ist. Von Tag zu Tag quetschen sich die Bits langsamer durch die Leitung. Ein junger Mann meint, das liege an den bevorstehenden Wahlen, die aber erst in ein paar Monaten stattfinden sollen. Die Regierung würde mit der Einschränkung des

Internetverkehrs dafür sorgen, dass allzu viel Austausch unter der Bevölkerung unterbunden wird ...

Neben dem El-Goli-Park besuchen wir die Blaue Moschee. Seit über fünfhundert Jahren steht sie, hatte ursprünglich eine Schule, eine öffentliche Badeeinrichtung und eine Bibliothek angeschlossen. Durch ein Erdbeben wurde sie vor langer Zeit stark beschädigt, so richtig blau sind eigentlich nur noch die Reste der Glasur um das gewaltige Portal herum. Überall, im Park wie auf dem Hof hinter der Moschee, versuchen sich junge Damen und junge Männer zu treffen, um sich zu unterhalten oder zu flirten. Dabei sind sie aus bekannten Gründen zurückhaltend und so wachsam, als sei es ihnen in Fleisch und Blut übergegangen. Was für ein Krampf für die Leute!

Am Abend fallen wir todmüde aufs Bett. Nicht nur die Beine sind schwer. Ich habe einen Durchhänger, oder soll ich es Kulturschock nennen? Ich kann nicht recht sagen, was der Auslöser war, vielleicht war es die Mädchenschulklasse, die mich bei unserem Spaziergang durch den El-Goli-Park belagerte. Kreischend wie eine Horde Teenies vor einem Boygroup-Konzert, umlagerten sie mich zu Dutzenden. Thomas wurde dabei ziemlich links liegen gelassen, mich kesselten sie ein, so dass kaum Platz blieb, mit Händen zu gestikulieren. Sie sprachen gut englisch, und anfangs habe ich noch gern ihre unzähligen Fragen beantwortet, wenn ich sie denn in dem Radau überhaupt verstehen konnte. Als einige Mädchen uns aber später mit Foto-Handys bewaffnet durch den Park folgten und uns sogar den Weg abschnitten, um tuschelnd und kichernd vor uns her zu springen, wurde es mir zu viel.

Die gut gemeinte, aber oft ziemlich egoistische Aufmerksamkeit beginnt mich zu erdrücken. Wie ein Schaustück im Zoo komme ich mir vor. Thomas empfindet die manchmal aufdringliche Herzlichkeit als nicht ganz so belastend. Er ist um einiges geduldiger, die immer gleichen Fragen der interessierten Iraner zu beantworten. Ich dagegen bin froh, wenn wir der Stadt den Rücken kehren und wieder auf dem Land unterwegs sein werden.

Wir kämpfen uns durch den irren Verkehr von Täbris nach Osten und haben heute gute sechshundert Kilometer Wegstrecke vor uns, denn wir wollen es bis Hamedan im westlichen Bergland schaffen. Ich bin froh, wieder auf dem Motorrad zu sitzen und die wilde, einsame Landschaft an mir vorbeiziehen zu lassen. Der Verkehr auf den Überlandstraßen ist schon wesentlich entspannter als in der Stadt, und wir wollen versuchen, ein Stück Autobahn zu nutzen, die zweihundert Kilometer durch unbesiedeltes Gebiet führt.

Autobahnen im Iran sind für Motorräder verboten, aber Thomas "übersieht" das Verbotsschild. Mal gucken, was jetzt passiert, ich gebe Gas und düse hinterher. Die erste Mautstelle erreichen wir nach einem Kilometer. Jetzt wird es interessant, aber weil hier offiziell keine Motorräder zugelassen sind, gibt es auch keine Preisregelung für uns – und der Mautkassierer winkt uns freundlich durch. Das hat ja gut geklappt.

Gashahn auf, entspannt rollen wir über die leere Autobahn in Großrichtung Teheran. Bis zur nächsten Polizeistreife am Straßenrand. Freundliches Winken auf beiden Seiten, interessiertes Hinterher-Gucken, das war´s.

Aber dieser tolerante Polizeiposten soll nicht der letzte für heute sein, der nächste eindrucksvoll auf dem Standstreifen postierte Beamte winkt uns heraus. Wir haben die Finger schon an den Reißverschlüssen der Tankrucksäcke, um die Papiere zu zücken, aber der Polizist beginnt mit Thomas zu plaudern und bedeutet uns, abzusteigen. Er befiehlt seinem jungen Kollegen, doch bitte die Thermoskanne und zwei Tassen aus dem Streifenwagen zu holen, um mit uns einen Tee zu trinken. Der junge Mann zückt Kanne und Tassen, stellt aber fest, dass der Zucker alle ist. Da wohl davon auszugehen ist, dass jeder Trucker als Grundnahrungsmittel einen Tee-vorrat samt unverzichtbarem Süßmittel bei sich führt, hält der Be-amte kurzerhand den nächstbesten Schafstransporter an und erleichtert ihn um eine Handvoll Zucker. Fassungslos grinsend nip-pen wir an dem Tee und können uns nicht erinnern, dass uns jemals eine ähnliche Auffassung von Gastfreundschaft in einem anderen Land widerfahren ist.

**

Po und Schultern wollen nicht mehr weiter, dem Rest ist es egal, aber für heute ist es genug. In Hamedan angekommen, halten wir kurz am Straßenrand, um über die bevorstehende Übernachtung zu beratschlagen. Dazu kommen wir nicht. Als hätten wir das hinten auf dem Rücken stehen, hält ein Wagen neben uns und die junge Frau, die aussteigt, meint, sie kenne einen guten Platz. Wir sollen ihrem Auto, aus dem fröhlich die Verwandtschaft winkt, folgen. Gesagt, getan. Die Familie wünscht uns vor der Pension einen schönen Tag, und weg sind sie.

Ich bin nach der langen Tour erschöpft, will nur noch ins Bett, und gerade ist mir auch reichlich egal, dass in Hamedan der be-rühmte Arzt Avicenna, auch Ibn Sina genannt, begraben liegt, dass Hamedan eine der ältesten Städte des Iran ist und an der uralten Handelsstraße zwischen dem dreihundert Kilometer entfernten Bag-dad und Isfahan liegt.

Wir sind so neugierig auf Isfahan, dass wir am nächsten Tag doch wieder auf den Mopeds sitzen. Die Regeneration geht immer schnel-ler, eine Nacht reicht nach einer anstrengenden Etappe mittlerweile völlig aus. Rumbummeln können wir in Isfahan. Wir sind sehr ge-spannt, ob sich das Bild der Stadt mit der märchenhaften Vorstellung deckt, die wir in unseren Köpfen herum tragen.

Aber zuvor geht es fünfhundert Kilometer durchs iranische Hochland, wir nutzen einen Teil des "Persian Gulf Highway", der aber nicht als Highway im herkömmlichen Sinne daher kommt. Keine ausgebaute, vierspurige Trasse, kein langweiliges Asphaltfressen. Durch absolute Einsamkeit führend, zweispurig und auf Teilstrecken kurvenreich, werden wir auf ihm Zeugen der Naturschönheiten des Iran. Starke Winde und Regen wechseln sich in rascher Folge ab mit diffusen Sonnenstrahlen zwischen dramatischen Wolkengebilden. Das Wetter schlägt heute solche Kapriolen, dass wir abwechselnd, vom Sturm in unbequeme Seitenlage verbracht, über die 2.000 Meter hoch liegende Ebene fliegen, um in den nächsten Minuten einen kräftigen Schauer abzubekommen. Dann wieder wirft die Sonne unwirklich wirkende Spotlichter auf Berge und Täler. Wir kommen aus dem Staunen nicht heraus. Das hier ist genau unser Ding: Freiheit, Wildheit, Neugierde auf das, was als Nächstes kommt.

"In Isfahan angekommen" heißt noch nicht, dass wir in Isfahan angekommen sind. Locker dreißig Kilometer vor dem Zentrum beginnt der Stadtverkehr, mit dem wir naiverweise erst im Zentrum gerechnet haben. Wieder verfilzen sich die Autoreihen zu einem unentwirrbaren Knäuel. Die Hitze und die anstrengenden Strecken der letzten Tage lassen die Stunde, die wir noch brauchen, um uns bis zum Stadtkern vorzuarbeiten, endlos lang erscheinen.

Am Ende des Tages stehen wir vor einer Herberge gleich am Rand des Basars, es ist die dritte, in der Thomas anfragt. Hier gibt es vernünftige Preise und ein großes Zimmer zum Unterbringen des ganzen Krams, den wir mitführen. Uns wird außerdem der gesicherte Hof zum Abstellen der Motorräder angeboten. Von diesem Stützpunkt aus können wir in den kommenden Tagen fußläufig beinahe alle Sehenswürdigkeiten Isfahan´s erreichen.

Aber darüber denken wir morgen nach. Ziemlich ramponiert von den letzten beiden Tagen sinke ich ohne Abendessen zuerst in die Kissen, dann in tiefen Schlaf.

Das Stadtzentrum kommt tatsächlich dem europäischen Bild eines Märchens aus Tausendundeinernacht nahe. Die Industrie wurde aus dem Stadtkern ferngehalten, so dass sich die kleinen alten Betriebe nach wie vor in den gut erhaltenen Basarvierteln befinden.

Wir entdecken auch hier so gut wie keine anderen Reisenden, wenn wir von ein paar geführten Gruppen, die in Sachen Kultur unterwegs sind und zwei Motorradfahrern aus Russland absehen. Das Warenangebot im Basar ist dementsprechend auf die heimische Bevölkerung abgestimmt. Früchte, Gewürze und Nüsse türmen sich in Säcken duftend und ansprechend präsentiert entlang der engen Gassen. Juweliere, Seidentuchhändler, Teppichverkäufer und Schneider preisen in einem Viertel ihre Waren an, Kupfertreiber und Werkzeugmacher in einem anderen. Was aber nicht heißen soll, dass kein bunter Kitsch für´s iranische Heim verkauft wird.

Mitten in der Stadt liegt der Platz Meydan-e Imam, der die riesigen Ausmaße von 524 mal 160 Metern hat. Er ist von traumhaften Architekturwerken wie der Lotfollah-Moschee, der Großen Moschee und dem alten Palast Ali Qaba umgeben. Ein Augenschmaus.

Leider fehlen Straßencafés im Iran völlig. Die großen Plätze wären doch perfekt für gemütliche Kaffeehäuser, finden wir. Solche Betriebe sind aber von der Obrigkeit nicht erwünscht. Trotzdem werden der Meydan-e Imam und die umliegenden Rosenparks unsere bevorzugten Aufenthaltsorte. Wir machen es den Iranern nach: Man flaniert durch Geschäfte und um die riesigen Springbrunnen, schaut den Pferdekutschen nach und lümmelt sich um die Mittagszeit zum Picknick auf Decken zwischen Rosenbeeten herum. Kulturprogramm und Besichtigungen können auch anstrengend sein!

Sobald wir uns irgendwo niederlassen – außer beim Essen – werden wir auch hier angesprochen. Es interessiert die Leute brennend, wie es uns im Iran gefällt und sie sind sehr stolz, wenn wir die herausragende iranische Gastfreundschaft loben. Zwischendurch wird uns aber auch immer mal die Frage gestellt, warum wir den Iran bereisen, wo es hier doch so gefährlich sei und alle Iraner Terroristen. Das meinen sie natürlich ironisch, letztlich zeigt es aber, was die Iraner glauben, wie der Westen sie sieht. Ganz unrecht haben sie ja nicht damit, der Propaganda bedienen sich alle Seiten. Vielleicht mag das Rütteln an den Vorurteilen auch ein kleiner Grund dafür sein, dass das Volk so ungemein herzlich und hilfsbereit ist.

Interessante Begegnungen haben wir jeden Tag. So schimpft ein Seidenteppichhändler vor seinen kostbaren Exponaten: "Schöne Teppiche in Täbris? Die Täbriser Teppichhändler sind allesamt Betrüger! Was die als Seide verkaufen, ist doch Plastik, Plastik, Plastik." Bei den letzten drei Worten zählt er mit seinen Fingern mit. Aha, wir würden gern wissen, wie das denn die Teppichverkäufer in Täbris sehen.

Die Frauen sind interessiert daran, was ich vom Kopftuch tragen halte. Jetzt bloß nicht in die Nesseln setzen! Ich antworte, dass es für mich ungewohnt und etwas umständlich sei, dass ich mich aber gerne den Gepflogenheiten meines Gastlandes anpassen würde. "Ungewohnt und umständlich" ist nach wie vor untertrieben, ich würde das Ding am liebsten in die Ecke pfeffern. Die Mädels kichern, nicken mitfühlend, und nicht nur einmal höre ich, dass es den Iranerinnen zum Teil ebenso geht. Immerhin habe ich schon nach kurzer Zeit heraus, dass Kopftuch nicht gleich Kopftuch ist. Die Palette reicht auch in Isfahan von "nichts von der Frau zu sehen bis auf Nase und Augen" bis "notwendiges Übel, das locker ganz weit hinten am Kopf befestigt wird" und eine modische Ergänzung zum hübsch geschminkten Gesicht, einem Minirock mit blickdichter

Strumpfhose unter dem offenen Mäntelchen und den High Heels darstellt.

Ich kann nicht zählen, wie oft ich nicht nur von jungen Leuten den Satz gehört habe: "Vielleicht müssen Sie kein Kopftuch mehr tragen, wenn Sie einmal wiederkommen!"

***

Als wir nach einem herrlichen Fahrtag Shiraz erreichen, schallt der Gebetsruf des Muezzin zur Abendstunde über die glänzenden Dächer und übertönt den Geräuschteppich der Stadt. Shiraz zeigt sich als sehr gepflegt und in einem Talkessel gelegen. Das Stadtgebiet liegt mitten im Nichts, beherbergt aber über eine Million Einwohner. Besonders gefallen uns wieder die öffentlichen Gärten und Parks, und die Pflege wird von mindestens einem Gärtner pro hundert Quadratmeter Grün erledigt. Die tollsten Rosensorten duften um die Wette, die Rose scheint sowieso die Lieblingsblume der Iraner zu sein. Wir sichten in den Geschäften Rosenwasser, Rosendeo und sogar Rosenmarmelade, die ausgezeichnet schmeckt. Kein Vergleich zum herben Geschmackserlebnis einer Karottenmarmelade, die hier ebenso verbreitet ist.

Ich will ein Wort über die iranische Küche verlieren, deren Feinheiten sich uns bisher – nach immerhin zwei Wochen kreuz und quer durchs Land – noch nicht offenbart haben. Es gibt Reis. Duftenden, lockeren, langkörnigen Reis, den wir mangels Alternativen inzwischen in fein unterteilte Kategorien einzuteilen verstehen:

Da ist zunächst die strahlend weiße, uniforme Sorte, die gebirgsmäßig aufgetürmt auf einer großen, ovalen Platte serviert wird. Dann gibt es die abwechslungsreiche Variante, mit gelbem Safranreis vermischt, in ihrer Finesse gelegentlich noch verfeinert durch die Zugabe der roten Beeren der Berberitze. Zwischen de genannten Sorten treffen wir auf unendlich viele Untervarianten: Reis mit einem Klecks Butter obendrauf, Reis mit einer gegrillten Tomate daneben. Einmal fanden wir unter einem Berg Reis ein Stück Hühnchen, das sich uns erst offenbarte, als der Reisberg zur Hälfte weggefuttert war. Gelegentlich, auf Verlangen, wird als Beilage zum Reis auch Fleisch serviert, meist in Form von Kebab. Das Ganze wird ohne Soße gereicht, damit der Reisgeschmack nicht überdeckt wird. Lediglich zum Kaffee oder Tee wird kein Reis, sondern süßes Gebäck gereicht.

Ehrlich gesagt, wir können die weißen Krümel bald nicht mehr sehen. Vielleicht machen wir etwas verkehrt und besuchen immer die falschen Lokale.

Nach einer ordentlichen Portion Reis am Abend werde ich mitten in der Nacht von einem merkwürdigen Knall und einem tiefen, unheimlichen Brummen aus dem Schlaf geschreckt. Die Erde bebt, und nach einem kurzen Augenblick der Ruhe, den ich in Schockstarre verbringe, folgt ein weiterer Stoß. Ich werfe mich an Thomas´ Rücken, er hat das Beben gar nicht mitbekommen. Dann herrscht wieder Ruhe – nur die Stimmen und das Getrappel anderer Hotelgäste auf dem Flur und das Geschimpfe eines Vogels in der Palme vor unserem kleinen Zimmer ist noch zu hören. Bei einem Erdbeben ist man wirklich besser im Zelt als in einem Haus aufgehoben! Noch eine Stunde liege ich mit offenen Augen auf dem Bett, achte auf alles, was nicht zur Nacht passen will. Dann schlafe auch ich wieder ein.

Die Tage sind ausgefüllt mit obligatorischen, absolut lohnenden Besichtigungen von Moscheen, Palästen und Basaren. Aber es ist toll, sich nach viel Stadtluft wieder die Brise der Landstraße um die Nase wehen zu lassen. Nicht weit entfernt von Shiraz liegt Persepolis, die Jahrtausende alte Stadt, errichtet von Darius I. und uns überliefert als weltberühmte Ruinenstadt.

Es gibt hier leider keinen Campingplatz. Zelten ist im Iran sehr populär, aber statt einen öffentlichen Campingplatz aufzusuchen, den es recht selten gibt, bauen die Iraner ihr Zelt vorzugsweise am Wochenende einfach überall auf. "Überall" ist wörtlich zu nehmen. Das bedeutet: auf den Grünstreifen viel befahrener Straßen, auf Mittelstreifen, in Grünanlagen und in Parks zwischen den Rosenbeeten. Auch vor LKW-Ladeflächen als Zeltplatz schrecken die Camping-Fans nicht zurück. Uns als Ausländer irritieren diese Platzauswahlen innerhalb geschlossener Ortschaften doch ein wenig.

Gleich neben dem riesigen Ausgrabungsfeld von Persepolis gibt es ein Hotel mit angeschlossenem Gartenrestaurant. Große Bäume spenden Schatten, in dem wir bei einer Affenhitze abhängen.

Gerade findet im Saal des Hotels eine Konferenz vieler Abgeordneten in Sachen Bildungswesen statt. Der Anblick ist uns aus Europa vertraut: Herren in Anzügen, mit Aktenkoffern und Laptops ausgestattet, diskutieren nach dem Mittagessen im Vorhof und spazieren im Garten umher. Zum Mittag gab es Reis, viel Reis, wir haben es gesehen. Gerade ist die Konferenz beendet, und wir können von unserer gemütlichen Lümmelecke im Garten aus beobachten, wie sich sämtliche Herren nach der Verabschiedung draußen an der Küchentür anstellen, sehr diszipliniert in einer Reihe. Die Tür öffnet sich, und ein paar Hände reichen Paletten voller Konserven hinaus. Jeder der Abgeordneten nimmt mit einem dankbaren Kopfnicken eine Palette mit je zwölf Dosen Eintopf entgegen und trägt sie an uns vorbei zu den geparkten Fahrzeugen. Aktentasche und Rechner auf dem einen, Palette mit Eintöpfen auf dem anderen Arm. Unklar bleibt, ob es sich dabei um Reisgerichte handelte ...

Nomadenleben

Wir bereisen das Kernland der Perser, das seit 3.000 Jahren besiedelte ehemalige Persis. Heute nennt man die Provinz Fars.

Die Gebirgskette um die Stadt Bavanat mit ihren schroffen Gipfeln und grünen Hochtälern erhebt sich südlich der großen Salzwüste Dasht-e Kavir und ist eine wahre Augenweide. Man kann nicht sagen, ob die Landschaft nun karg und einsam oder saftig und dörflich daherkommt. Beide Eindrücke liegen so dicht beieinander, wie wir es noch nirgends angetroffen haben. Mitten in wüstenartiger Umgebung wächst mitunter oasengleich üppiges Grün, Schafe und Rinder können sich dort satt fressen. Einige Meter weiter, hinter dem nächsten Fels, klettern Ziegen an den steinigen Abhängen herum und finden kaum ein Kräutchen zum Abzupfen.

Wir versuchen, die Herberge von Abbas Bazergan in einem winzigen Kaff namens Imanzadeh Bazm zu finden. In der kleinen Stadt Bavanat stoppen wir am einzigen Kreisverkehr, weil wir einen Obstladen sichten. Wie immer werden wir ebenfalls gesichtet, und innerhalb weniger Sekunden sind wir in diverse Befragungen verwickelt. Die Männer wollen wissen, wo wir herkommen und wie die Modelle der Motorräder heißen, die Frauen fragen nach meinem Namen. Hat eine ihn erfahren, wird er kichernd hinter vorgehaltener Hand wie bei "Stille Post" an die Nachbarin weiter gegeben. In Windeseile macht der Name die Runde, und ich wundere mich nicht mehr, wenn mich wildfremde Mädels mit meinem Namen ansprechen. Interessant aber ist, dass die Männer immer nur um Thomas´ Motorrad herumstehen und fachsimpeln, niemals um meines – sobald sie sehen, wer denn da der Fahrer ist.

Da wir keinen Schimmer haben, wo sich das obskure Dörfchen befinden soll und auch die Landkarte nichts an Information hergibt, fragen wir einen Restaurantbesitzer, der sich vor seinem leeren Lokal langweilt. Er zeigt uns die kleine Nebenstraße, die man nehmen muss, um nach Imanzadeh Bazm zu kommen. Im gleichen Atemzug meint er, dass Abbas´ Haus geschlossen sei und wir deswegen etwas anderes entlang der Landstraße suchen müssten. Dabei guckt er so grummelig, dass wir neugierig werden und selbst vor Ort nachsehen wollen, was es denn mit Abbas´ geschlossenem Gasthaus auf sich hat.

An einer uralten Lehmziegelmauer entlang fahren wir in den Ortskern, wenn man die Anwesenheit eines Ziehbrunnens und einer kleinen Moschee mit vier knorrigen Baum-Ahnen im Hof so nennen kann. Hinter der ewig langen Mauer verbirgt sich eine alte Zitadelle. An einem unscheinbaren Tor sichten wir mehr aus Zufall ein ebenso unscheinbares Schild.

Auf unser Klopfen hin wird gleich geöffnet, eine kleine rundliche Frau steht im Tor, lächelt uns an und bedeutet uns, auf ihrem Hof willkommen zu sein. Siehe da, es gibt auch im Iran die Spezies des neidischen Nachbarn! Der Restaurantbesitzer von der Landstraße ist Abbas wohl nicht gut gesonnen und gönnt ihm keine Gäste … Keiner kann mir erzählen, dass in einem Dorf dieser Zwerggröße nicht der eine so gut wie alles vom anderen weiß.

Das schmale Tor schließt sich hinter uns und wir finden uns mitten in einem Rudel herum hoppelnder Kaninchen wieder. Langohren aller Farben, Fellarten und Größen wimmeln kreuz und quer über Hof und Treppen des verwinkelten Anwesens. Unser Motorenlärm beeindruckt sie nicht. Im Pferch gleich nebenan blöken Lämmer und Schafe um die Wette, und die Szenerie ist malerisch umgeben von uralten Lehmbauten, die zu Wohn- und Arbeitszwecken dienen.

Freudestrahlend kommt uns der Hausherr mit ausgebreiteten Armen aus einem der vielen Eingänge entgegen. Abbas ist ein kleiner dunkler Mann mit sehnigen Muskeln und einnehmendem Wesen. Nachdem er uns ein kleines Zimmer zugewiesen hat und wir ein paar unserer Sachen auf den beiden Schlafmatten verteilt haben, nehmen wir bei Tee und Wasserpfeife in seinem Garten Platz. Abbas hat die Zeichen der Zeit erkannt und aus einem kleinen Bauernhof einen richtigen Vorzeigehof mit ein paar Zimmern gezaubert, um in Sachen "Tourismus" richtig loszulegen. Er kann kaum lesen und schreiben, und hat ewig neben dem Kleinbauernbetrieb einen winzigen Laden vorn an der Straße geführt. So lange, bis vor einigen Jahren zwei Motorradfahrer an seiner Tür um ein Nachtlager baten. Und im Jahr darauf ihre Freunde zu Abbas schickten, der in der Zwischenzeit ein Zimmer nur für Gäste eingerichtet hatte. So ging das los, erzählt er uns stolz, mittlerweile kann ein geschätztes Dutzend Leute bei ihm wohnen – und der alte Laden vorn an der Dorfstraße ist zu. Wir finden, er macht seine Sache wirklich geschickt: eine Art iranischer Öko-Tourismus mit Tieren, Teppichknüpferei, Gewürzlager, Gemüse- und Obstgarten. Nicht zu vergessen die üppig wachsenden Marihuanapflanzen, die – selbstverständlich ausschließlich zur Zierde – gleich neben den Sonnenblumen am Gartenweg duften, sowie die Destille unterm Gartenzelt. Auf unsere Nachfrage, ob er das Ding in Betrieb habe, um Alkohol aus den Trauben seiner alten Weinreben herzustellen, platzt es aus ihm heraus: "Yes, Alcohol! Äh – no, no, just very good drink!" Ein breites Grinsen. Aha. Allah ist großmütig.

In besagtem Gartenzelt treffen wir mittags auf ein gutes Dutzend Nomadenkinder. Sie sitzen um den langen Tisch herum auf Kissenbergen beim Tee, singen Lieder und mampfen Plätzchen. Als wir uns dazu setzen, schweigen sie schüchtern und mustern uns verstohlen. Abbas hat sie aus den einsamen Hochtälern, in denen sie bei ihren Familien leben, zum mittäglichen Picknick geholt. Ob sie hier unten einkaufen sollen oder ob Abbas einfach nett sein möchte, erfahren wir nicht. Die Kinder waren noch niemals unten im Dorf unterwegs, erzählt er uns. Er kennt fast alle Nomandenfamilien im

Umkreis und pflegt die Kontakte zu den Menschen dort oben. Die Jungs und Mädels zwischen vier und vielleicht acht Jahren tauen nach ein paar Minuten auf und sind dermaßen offenherzig und liebenswert, dass sie uns ihre Lieder vorsingen. Wer gerade nicht dran ist, klatscht mit.

Wir stimmen sofort zu, als Abbas uns einlädt, die Kleinen am Nachmittag zurück in ihr Sommerlager auf 2.800 Metern Höhe zu fahren. Das bedeutet: Fünfzehn Mann rein in sein Auto. Ich schaue Thomas mit hochgezogenen Augenbrauen an, der zuckt mit den Schultern: Abbas wird schon wissen, was er tut. Immerhin verfügt sein Wagen über zwei Sitzreihen im Fond. Thomas lässt sich auf dem Beifahrersitz nieder. Dort, wo die Handbremse und eine Ablage zwischen Fahrer- und Beifahrersitz liegt, finden zwei Winzlinge Platz. Im schmalen Kofferraum hocken zwei Jungs, die beiden Sitzbänke werden von mir und der übrigen Schar belegt. Wer keinen Raum zum Sitzen hat, steht eben zwischen den Beinen der anderen. Die Fahrzeughöhe passt immerhin zu der Größe der Sprösslinge.

Der Weg hinauf in die Berge führt über rumpelige Pisten mitten durch einsame Hügel und Weiden. Unermüdlich singen die Kinder Lieder, wechseln sich ab oder tönen wie ein Meisterchor lauthals zusammen los. Mit immer neue Strophen können sie aufwarten – das vermute ich jedenfalls. Uns beide mögen sie mittlerweile richtig gerne, lachen uns an und finden es nicht mehr ganz so absonderlich, mit uns gezwungenermaßen auf Tuchfühlung zu sein.

Wenig später sitzen wir im Zelt eines Elternpaares, um dort Tee zu trinken. Rechts neben dem Eingang ist die Ecke, die für Gäste vorgesehen ist. Auf dicken Teppichen sitzen wir zwischen Abbas und einem Nachbarn. Die Familie nennt zweihundert Schafe ihr Eigen, deren Milch und Fleisch sie zum Teil weiterverarbeiten und unten auf dem Markt gegen andere Waren eintauschen. Ich inspiziere genau, wie der Haushalt wohl funktioniert. In einer Ecke steht ein abgedeckter Zwanzig-Liter-Topf voller Joghurt, von dem wir jeder eine Tasse vorgesetzt bekommen – erfrischend, einfach superlecker. Besonders beeindruckend finde ich, wie Verderbliches wie Fleisch gekühlt wird: Umgeben von trockenen Kräutern, eingewickelt in Leder und in trockene Tücher, liegt das Paket auf locker geschichteten Holzscheiten an der unten offenen Windseite des Zeltes. An einer Zeltstange baumelt ein großer Käse zum Reifen, gleich neben zwei Kulturbeuteln und einer Handtasche. Frisches Wasser wird mühsam vom kleinen Bach herbeigeschleppt und den steinernen Backofen draußen teilt man sich mit mehreren Nachbarn.

Wir erfahren, dass die Nomaden von Bazm während der sechs Sommermonate mit ihrem Vieh hier im Bavanat lagern. Bevor der Winter mit Temperaturen bis zu fünfzehn Grad unter Null Einzug hält, macht sich die Gemeinschaft auf den fünfhundert Kilometer weiten Weg in die Berge von Bandar Abbas. Das liegt am Persischen Golf. Für die Strecke benötigen sie fast einen Monat. Der Nachwuchs besucht bis zur sechsten Klasse die momentan zehn Kinder umfassende Nomadenschule, bevor sie in die Stadt aufs Internat gehen können. Wir sind nicht sicher, was so etwas kostet und ob alle Kinder zumindest die Grundschule besuchen.

Zurück im Dorf führt uns Abbas' zwangsverpflichtetes Töchterlein in die alte Zitadelle, eine befestigte Lehmburg, deren Mauer uns schon am Vortag auffiel. Die gesamte Anlage ist von beeindruckender Wehrhaftigkeit, aber leider sehr verfallen. Immer noch können wir erkennen, dass innerhalb der Umfassung Wohn- und Geschäftshäuser für sicherlich fünfhundert Personen Platz hatten.

Mit lautem Gejohle spielt die Dorfjugend zwischen den Ruinen Fangen und Verstecken, und wir fragen uns, wie viele Abstürze in ungesicherte Brunnen und von maroden Dächern es hier wohl schon gegeben hat.

Durch den Wüstensand der Dasht-e Kavir

Am nächsten Morgen düsen wir in Richtung der Wüstenstadt Yazd. Was aber so richtig düst, ist der seit Tagen beständige Wind, der sich im Laufe des Vormittags zum Sandsturm entwickelt. Es heult und tobt um uns herum, an verkehrsgerechte Sicht ist so gut wie nicht mehr zu denken. Die feinen herumfegenden Sandkörnchen dringen in jede Ritze, selbst das vor Mund und Nase gezogene Halstuch wird von der Sandflut mühelos überwunden.

Wir versuchen konzentriert, die Spur zu halten und die Straße nicht unfreiwillig nach rechts oder links zu verlassen. Kurz denke ich daran, wie jetzt wohl die Luftfilter aussehen mögen, hoffentlich dringt der Sand nicht in die Ansaugung des Motors ein!

Je näher wir Yazd kommen, desto heißer wird es. Wir bekommen kaum Luft, zu dem Sand mischen sich jetzt auch noch die Abgase der LKW. Es ist so erdrückend heiß, dass ich im ersten angefahrenen Hotel einfach nicht mehr aus der kleinen Lobby heraus will. Mein Blick fällt auf einen Spiegel, mein Gesicht ist rot wie ein Feuermelder und hinter den Schläfen pocht es gewaltig. Aber hier gibt es keinen abgeschlossenen Platz für die Motorräder, zu blöd, denn wir wollen sie in dieser großen Stadt nicht nachts auf der Straße stehen lassen. Also setzt sich Thomas gezwungenermaßen allein bei der Affenhitze in Bewegung, um eine andere Schlafmöglichkeit zu finden. Inzwischen versucht die Rezeptionistin, mich mithilfe eines eilig herangeschafften Ventilators wiederzubeleben.

Ich muss ihr versprechen, sie eine Runde hinten auf dem Motorrad mitfahren zu lassen – mit Kopftuch und in ihrer schwarzen Abaja, dem langen Mantel, der über der Kleidung getragen wird. Die iranischen Mädels sind manchmal richtig klasse drauf.

***

Es folgen drei abwechslungsreiche, aber schweißtreibende Tage in Yazd.

Besonders der Besuch des zoroastrischen Feuertempels Atash Kadah beeindruckt uns. Ein großes, schlichtes Wasserbecken ist auf dem Vorhof des prunklosen Tempels angelegt. Im Inneren des Gebäudes flackert ein Feuer in einem riesigen Eisenkessel. Seit 1.520 Jahren brennt diese Flamme ununterbrochen, gepflegt und versorgt von zwei Tempeldienern. Sie musste während dieser unvorstellbar langen Zeitspanne zwar zweimal wegen unruhiger Zeiten "umziehen", ist aber auch bei diesen Aktionen niemals verloschen. Im umliegenden Viertel leben noch recht viele Zoroastriker, Anhänger des Religionsstifters Zarathustra. Seit mindestens 3.000 Jahren existiert der ursprünglich aus Baktrien im heutigen Afghanistan stammende Glauben. Er stützt sich auf ein dualistisches System, dessen beiden gegensätzlichen Seiten durch den Schöpfergott Aura Mazda sowie seinem Widersacher, dem bösen Dämon Angra Mainyu, vertreten werden. Sie stellen das Gute und das Böse im Denken, Reden und Tun dar.

Wo wir schon in Sachen Kultur unterwegs sind, parken wenig später unsere Motorräder vor dem kleinen Sommerpalast Dolat Abat. Abgesehen davon, dass der hübsche achteckige Palast von einem wunderbaren Park mit symmetrischen Wasserbecken und funkelnden Wasserspielen umgeben ist, birgt er auch eine Besonderheit.

Das Gebäude verfügt über den höchsten Windturm der Welt. Die antike Klimaanlage erhebt sich vierunddreißig Meter in den iranischen Himmel, und wir wollen uns vom Nutzen und der Funktion selbst überzeugen. Allein aus der nachmittäglichen Hitze in die kühle Residenz zu treten, ist eine Wohltat. Als wir dann im zentralen Raum stehen, dem Raum, über dem sich der Windturm erhebt, spüren wir es sofort: Ein beständiger kühler Luftzug weht vom Turm hinunter. Er ist oben von vielen geschickt angebrachten Öffnungen durchbrochen, die den Wind ins Gebäude lassen. Die Konstruktion kühlt den Raum um sagenhafte elf Grad gegenüber der Außentemperatur ab.

Am letzten Abend in Yazd sitze ich auf den Teppichen im Patio wie ein Kaninchen vor der Schlange über der Iran-Landkarte. Die Wüste, die vor uns liegt, kommt mir auf dem zerknautschten Blatt riesig vor. Vielleicht doch lieber außen rum … Thomas hat viel weniger, genauer gesagt gar keine Bedenken, und überzeugt mich. Meine Sorge wandelt sich um in Respekt vor der Sache.

Aus dem Vorhaben, um halb fünf aufzustehen, wird nichts. Wir haben verschlafen und sind erst zwei Stunden später als gedacht zur Abfahrt bereit. Die Sonne steht schon ziemlich hoch am stahlblauen Himmel. In unserem schattigen Domizil hatten wir nie mitbekommen, um wie viel Uhr sie überhaupt aufgeht.

Wir legen knapp vierhundert Kilometer zurück und am Mittag, als die Hitze unerträglich wird, lassen wir uns erschöpft im Schatten einer der alten riesigen Lehmbau-Ruinen niedersinken, die wir so oft am Straßenrand sehen. Wir trinken, so viel wir können. Dass das Wasser die Umgebungstemperatur von vierzig Grad angenommen hat, stört uns schon lange nicht mehr. Die Handschuhe kleben widerspenstig an den schwitzigen Händen, und wir ziehen gleich nach ihnen die Stiefel aus, um uns so viel Abkühlung wie möglich zu verschaffen. Auf dem Vorplatz der zerfallenen Burg, mitten in der prallen Sonne, hantiert ein großer weißbärtiger Mann mit seinem Stativ herum. Wir beobachten ihn eine Weile, er entdeckt uns und wir kommen ins Gespräch. Er sei iranischer Profi-Fotograf, erzählt er uns, und arbeite zurzeit an einem Bildband über die Architektur des Iran. Er habe Unterkunft bei einem Maler in der kleinen Wüstenoase Gamreh gefunden, auch dort habe er bereits einzigartige Aufnahmen machen können. Das hört sich doch gut an und wäre auch etwas für uns! Nachdem er uns den Weg beschrieben hat, erreichen wir wenig später mit kochenden Köpfen das Haus des Künstlers. Der denkt wie Abbas ebenfalls ökonomisch und vermietet in seinem Hof ein paar Zimmer an Reisende – und zu meinem Entzücken döst ein junges Dromedar im Hof bei den Ziegen. Hier sind wir goldrichtig. Nicht entzückend finde ich, dass wir am Abend äußerst wohlschmeckende Frikadellen serviert bekommen, die uns nach der Mahlzeit als "Camelburger" offenbart werden. Immerhin guckt das lieb gewonnene Dromedar noch ziemlich lebendig zum Tor hinein.

Die Motorräder parken immer noch beladen neben den Tieren im Schatten, als wir am Abend durch die malerische Oase stromern, um die Quelle zu suchen, die für das üppige Leben an diesem einsamen Fleck mitten in der Wüste sorgt. Glasklares Wasser tritt aus einer schattigen Spalte im Fels aus und ergießt sich in ein natürliches Becken. Die Bewohner von Gamreh hegen und pflegen den winzigen Teich und die Kanäle, die das kostbare Nass zu den Palmen und den Gemüseparzellen führen. Erst jetzt, als der kühle Abend naht, wagen sich die Menschen wieder zur Feldarbeit in die Gärten.

Unser Zimmerchen soll umgerechnet fast vierzig Euro kosten, pro Kopf, versteht sich. Absolut überteuert! Zwar hat schon der berühmte Forscher Sven Hedin zu seinen Lebzeiten hier genächtigt, aber so viel Geld für eine Nacht zu zahlen, sehen wir nicht ein. Das Herunterhandeln auf etwas mehr als die Hälfte des Preises wird vom Chef des Hauses quittiert mit den Worten: "No Problem!"

Klasse, als morgens auch noch unser Frühstück vorbereitet im Kühlschrank steht, da wir bereits zwei Stunden vor Sonnenaufgang auf den Motorrädern sitzen. Ja, wir lernen.

Ein rosa Streifen auf tiefblauem Grund kündet bald am Horizont vom nahen Tagesanbruch, und als roter Feuerball steigt die Sonne wenig später über den unendlichen Sandfeldern auf. Still und weit

In der Wüste Dasht-e Kavir, kurz vor Mo´Aleman.

liegt die Große Salzwüste vor uns. Und hinter uns. Wir sind mitten-drin.

Aus der komfortablen Landstraße wird eine Schotterpiste, dann eine Piste mit Sandverwehungen. Ehe ich es realisieren kann, schlägt der Lenker um, das Motorrad bricht nach links aus, das Vor-derrad bleibt in einer Verwehung stecken und ich stürze. Ich taste mit Tränen in den Augen das Bein ab, als Thomas besorgt gewendet hat und auf mich zurescht. Bis auf einen schmerzenden Knöchel geht der Sturz glimpflich aus. Die Alukoffer haben einen größeren Schaden abhalten können. Entmutigt steige ich wieder auf. Mir graut vor der weiteren Strecke, deren Zustand wir nicht kennen. Im Sand kann ich einfach nicht mit dem schweren Dingen umgehen. Immerhin vierzig Kilometer liegen noch vor uns, bis wir wieder auf eine befestigte Straße treffen werden. Aber der Grad der Versandung ist für mich so gerade noch machbar, und Thomas passt sich meinem vorsichtigen Tempo an. Reichlich verkrampft entere ich nach einiger

Zeit wieder festen Boden. Ein fester Untergrund kann manchmal die größte Freude des Tages sein.

Als wir am späten Vormittag ins Städtchen Mo'Aleman am nördlichen Rand der Dasht-e Kavir rollen, scheint der Rest der geplanten Tagesetappe über Semnan in Richtung des Berges Damavand eine Kleinigkeit. Der Hunger treibt uns in ein kleines Restaurant.

Es dauert nicht lange, und ein Polizeibeamter betritt das Lokal. Die Maschinenpistole seines Begleiters baumelt lässig von der Schulter. Auf iranisch redet er auf den Wirt ein, dem die Sache sichtlich peinlich ist, und erst nach einigen Minuten begreifen wir, dass es um uns beide geht – Passkontrolle. Wie bitte, im Lokal, beim Essen? Wir lassen uns anmerken, wie unpassend wir das finden. Der Beamte und der Soldat beziehen Posten vor der Tür. Da sie draußen ungeduldig von einem Fuß auf den anderen treten, ist es mit der Ruhe beim Essen vorbei. Thomas zahlt unter vielen Entschuldigungen des Wirtes. Draußen wendet sich der Polizist an Thomas und gibt ihm zu verstehen, dass wir ihm zur Polizeistation des Ortes folgen sollen. Er schwingt sich auf sein Mofa, der Soldat klemmt sich auf seinen Soziussitz und mit laut schallender Sirene knattert das 50-ccm-Gefährt davon, uns beide auf unseren Maschinen im Schlepptau. In der örtlichen Polizeistation folgt eine akribische Untersuchung unserer Pässe und Visa durch mehrere Beamte, ich muss als Frau bei solch wichtigen Dokumentengeschichten draußen bleiben. Immerhin bekomme ich in der brütenden Hitze im Hof Wasser angeboten. Nach einer geschlagenen halben Stunde, in der die Papiere einer akribischen Überprüfung unterzogen werden, dürfen wir unsere Motorräder starten und den Weg fortsetzen.

Ein kurzer Blick auf unsere Navis und auf die in der Türkei erstandene Landkarte zeigt uns den richtigen Weg über Semnan. Denken wir, und die Katastrophe nimmt ihren Lauf.

Gleich hinter dem Ortsausgang biegen wir von der Hauptstrasse nach Westen ab und folgen der Landstrasse durch eine spektakuläre Landschaft aus Sand, Fels und kleinen Canyons. Wir wundern uns nicht besonders über ein großes Schild am Straßenrand, das auf ein Tempo 60-Limit hinweist, denn die Straße ist wunderbar kurvenreich und dabei nicht ungefährlich. Den kurzen iranischen Text, der unter der großen roten 60 steht, können wir nicht lesen. Während der nächsten Stunde genussvollen Kurvenfahrens und Landschaft Bewunderns begegnen uns auf der einsamen Straße gerade einmal zwei Fahrzeuge, kurz darauf eine Schafherde samt Schäfer. Thomas filmt mit der Helmkamera, das werden sicherlich tolle Aufnahmen werden. An vielen Berghängen schimmert es uns grün entgegen, einige Baggerfahrzeuge weisen darauf hin, dass hier mit Sicherheit Kupfer abgebaut wird. Nach einer langgezogenen Rechtskurve sehen wir einen Straßenposten. Soldaten mit Maschinengewehren postieren auf den hohen Wachtürmen zu beiden Seiten der Piste, ein geschlossenes Tor und ein hoher Zaun bremsen uns aus: die Zufahrt zur Minengesellschaft! Soweit die Vermutung.

Unheil

km 8.430

Unmittelbar vor dem Gitter stoppen wir und hoffen im Stillen, dass sie uns ohne viel Aufhebens durchlassen werden. Immerhin ist die Strecke als Durchgangsstraße verzeichnet. Die Folge einer Sackgasse wäre, dass wir die achtzig Kilometer bis zum Abzweig zurück fahren müssten, um über einen großen Umweg nördlich nach Semnan zu gelangen.

Ein Iraner in Zivil tritt aus dem Wachhaus und mustert uns mit großen Augen. Auch ein paar junge Soldaten, die meisten von ihnen interessanterweise in Badeschlappen unterwegs, machen nicht den Eindruck, als hätten sie Routine im Pförtnerbetrieb.

Wir schalten die Motoren aus, Thomas legt seinen Helm auf dem Sitz der Africa Twin ab. Ich rufe ihm zu: "Lass die Kamera doch noch laufen!"

Ihm fällt gleich beim Absteigen auf, dass mit den Zäunen etwas nicht stimmt und macht mich darauf aufmerksam. Oben sind die Gitter abgeknickt wie im Zoo die Zäune der Raubtiergehege. Aber im Tierpark sind die abgeknickten Teile stets nach innen gerichtet, dorthin, von wo keiner raus soll. Hier ist es anders herum. Uns geht ein Licht auf, dass wir uns nicht draußen vor irgendetwas, sondern bereits innerhalb von irgendetwas befinden. Das macht für uns keinen Sinn, so lange nicht, bis der Wachmann uns zu verstehen gibt, dass wir uns in einer militärischen Sperrzone befinden.

Wir sollen versehentlich in eine so genannte "forbidden zone" geraten sein? Wie soll denn das passiert sein? Wo in Gottes Namen war denn die Einfahrt zu der Zone, die wir übersehen haben sollen? Wo der Kontrollposten am anderen Ende des Problems?

Wir kommen nicht dahinter. Und haben dann auch noch fleißig gefilmt ... Mein Blick wandert zur Helmkamera. Dort ist mittlerweile das kleine rote Kontrolllicht verloschen, der Akku ist leer. Wir

102

wissen, dass es verboten ist, militärische Anlagen zu fotografieren. Das tut gerade nichts zu Sache, denn wir sind voll und ganz damit beschäftigt, dem Wachposten in einer Mischung aus Englisch und Gebärdensprache deutlich zu machen, dass wir keine Ahnung von einem Sperrgebiet haben, nach Semnan möchten und nun um Ausfahrt bitten. Wir zeigen unsere Pässe vor und bitten ihn, das Tor zu öffnen, denn bis zur Stadt sind es höchstens noch vierzig Kilometer.

Aber so einfach geht das nicht. Die Wache bedeutet uns, dass er über unsere Weiterfahrt nicht entscheiden kann. Wir sollen auf seinen Vorgesetzten warten.

In der brütenden Mittagshitze schieben wir zwei klapprige Stühle in den schmalen Schattenstreifen an der Hauswand und warten. Weit oberhalb des Wachhauses auf einem Hügel und außerhalb des Zauns sehen wir eine gesicherte Gebäudeanlage, wir können die Straße, die von dort hinabführt, gut einsehen. Ab und zu verlässt ein Auto die Anlage, biegt aber immer vor dem Tor Richtung Semnan ab. Keiner, der zu uns will. Nach zwei Stunden haben wir ein paar Mal die Stühle weitergerückt, um dem Schattenstreifen zu folgen. Mittlerweile werden wir ungeduldig. Aus einer Staubwolke hinter uns erscheint ein Pickup, der neben unseren Motorrädern bremst. Er kam aus der Richtung, die auch uns vor das Tor gebracht hat. Der Fahrer ist in Zivil gekleidet, nimmt seine Sonnenbrille ab und mustert uns eindringlich. In gutem Englisch fragt er, wo wir denn herkämen und was wir im Sperrgebiet zu suchen hätten. Das geht hier gerade in die komplett falsche Richtung! Wieder erklärt Thomas, dass wir keinen blassen Schimmer von irgendwelchen Sperrgebieten hätten. Der Mann scheint verständig, öffnet aber nicht das Tor. Wir sollen warten. Auf die Polizei.

Was bleibt uns übrig, wir hoffen also, dass wir das Dilemma beim nächsten Ansprechpartner aufklären können. Die Sonne wandert bereits ums Haus, wir rücken die Stühle vollends um die Hausecke und warten. Es ist uns kaum möglich, still zu sitzen, immer wieder stehen wir auf, gehen ein paar Schritte, setzen uns wieder und hoffen, dass wir bald weiter fahren dürfen. Nach einer gefühlten Ewigkeit kommen zwei Polizeiwagen aus Richtung Stadt näher. Ohne viele Umschweife werden wir aufgefordert, auf die Motorräder zu steigen und den Wagen zu folgen. Das Tor öffnet sich, und damit sehen wir uns der Aufklärung der Sache einen riesigen Schritt näher. Mir ist trotzdem nicht besonders wohl, als sich die Fahrordnung wie ein Begleitschutz gruppiert, um es positiv auszudrücken. Ich fühle mich auf subtile Art bedroht, denn mit zwei Polizeiwagen vor uns und dem Pickup hinter uns hat die Fahrt eher den Charakter eines bewachten Konvois.

Mein Eindruck der Bedrohung verschärft sich massiv, als die Kolonne in den hoch ummauerten Hof einer Polizeistation rollt und sich das gewaltige Eisentor hinter uns schließt. Was soll denn das? Der Komplex ist nun nicht mehr von der belebten Hauptstraße aus einzusehen. Ein selten gespürtes Gefühl der Beklemmung legt sich wie ein Ring um meine Brust. Thomas beschwichtigt mich mit den Worten, nun würde sich bestimmt alles aufklären.

Gleich im Hof durchsuchen fünf oder sechs herangeeilte Beamte unser komplettes Gepäck. Fotoapparate, Navis, Laptop und Handys sowie alles, was irgendwie nach Elektronik aussieht, müssen wir sofort abgeben. Dabei wühlen die Männer konzept- und hemmungslos in unseren Sachen herum. Wir sind so eingeschüchtert und vorsichtig, dass wir alles stillschweigend geschehen lassen. An jeder Grenzkontrolle hätte unsere Reaktion anders ausgesehen.

Dass ich im Tankrucksack ein Satellitentelefon und eine Dose Pfefferspray horte, entgeht den Leuten merkwürdigerweise. Ich sage nichts.

Ich habe sowieso nichts zu sagen, den Umgang der iranischen Obrigkeit Frauen gegenüber bekomme ich hier einmal mehr zu spüren. Während der Durchsuchung soll Thomas anwesend sein, ich dagegen werde ins Gebäude geschickt. Das kommt nicht in Frage, ich bleibe, wo ich bin und will in dieser angespannten Situation nicht einmal zwei Meter von Thomas entfernt sein.

Der Chef der Polizeistation gibt sich durch besondere Ruppigkeit zu erkennen. Er beschimpft mich, weil ich nicht ins Haus gehen will, und lässt mir in Windeseile durch einen Schergen einen alten schwarzen Tschador besorgen, den er mir entgegen pfeffert und in den ich mich samt meiner Motorradmontur gefälligst sofort einzuhüllen habe.

Minuten später sitzen wir auf der Besucherbank im Zimmer des Polizeichefs. Durch die offen stehende Tür zum Nebenraum erkenne ich, wie er auf und ab läuft, die Hände auf dem Rücken verschränkt und scheinbar in Gedanken versunken. Seine Untergebenen breiten unsere Handys, Computer und Kameras auf einem langen Tisch aus. Wir müssen sämtliche Passwörter preisgeben: für die Mailserver, für die Datenzugänge, für die Handys, für einfach alles.

Mit ernster Miene kommt der Polizeichef in den Raum, nimmt hinter seinem Schreibtisch Platz, legt die Fingerkuppen aneinander, führt sie vor sein Gesicht und starrt uns durchdringend aus dunklen Augen an. Und sagt nichts.

Er steht auf, geht auf und ab, redet leise zu sich selbst. Jetzt wird mir unheimlich zumute, ich merke, wie sich der Kloß in meinem Hals seinen Weg nach oben bahnt. Als ich anfange zu weinen, nimmt Thomas meine Hand, aber zu spät, die Tränen kullern übers Gesicht. Mit einem Zipfel des schmuddeligen Tschadors wische ich mir durchs Gesicht. Mit Blicken wie Spießen stiert mich der Polizist an: "What are you hiding?" Ich versichere ihm schluchzend, überhaupt nichts zu verbergen, er fragt wieder, als hätte ich überhaupt nicht geantwortet: "What are you hiding?" Drei- oder viermal stellt er die gleiche Frage. Ich weiß überhaupt nicht, was er von mir will. Er beugt sich vor, stützt sich auf seine Ellbogen, senkt den Kopf und blickt mich von unten aus stechenden, bösartigen Augen an. Und schweigt. Mein Entsetzen wächst. Ich versuche, mich zusammen zu reißen. Er erklärt uns nach einer ewig langen Weile großspurig, er habe Psychologie studiert, und mein Verhalten würde exakt in das Raster einer Lügnerin passen. Einer Lügnerin, die schuldig sei. Also solle ich gefälligst mit der Sprache herausrücken. Mir dämmert, dass wir es womöglich mit einem Psychopathen zu tun haben. Der Mann ist irre. Gefährlich irre. Mit einem solchen Menschen waren wir noch niemals konfrontiert, und dann auch noch in dieser Situation … Ich erkläre ihm so ruhig wie möglich, dass ich nicht gewohnt bin, wenn sich ein riesiges Tor in einem fremden Land hinter mir schließt und ich mich beinahe gefangen fühle, und dass ich aus diesem Grund Angst habe.

Er glaubt mir kein Wort. Wahrscheinlich will er meine offensichtliche Nervenschwäche ausnutzen und nimmt deswegen zuerst mich in die Zange, bevor er sich an Thomas wendet: "Why did you take pictures?" Thomas gibt sich sehr beherrscht und antwortet ihm sicher und präzise, dass wir als Touristen unterwegs zum Damavand und nur aus Versehen auf diese verdammte Strecke geraten seien. Schweigen auf der anderen Seite.

Der Polizist stützt sich schließlich theatralisch auf der Schreibtischplatte ab, erhebt sich und beginnt wieder mit sich selbst zu flüstern. Während er wieder den Raum durchschreitet, schlägt er plötzlich mit der flachen Hand gegen die Wand. Ich bin entsetzt, auch Thomas blickt entgeistert. Ohne uns eines weiteren Blickes zu würdigen, verschwindet der Mann im Nebenzimmer.

Ein junger Beamter kommt ins Büro und stellt schüchtern eine Schüssel Reis und etwas Fleisch vor uns auf den niedrigen Tisch. Keinen Bissen bringen wir herunter. Die Sonne steht schon tief, durch die Milchglasscheibe der Tür schimmert bereits das rötlich-schwache Abendlicht. Wir hoffen und bangen, dass man uns bald gehen lässt.

Aber es ist bereits völlig dunkel geworden, als uns der unberechenbare Polizist erneut gegenüber steht. Wir sollen in den Hof folgen, wo unsere Motorräder in einer finsteren Ecke unter einem Baum parken. Viele Männer stehen um die Maschinen herum, fachsimpeln und haben offensichtliches Interesse an ihnen. Thomas soll den Beamten zeigen, wie man die Motorräder startet und wie Blinker und Beleuchtung funktionieren. Hoffnung keimt in mir auf – diese Neugier auf unsere Motorräder kennen wir von vielen anderen Begegnungen zuvor. Ob wir etwa nun … ?

Zwei Männer schwingen sich auf die Sitzbänke, starten die Motoren und beginnen die Motorräder Richtung Tor zu rangieren. Es dauert keine Sekunde, da wird aus Hoffnung blankes Entsetzen: Sie nehmen uns die Maschinen weg!

Bevor sich das Tor hinter den Rücklichtern unserer Maschinen schließt, biegt ein dunkler Wagen auf den Hofplatz. Auf englisch werden wir aufgefordert, auf der Rückbank Platz zu nehmen. Meinen kleinen Tankrucksack mit dem Satellitentelefon und die Kulturtasche trage ich aus unerfindlichen Gründen immer noch bei mir, alles andere Gepäck haben die Beamten zur Untersuchung behalten. Die Wagentüren schließen mit einem dumpfen Geräusch, und in der unheimlichen Stille können wir die Männer draußen leise miteinander sprechen hören. Auf unsere vorsichtige Frage an den Fahrer, was denn nun geschehe, bekommen wir keine Antwort. Zwei weitere Polizisten steigen hinzu, einer setzt sich auf den Beifahrersitz, der andere klemmt sich zu uns auf die Rückbank. Endlich erklärt uns einer von ihnen, dass wir zu einer weiteren Untersuchung gefahren werden sollen, da uns der Polizeichef einer anderen Station überantwortet habe. Von diesem unangenehmen Typen ist immerhin keine Spur mehr zusehen.

Innerhalb des Stadtgebietes von Semnan ist der Wagen keine Viertelstunde unterwegs, als er in ein hoch ummauertes Gelände einbiegt. Im gleißenden Strahl einiger Flutlichter liegt ein abweisender, klotzförmiger Bau mit einem kleinen, erleuchteten Bürokomplex auf der linken Seite. Das Tor zur Straße schließt sich wie das zuvor automatisch hinter uns, wir glauben uns in einem schlechten Film. Die Wagentür wird von außen geöffnet. Ich raffe den Tschador über T-Shirt und Motorradhose zusammen, um nicht unangenehm aufzufallen. Allerdings kann man kaum mehr auffallen, als wir es gerade tun. Die paar Leute, die sich im Hof aufhalten, mustern uns neugierig und wir haben keine Ahnung, in welcher Institution wir uns befinden. Der Beifahrer führt uns in den Bürokomplex und weist uns zwei Plastikstühle zu. Irgendwelche Papiere wechseln ihren Besitzer, ein Beamter hinter dem Glasschalter beginnt sie zu studieren und blickt dabei ab und zu auf. Ich bin völlig verängstigt und frage Thomas leise, was er von der Situation hält, aber er ist so ratlos wie ich und bringt nichts aus den Anwesenden heraus. Als eine Iranerin im Tschador den engen Raum betritt und mich neugierig anschaut, befällt mich Panik. Sofort schalte ich, dass sie uns beide trennen werden. Warum sonst sollte man extra nach einer Frau schicken, die für mich zuständig ist?

Thomas kann das nicht glauben, er fragt den Beamten, ob wir bei der Untersuchung zusammen bleiben können, die Antwort auf iranisch ist einsilbig und erscheint uns ausweichend. Uns dämmert, dass es hier keine Befragung geben wird, nicht von diesen Leuten, die offensichtlich dazu nicht befugt erscheinen.

Die Frau in Schwarz greift nach meiner freien Hand, während ich mit der anderen Thomas Arm umklammert halte. Sie zieht mich hoch mit den Worten: "Please, come with me." Die Angst füllt mich völlig aus, ich kann nur noch einen Gedanken fassen: Bloß nicht von ihm getrennt werden!

Wir bitten, betteln, flehen – ohne Erfolg, die Frau schiebt mich hinaus und ich kann so eben noch im Umdrehen einen Blick in Thomas' verzweifelte Augen erhaschen, bevor auch er von einem Bediensteten abgeführt wird, in einen anderen Gang.

Sie führt mich durch lange verwinkelte Gänge, bis wir in einem schmalen Flur auf eine weitere Frau treffen, die an einem kleinen Schreibtisch sitzt. Der ehemals hellblaue Putz blättert von den Wänden, die mickrige Baulampe an der Decke kann kaum den Tisch erleuchten. Hinter ihr bleibt kaum Platz, um durchzugehen, ich soll mich auf den alten Schemel neben ihr setzen. Die beiden Angestellten sprechen kaum Englisch, und nur durch Gestikulieren kann ich verstehen, was sie von mir wollen. Ich darf den Tschador abnehmen, und erst als ich ihn über die Stuhllehne hänge, regen sich wieder Sinne in meinem Körper, die vor lauter Furcht bislang völlig unterdrückt waren. Mir ist zum Umfallen heiß, das langärmelige Shirt klebt mir schweißgetränkt am Körper, die Zunge ist geschwollen vom Durst. Die beiden Frauen sorgen für Wasser. Als Schritte zu hören sind, muss ich augenblicklich den Tschador wieder überziehen. Ein junger Mann mit Wasserflasche naht. So lange er im Flur steht, bleibt der schwarze Umhang an.

Akribisch durchsuchen die beiden Frauen meine Kulturtasche und den Tankrucksack. Seife, Zahnbürste, Ohrringe, Haargummis, Nähzeug, jedes noch so winzige Teil wird herausgenommen, untersucht und in einer Liste eingetragen. Als sie meine Geldbörse öffnen und darin ein kleines Foto unserer Tochter finden, lächeln sie mich an und meinen, wie hübsch sie sei. Mir kommen wieder die Tränen – ist den beiden eigentlich klar, in welcher Situation ich mich befinde? Ihre Unbekümmertheit irritiert mich. Oder ist es so, dass ich mir wegen ihrer Freundlichkeit gar keine Sorgen über unsere Lage machen muss? Ich weiß absolut nicht, woran ich bin. Und ich weiß nicht, was mit Thomas ist. Es ist schlimm.

Die Durchsuchung und Auflistung geht weiter. Bis die beiden auf das Satellitentelefon und das Pfefferspray stoßen. Fragende Blicke in meine Richtung – mich durchfährt ein Schrecken wie der eines ertappten Kindes. Schlagartig sind die Minen der Frauen ernst geworden.

Ich muss den Tschador erneut umlegen, denn ein Uniformierter, wahrscheinlich ihr Vorgesetzter, wird über Telefon hinzugerufen. Auch er spricht kein Englisch, aber sein harscher Wortfall und das Minenspiel sprechen Bände: Wieso ich diese Sachen nicht abgegeben habe? Und wie ich es angestellt habe, dass sie bei der ersten Durchsuchung nicht gefunden worden seien?

Ich zucke nur mit den Schultern. Was soll ich darauf antworten? Telefon und Spray verschwinden mit dem Beamten. Meine gesamten verbliebenen Habseligkeiten, Ausweise, Papiere, Geld, alles inklusive meines Eheringes wird konfisziert. Ich habe nichts mehr bei mir.

Man führt mich in eine leere Nische am Ende des Ganges. Ich soll mich entkleiden. Nebenan, in einer weiteren Nische ohne Tür, befindet sich dem ausströmenden Geruch nach zu urteilen die Toilette. Mittlerweile bewege ich mich mechanisch und gefühllos wie in einem schlechten Traum und lasse die peinliche Sache über mich ergehen. Auch die Unterwäsche muss ich ablegen. Die Frau in Schwarz macht die Körperinspektion bestimmt nicht zum ersten Mal.

Mir fällt ein, dass ich einige große Scheine Bargeld in meinem BH versteckt halte und mache sie darauf aufmerksam. Sie hätte das Geld sowieso gefunden. Als sie sieht, was ich da hervorhole, lächelt sie erstaunt, ein Lächeln, das überhaupt nicht hierher passt. Ich erwidere es nicht, reiche ihr die Scheine und will mich wieder ankleiden. Sie bedeutet mir, innezuhalten und reicht ein gefaltetes Bündel hellblauer Kleidung herüber. Erst bei diesem Anblick holt mich mein Verstand wieder ein. Gefängniskleidung! Das kann nicht sein.

Das ist nicht möglich, ein Missverständnis! Ich frage verzweifelt nach meinem Mann. Ich will ihn sehen, sofort! Die Frau winkt bedauernd in Richtung des schäbigen Ganges. Sie nimmt meine Kleidung an sich und weist mir eine Zelle zu, die ich vorher überhaupt nicht bemerkt habe.

Zum Gang hin gibt es keine Wand, nur eine Gittertür bildet die Abtrennung. Kein einziges Möbelstück gibt es in dem winzigen Raum, nur zwei zusammengefaltete Decken aus grober Wolle liegen auf dem kahlen Boden, sonst nichts. Ich wage kaum, mich zu setzen, das hat so etwas Endgültiges. Tue es dann aber doch.

Nach einer Zeit, die ich nicht bestimmen kann, bekomme ich Wasser und etwas Reis mit Ei durch die Gitterstäbe gereicht. Ich frage nach Thomas und erhalte keine Antwort. Mit Mühe drücke ich mir einige Bissen hinein, denn wenn ich vor Hunger Magenkrämpfe bekomme, hilft mir das auch nicht. Soweit kann ich immerhin denken.

Gedankenfetzen blitzen durch meinen Kopf – ohne irgendeinen Schluss zuzulassen. Was geschieht mit uns, wann darf ich endlich mit Thomas sprechen, wie sollen wir unsere Familie informieren, kann uns jemand von der Botschaft helfen … und was wird bloß aus unserer Tochter? Ich darf nicht daran denken. Ich dämmere weg.

***

Keine Ahnung, wie spät es ist. Die Frau, die mich seit der Trennung im Büro begleitet hatte, öffnet die quietschende Gittertür und meint, ich solle aufstehen, ich könne meinen Mann sehen. In Windeseile bin ich auf den Beinen, wohl etwas zu schnell, denn mir wird so schwindelig, dass ich taumle und mich gleich wieder auf den Boden fallen lasse.

Sie reicht mir meine Kleider und den Tschador, ich darf mich wieder umziehen. Runter mit den Sträflingskleidern. Also doch, alles ist nur ein Missverständnis! Ich folge der Iranerin schon beinahe enthusiastisch zum Schreibtisch auf dem Gang. Die andere Frau händigt mir meine Sachen aus und zeigt auf die Aufstellungsliste. Ich soll kontrollieren, dass nichts fehlt. Ich kann kein Farsi lesen, schaue also nur kurz Beutel und Tankrucksack durch, zähle das Geld und kontrolliere die Papiere. Eine der Frauen zeigt auf mich und meint lächelnd in gebrochenem Englisch: "You free!" Ich lächle zurück, erleichtert und von ganzem Herzen. Durch die muffigen Gänge geht es über den stockdunklen Hof zurück zum Bürogebäude.

***

Ich warte auf einem Plastikstuhl neben dem Glasschalter. Meine beiden Begleiterinnen haben sich inzwischen verabschiedet. Ich verrenke mir den Hals, um einen Blick in den Gang zu erhaschen, von dem ich glaube, dass Thomas dort heraus kommt. Nach endlosen Minuten sehe ich ihn durch die Glastür über den Hof kommen. Wir fallen uns in die Arme, ungeachtet der Umherstehenden, sind überglücklich und froh, dass wir wieder zusammen sind – und nun gehen dürfen.

Auf dem Weg zum Wagen, der im Hof noch an der gleichen Stelle parkt wie bei unserer Ankunft, erzählt Thomas mir, was ihm passiert ist. Er war in einer ebenfalls winzigen Zelle untergebracht, in der er aber nicht einmal ausgestreckt in der Diagonalen liegen konnte, so klein war sie. Immer noch sagte ihm niemand, wie es nun weitergehe und weswegen wir überhaupt hier seien. Er rief und klopfte, um jemanden sprechen zu dürfen, der verantwortlich ist, aber kein Mensch konnte ihn in der abgelegenen Zelle hören. Auch ich nicht. Es ging ihm richtig dreckig.

Man fährt uns zurück zur ersten Polizeistation. Händchen haltend sitzen wir beide auf dem Rücksitz und grinsen uns erleichtert an, als der Wagen im Hof stoppt. Von den Motorrädern ist noch nichts zu sehen. Thomas will die Autotür öffnen, doch ein Beamter meint, wir sollen noch im Wagen sitzen bleiben. Also gut, vielleicht wollen die Polizisten nicht, dass die gesamte Belegschaft uns Ausländer im Hof herumstehen sieht. Von dem Polizeichef, der uns so bösartig in die Mangel nahm und dafür sorgte, dass wir in die Zellen verfrachtet wurden, ist nichts zu sehen.

Was dann geschieht, kenne ich nur aus Agentenfilmen. Eine silberne Limousine mit verdunkelten Scheiben parkt neben uns. Irgendwer öffnet unsere Wagentür von außen, wir steigen aus und kommen keine zwei Schritte weit. Sofort drückt man uns in die Rücksitze des silbernen Wagens. Beim Einsteigen kann ich flüchtig vier oder fünf Männer wahrnehmen, die neben dem Auto warten. Keiner von ihnen trägt Uniform. Dies ist nicht die Polizei, das steht fest.

Ein Mann in Zivil mit Sonnenbrille auf der Nase trotz finsterer Nacht lässt sich wortlos neben Thomas auf die Rückbank fallen. Mein Blick ist auf den Rückspiegel der Windschutzscheibe geheftet, der Spiegel ist von dunklen Augen unter buschigen Brauen vollständig ausgefüllt. Der stierende Blick ist nicht zu deuten. Ich bin entsetzt. Was ist hier los? Wir sind doch frei, hatte die Frau vom Gefängnis gesagt! Thomas bekommt wieder kein Wort, keine Information aus den Männern heraus, stattdessen öffnet der Fahrer kommentarlos die Mittelkonsole und reicht zwei Stoffbinden nach hinten. Im ersten Moment weiß ich gar nichts mit den Dingern anzufangen, erst als ich meines auseinanderfalte, trifft mich die Erkenntnis wie ein Hammerschlag.

Die Angst legt sich klammernd um meine Brust. Die straff am Hinterkopf geschnürten Augenbinden lassen jede Orientierung verlieren. Der Motor kreischt auf, und in rasender Fahrt geht es durch die nächtliche Stadt. Dass uns ein Passant auf den Rücksitzen des unscheinbaren Wagens entdeckt, ist so gut wie unmöglich. Unmissverständlich wies uns der Fahrer in gebrochenem Englisch an, unsere Köpfe zu senken und zwischen die Knie zu nehmen. Und dass das so bleibt, dafür sorgt der gesichtslose Bewacher, der neben Thomas hockt.

Mir wird schlecht. Nicht nur vor Angst. Da ich nichts sehen kann, kommt jede Kurve und jedes Bremsen unerwartet. Ich merke allerdings, dass der Wagen mehrmals volle Kreise und Wendungen fährt, wohl damit wir nicht den Weg nachvollziehen können. Dennoch bin ich völlig sicher, dass wir die Stadt nicht verlassen, denn Verkehrslärm und den Schimmer der Stadtbeleuchtung kann ich während der vielleicht halbstündigen Raserei trotzdem wahrnehmen.

Es rumpelt, und der Wagen biegt irgendwo scharf ein. Während der Mann neben uns auf der Rückbank sitzen bleibt, steigt der Fahrer aus. Wir hören ihn draußen mit mehreren Männern sprechen. Einer von ihnen öffnet schließlich die rückwärtige Tür, und wir krabbeln, ohne etwas sehen zu können, aus dem Auto. Kaum habe ich ein Bein auf dem Boden, wird meine Hand von weiblichen Fingern umfasst. Die Frau bedeutet mir, den Kopf nicht zu heben und nur durch den schmalen Schlitz unterhalb der Augenbinde auf den Boden zu schauen. Ich erkenne gerade einmal die nächsten dreißig Zentimeter vor den Fußspitzen, gerade genug, um an ihrer Hand nicht zu stolpern. Thomas ergeht es ebenso, er wird von einem Mann geführt, ich kann die schwarz glänzenden Schuhe sehen. Eine schwere Eingangstür öffnet sich. Der Widerhall unserer Schritte lässt auf eine Art große Halle schließen, die wir durchqueren. Der Boden ist mit feinem rotem Marmor ausgelegt, ich laufe über sternförmige Einlegearbeiten aus poliertem grauem Stein. Es geht durch zwei oder drei Gänge, es riecht nach Farbe, alles scheint brandneu zu sein. Kein Wort wird gesprochen. "Thomas, ich hab´solche Angst!" rufe ich leise ins Nichts. Seine Stimme kommt von hinten: "Das wird sich alles aufklären! Bleib nur ruhig." Meine Begleiterin öffnet eine schwere Tür, schiebt mich über die Schwelle und weist mich an, die schweren Motorradstiefel auszuziehen. Stattdessen bekomme ich Plastikschlappen gereicht. Die Stiefel verschwinden in ihrer Hand aus meinem Blickfeld und ich höre den eisernen Türriegel hinter mir einrasten. Thomas ist nicht mehr da. Niemand ist mehr da.

Ich reiße die Augenbinde herunter. Das grelle Licht der einzigen Lampe hoch über meinem Kopf brennt in den Augen und ich sehe mich blinzelnd um. Der Raum ist fensterlos, unmöbliert, mit einem groben Teppichboden ausgelegt. In der Ecke bei der Tür liegen zwei zusammengefaltete grobe Wolldecken auf dem Boden, darauf ein kleines Kopfkissen mit makaber wirkendem rosa Blümchenmuster. Über mir blinkt eine Überwachungskamera. Eine niedrige Mauer aus grauem Stein teilt den Nassbereich ab. Nebeneinander sind dort ebenerdig ein Edelstahlbecken mit einem Loch, ein ebenfalls auf dem Boden montiertes Stahlwaschbecken und ein in die Wand eingelassener schwerer Duschkopf montiert. Nichts, was nicht absolut notwendig ist, findet sich in der Zelle. Ich drehe mich langsam um mich selbst, die Hände vor den Mund gepresst. Ungläubig bin ich, völlig schockiert und fassungslos. Kein Laut ist zu hören. Ich weiß nicht wie lange ich so dastehe. Irgendwann fällt mir auf, dass ich immer noch den Tschador trage, ich reiße ihn mir vom Körper. Dann kommen die Tränen.

Bis ich es über mich bringe, mich auf den groben Decken niederzulassen, vergeht viel Zeit. Das hat, so wie in der Zelle zuvor, so etwas Endgültiges. So, als ob ich mich jetzt mit der unsäglichen Situation abfinden müsste.

Was ist nur mit Thomas? Was erwartet uns denn jetzt? Mein Gott, in Haft im Iran, das kann doch nicht wahr sein. Unten in der Stahltüre ist eine kleine Klappe eingelassen, die ich erst bemerke, als sie sich öffnet. Eine weibliche Hand schiebt eine Zahnbürste, Zahnpasta und ein Stückchen Seife hindurch. Ich krieche zu der Öffnung, beuge mich ganz hinunter, um einen Blick auf die Frau hinter der Tür werfen zu können. Keine Chance. Ich rufe: "Please, may I see my husband?" Keine Antwort. Die Klappe schließt sich. Ich hocke davor und kann an gar nichts mehr denken. Ohne Rast laufe ich durch die Zelle, hin und her, von einer Ecke in die andere. Ich erwische mich dabei, wie mir ein "Mama, ich will nach Hause" über die Lippen kommt. Wie viele Jahrzehnte ist es her, dass ich diese Worte auch nur gedacht habe? Dann wieder kommt mir unsere Tochter in den Sinn. Wie groß mögen ihre Sorgen sein, wenn sie erfährt, wo wir sind? Wie soll sie überhaupt davon erfahren? Nicht einmal mit der deutschen Botschaft dürfen wir bis jetzt Kontakt aufnehmen. Alle Gedanken drehen irre Kreise.

Irgendwann höre ich verhaltene Schritte auf dem Gang, die Klappe öffnet sich wieder und eine Pappschachtel mit Reis, etwas Huhn und Gemüse wird durchgeschoben. Immerhin billigt man mir Plastikbesteck und eine Serviette zu. Wieder hocke ich mich vor die Tür, frage durch das Loch nach Thomas. Und wieder erhalte ich keine Antwort. Ich weiß nicht mehr, was ich anfangen soll und versuche verzweifelt, Struktur in mein Gedankenchaos zu bringen. Das muss sein, denn ich fürchte, das rasende Karussell im Kopf könnte sonst entgleisen.

Das Licht an der Decke geht einfach nicht aus, es brennt mit greller Unerbittlichkeit. Ich habe jedes Zeitgefühl verloren.

***

Der Schlaf muss mich übermannt haben, denn ein lautes Geräusch lässt mich vom Deckenlager hochschrecken. Die Tür hat sich einen Spalt geöffnet! Eine Männerstimme meint in gebrochenem Englisch: "Don´t look to the door! Cover your head! Turn your face to the wall, and cover your eyes!" Ich rappele mich auf und werfe den Kopfschal über. Zwischen den Decken auf dem Boden finde ich hektisch kramend die Augenbinde, und mit dem Rücken zur Tür fummle ich sie mir vors Gesicht. Blind stehe ich mitten im Raum, als eine Frauenhand nach meinem Arm greift und mich aus der Zelle zieht. Auf wackeligen Beinen laufe ich an ihrer Hand durch einige Flure, wieder kann ich nur meine Fußspitzen auf dem glänzenden Marmorboden durch die Ritze am unteren Rand der Binde erkennen. Die Frau schiebt mich in einen überhitzten Raum und die Männerstimme hinter mir meint: "Take off the blindfold, when the door is closed!" Ganz darauf bedacht, ja keinen Fehler zu machen, warte ich mit dem Abnehmen, bis ich das Klappen der Tür hinter mir höre.

Der Raum misst vielleicht vier Quadratmeter. Ein winziges Oberlicht aus Milchglas lässt einen Hauch von blauem Himmel erahnen, also ist die Nacht vorüber. Vor einem deckenhohen Spiegel, der die gesamte Wandbreite einnimmt, ist eine Art Tisch angebracht, davor stehen zwei Stühle. Auf dem einen nehme ich Platz, die Wand mit einem Heizkörper daran direkt im Rücken. Es ist unerträglich heiß, trotzdem achte ich darauf, dass der verhasste Schal außer den Kopf auch die Unterarme bedeckt. Ich trage immer noch Motorradhose und Shirt. Auf den Tschader hat glücklicherweise diesmal niemand bestanden.

Zuerst starre ich auf den Filzstift, der als einziger Gegenstand auf dem Tisch liegt, dann auf die Scheibe vor mir. Irgendetwas tut sich hinter diesem Spiegel. Nicht, dass richtige Umrisse zu erkennen sind, aber eine Bewegung nehme ich doch wahr.

"What is your name?" Die blecherne Stimme durchbricht die Stille und kommt wohl aus einem unsichtbar angebrachten Lautsprecher. Ich beantworte seine Frage, ebenso die folgenden nach Wohnort, Alter und dem Grund meines Aufenthalts im Iran. Stille auf der anderen Seite. Durch einen winzigen Spalt zwischen Spiegelglas und Tisch schiebt sich ein Blatt Papier.

Ein Fragebogen also. Hinter der Frage ist Platz für eine Antwort. Wann sind Sie eingereist? Ich schiebe das Blatt mit meiner Antwort durch den schmalen Schlitz zurück. Ein paar Sekunden später landet es wieder auf meiner Seite des Spiegels.

Wie heißen Ihre Geschwister?

Das Spiel geht hin und her.

Was ist Ihr Beruf? Wo sind Sie geboren?

Was wollten Sie im Sperrgebiet?

Nichts, nichts, nichts! Ich könnte schreien. Wir wissen nichts von einem Sperrgebiet! Ich beherrsche mich und fülle die freien Zeilen gewissenhaft aus, schiebe das Blatt zurück und hoffe, durch die Ausführlichkeit Punkte bei dem unsichtbaren Gegenüber sammeln zu können.

Die Heizung hinter mir bläst und bläst. Der Durst wird unerträglich. Die Zunge klebt mir am Gaumen, ich frage nach Wasser. Durch die Tür ertönt eine Stimme: "Turn round!" Ich drehe mich zur Wand, irgendwer kommt hinein, stellt einen Becher und eine Plastikflasche mit Wasser auf den Tisch und verschwindet wieder.

Ich warte. Ich frage ins Nichts hinein wohl zum hundertsten Mal nach Thomas und kämpfe mit den Tränen. "Soon you may see him." Immerhin eine Antwort! Wann dieses "bald" sein wird? Keine Antwort mehr. Ich werde zurück in die Zelle gebracht.

Ich kenne mich kaum noch wieder, sehe mich selbst in dieser Zelle herum tigern und herumsitzen wie in einem Film.

Nie zuvor fühlte ich mich so einsam und verlassen.

***

Dämmerlicht fällt durch das Oberlicht im Verhörraum, es mag Nachmittag sein. Diesmal gibt es keinen Zettel, sie sprechen mit mir.

"Wann sind Sie eingereist?"

"Wie heißen Ihre Geschwister?"

"Wo wohnen Ihre Eltern?"

"Was wollten Sie im Sperrgebiet?"

"Was ist Ihr Beruf?"

"Wo sind Sie geboren?"

"Was wollten Sie im Sperrgebiet?"

"Wohin wollen Sie weiterreisen?"

"Was wollten Sie im Sperrgebiet?"

"Was wollten Sie im Sperrgebiet?"

Ich werde noch irre. Trotzdem antworte ich stereotyp, auf jede ihrer endlosen Fragen, wahrheitsgemäß. Dass wir doch nur Touristen seien. Dass wir nichts von einem Sperrgebiet wissen. Dass es keine Absperrung gab.

Dann scheppert der Satz durchs Mikro: "You will see your husband now." Meine Zähne graben sich in meinen Handrücken, bis es schmerzt. Ihn wiedersehen, das ist alles, was ich jetzt will.

Ich drehe mich wieder zur Wand, warte, dass sich die Tür hinter mir öffnet und wieder schließt. Thomas steht hinter mir, die Augenbinde noch vor dem Gesicht. Er reißt sie herunter, und in der gleichen Bewegung fallen wir uns in die Arme. Heulend, verzweifelt aneinanderklammernd. Die hinter der Scheibe lassen uns Zeit.

Nun beginnt eines von vielen Kreuzverhören, die wir immerhin zusammen durchstehen dürfen. Man holt uns aus den Zellen, befragt uns entweder per Fragebögen oder mündlich durch den Spiegel.

Warum in Thomas´ Handy so viele iranische Nummer gespeichert seien? Die meisten sind die von freundlichen Leuten, die uns Hilfe anboten, wo immer wir uns auch in ihrem Land aufhalten, aber auch Nummern von zuverlässigen Taxifahrern.

Wie wir nicht bemerken konnten, uns im militärischen Sperrgebiet aufzuhalten? Kunststück, ohne Absperrungen und Warnhinweise mit einer auf allen Karten verzeichneten Straße.

Warum wir gefilmt haben? Wir sind Touristen, seht euch doch unsere Bilder an!

Immer dasselbe.

Mindestens drei Personen bilden unser unsichtbares Gegenüber. Manchmal scheinen alle den Raum auf der anderen Seite verlassen zu haben, dann sitzen wir da in der überhitzen Kammer, halten uns an den Händen und versuchen uns Mut zu machen. Was angesichts der Umstände ein Akt der Verzweiflung ist.

Irgendwann geht bei mir nichts mehr. Ich weine in einem fort, kann es einfach nicht mehr stoppen und spüre nie gefühlte Hysterie in mir aufsteigen. Beruhigen ist unmöglich. Ein Geheimdienstler bemerkt den Ernst der Situation und fragt: "Shall we call for the doctor?" Alles, nur das nicht auch noch! Mit dem letzten Grips, über den ich noch Gewalt habe, zwinge ich mich zum Zusammenreißen. Der Gedanke an Beruhigungsspritzen hilft dabei.

Eine Stimme hinter der Scheibe klingt anders als die anderen. Wärmer, vielleicht sogar mit einer Winzigkeit von Mitleid in Ton und Ausdruck. In dieser Situation deuten wir alles und nichts in die wenigen Tatsachen, die man uns gestattet, wahrzunehmen. Die Stimme meint: "Don´t worry, I try to help you. If you are only tourists, we will find out."

Wir werden gemeinsam zum Erkennungsdienst gebracht, in eine andere Anstalt der Stadt, die wohl wieder unter polizeilicher Führung liegt. Man fotografiert uns vor einer feuchten Wand, die mit einem dreckigen Tuch abgehangen ist. Dazu legt man uns nacheinander ein großes Schild mit einer Nummer um den Hals und macht Aufnahmen von vorn, rechts und links. Während Thomas an der Reihe ist, nimmt eine Frau meine Fingerabdrücke. An einem Waschbecken versuche ich, die Farbe mit dem kalten Wasser abzubekommen und scheuere wie verrückt. Ein dicker Iraner mit Schweißperlen auf der Stirn bringt einen Topf Seife. Statt dass er mir den Topf anreicht, versucht er schmierig grinsend, jeden Finger meiner Hand einzeln einzuseifen. Ich ziehe die Hand mit einem Ruck zurück, der Typ ist absolut widerlich! Die Frau, die an der Tür auf mich wartet, bemerkt sein Tun und faucht ihn erbost an. Er schnappt sich den Seifentopf und drückt sich an ihr vorbei.

Als wir über den Hof laufen, um wieder in den Wagen verfrachtet zu werden, öffnet sich gegenüber ein doppelflügeliges Eisentor. Ein vergitterter Gang mit dicken Eisenstangen links und rechts, auf dem Durchgang verkommene Häftlinge in Lumpen, ungewaschen, mit fettigem Haar und Plastikschlappen an den schmutzigen Füßen. Das Gefängnis. Ich hoffe, ohne mich nach ihm umzudrehen, dass Thomas meinem Blick nicht folgte und nicht sah, was ich sah.

Wir müssen viele Stunden später zum Richter. Gemeinsam werden wir vorgeführt und dürfen immerhin ohne Augenbinden vor seinem Schreibtisch Platz nehmen. Ebenfalls anwesend ist ein Übersetzer, der diese Bezeichnung nicht verdient und der uns durch seine Unfähigkeit, vernünftig Englisch zu sprechen und zu verstehen, in Teufels Küche bringen kann. Der Richter spricht nur iranisch. Seine Rechte ruht auf dem Koran, vor sich aufgeschlagen liegt ein anderes dickes Buch, ebenfalls in arabischer Schrift, wohl ein Gesetzbuch. Die Übersetzungen hin und her dauern eine zermürbende Ewigkeit. Der Richter macht einen aufgeräumten und sorgfältigen Eindruck, wir haben die wage Hoffnung, nun alles aufklären zu können. Stattdessen erhebt er gegen uns Anklage wegen Spionage. Wir hätten Aufnahmen im verbotenen Sperrgebiet gemacht. Damit steht unsere Welt unmittelbar vor dem Zusammenbruch.

Ich kann mich nicht erinnern, wie wir wieder zurück in den Verhörraum kommen. Mein Geist ist nicht mehr aufnahmefähig. Die Männer auf der anderen Seite des Spiegels lassen uns in Ruhe, keine Fragen. Thomas Augen sind rotgerändert, er beschwört mich: "Hör zu. Ich werde alles auf mich nehmen. Dass es meine Idee war, den Helm mit der laufenden Kamera vor den Wachposten zu platzieren. Du wirst eine Haft nicht durchstehen, du musst hier raus und alles tun, um mich freizubekommen!" Ich will nicht. Ich will das nicht hören, nicht daran denken, am liebsten gar nicht mehr da sein.

Zu einer Tageszeit, die ich nicht kenne, holt mich eine Frau aus der Zelle und führt mich durch kunstlichtdurchflutete Gänge in eine andere, die viel größer ist als meine und eine ganze Sippe aufnehmen könnte. Aber nur Thomas ist dort. Man legt uns zusammen!

Wir sind sprachlos, haben keine Erklärung dafür, nun zusammen sein zu dürfen. Dass sie uns so schnell nicht wieder trennen wollen, davon zeugen zwei Deckenlager in der Ecke. Man erklärt uns, dass wir beim Ruhen Platz zwischen uns lassen sollen und ich das Kopftuch niemals abnehmen darf, da der Raum durch Männer kameraüberwacht werde. Dann lässt man uns allein. Und wir sind glücklich in unserem Unglück.

Es gibt wieder Reis mit Huhn. Wir bringen kaum einen Bissen herunter, die Mägen befinden sich im Dauerkrampf. Nur aus Angst, immer schwächer zu werden, zwängen wir uns ein paar Bissen hinein.

Ich stelle die beinahe noch vollen Pappschachteln neben die Tür, als sich von außen Schritte nähern. Die Tür öffnet sich einen Spaltbreit, aber der Mann kommt nicht herein, um die Essensreste zu entfernen, sondern bleibt im Verborgenen hinter der Wand zum Gang stehen. "In the morning, you can go." Wie bitte? Wir glauben, uns verhört zu haben. Thomas fragt nach – und erhält dieselbe Antwort. Es sei jetzt Mitternacht, am kommenden Morgen würde man uns freilassen. Die Anklage sei fallen gelassen worden.

Leise schließt sich die Tür.

***

Ich wälze mich auf der Decke am Boden hin und her und kann kein Auge zutun. Was, wenn sie es sich anders überlegt haben? Wenn sich die Stahltür am Morgen nicht wie angekündigt öffnen wird? Ich mag nicht daran denken und muss es doch tun. Immer wieder springe ich auf, laufe zur Tür und halte mein Ohr an das kalte Metall. Kein Laut ist zu hören, nicht die geringste Schwingung. Thomas schweigt eine Zeitlang zu meiner Nervosität, aber schließlich meint er: "Das bringt doch nichts, setze dich doch endlich mal ruhig hin! Die werden schon kommen." Unendlich langsam vergeht die Zeit. Schritte! Der Riegel wird zurückgeschoben und die verhasste Tür öffnet sich einen Spalt. Ich greife zum Kopftuch, Thomas angelt nach unseren Augenbinden, denn das Prozedere, das nun kommt, kennen wir ja zur Genüge. Der Mann, der eintritt, hat eine vertraute Stimme. Er winkt freundlich ab, berührt Thomas´ Augenbinde und meint: "You don´t need this." Sie meinen es wohl ernst mit der Freilassung! Der Mann heißt Metin, es ist der mit der warmen Stimme. Nun sehen wir zum ersten Mal sein Gesicht. Es ist viel jünger, als ich es mir vorgestellt habe.

Er stellt ein kleines Tablett mit Obst neben uns auf den Boden: "You will get your bags in a few minutes. Please, check it all! You are free." Mit diesen Worten verschwindet er.

Unsere Erleichterung kennt keine Grenzen, ich weiß mich kaum zu lassen und falle Thomas um den Hals. Warum frei, wieso jetzt? Wir bekommen keine weitere Erklärung. Hat man endlich erkannt, dass wir harmlos sind?

Kaum haben wir das bereitgestellte Obst verspeist, füllt sich die Zelle mit unseren Taschen und Koffern. Ich erkenne den Fahrer des silbernen Wagens an seinen Augen wieder, und auch Metin schleppt Sachen herein. Die Männer, die ihnen von draußen das Gepäck angeben, halten sich im Verborgenen. Der Zellenboden ist nach kurzer Zeit übersät mit Kleidung, Elektronik, Kameras und Campingausrüstung. Wir durchforsten den Klamottenberg, kontrollieren Bargeld, Papiere und die restlichen Sachen. Alles ist da, nichts fehlt.

Traumwandlerisch verstaue ich mit vertrauten Handgriffen meine Ausrüstung an die gewohnten Plätze in den verschiedenen Taschen. Auch Thomas sitzt bald vor seinem verschnürten Gepäck. Geduldig hockte Metin in einer Zellenecke, nun hält er uns ein paar Bogen

Papier entgegen, die wir ausfüllen sollen. Auf allen Vieren knien wir über den Formularen und quittieren den kompletten Erhalt unserer Besitztümer durch Unterschriften. Und wir müssen versichern, alle Bild- und Videoaufnahmen aus dem Sperrgebiet zu löschen.

Metin hat aber noch ein besonderes Anliegen. Auf einem gesonderten Blatt sollen wir formulieren, dass es einzig und allein unsere Schuld gewesen sei, die verbotene Strecke befahren zu haben. Außerdem müssen wir schriftlich die gute Behandlung durch den Geheimdienst und die Gastfreundschaft des Iran im Allgemeinen festhalten. Nichts lieber als das, ich würde auch einen Kaufvertrag für einen Panzer unterschreiben.

Die Augenbinden liegen zusammengeknüllt in der Ecke, aber einmal müssen wir sie noch benutzen: Um von der Zelle in den bereitgestellten Wagen zu kommen und um nicht erkennen zu können, wo wir uns eigentlich die ganze Zeit befunden haben.

Das Auto ist voll besetzt. Neben mir auf der Rückbank hat eine verhüllte Iranerin Platz genommen, die wohl für meine ordnungsgemäße Freilassung verantwortlich ist und deren Augen mich unter dem Gesichtsschleier freundlich anlächeln. Ich bin vorsichtig, lächeln tun sie immer. Auf dem Beifahrersitz schweigt Metin.

Wir spüren, dass die Limousine wie zuvor scheinbar ziellos im Stadtgebiet herumkurvt, um uns die Orientierung und damit Rückschlüsse auf unseren Gefängnisort unmöglich zu machen. Endlich, auf einer mehrspurigen Ausfallstraße, dürfen wir die Binden abnehmen.

Der Fahrer hält am Straßenrand und wartet, den Blick durch die Spiegel ständig auf den rückwärtigen Verkehr gerichtet. Wir wissen nicht, was vorgeht, und drehen die Köpfe, um aus der Heckscheibe zu spähen. Im Verkehrsstrom nähern sich kräftige Doppelscheinwerfer, und Sekunden später brausen zwei Iraner in Zivil und ohne Helm in rasender Geschwindigkeit an uns vorbei. Auf unseren Motorrädern!

Uns bleibt keine Zeit nachzudenken, der Fahrer gibt Gas und nimmt mit quietschenden Reifen die Verfolgung auf. Wir überholen die Motorräder, die Fahrer winken unserem Chauffeur freundlich zu und geben wieder ordentlich Gas. Mehrmals halten alle drei Fahrzeuge an Parkmöglichkeiten, jedes Mal scheint der Ort nicht genehm zu sein. Schließlich erreichen wir die westliche Stadtgrenze. Der Verkehr lässt nach, es gibt keine Bebauung mehr. Der Konvoi hält auf einer riesigen Brachfläche abseits der Straße. Niemand, der aus der Stadt will, wird uns an diesem staubigen Ort Aufmerksamkeit schenken.

Endlich, raus aus dem Wagen! In den unpraktischen Tschador eingewickelt helfe ich, unser Gepäck aus dem Kofferraum zu wuchten. Die geliebten Motorräder, wir haben sie wieder zurück!

Dass wir unsere Freiheit wiederhaben, ist das größte, kaum zu fassende Glück. Wir bekommen kaum mit, dass wir nun zum absurden Fotoshooting neben dem Wagen posieren sollen, abwechselnd mit dem Fahrer und mit Metin im Sucher. Die Frau und die beiden Geheimdienstler halten sich geflissentlich aus dem Bild.

Ein paar Minuten später rasen wir nebeneinander die schnurgerade Wüstenstraße entlang. Wir reißen die Arme hoch, schreien und jubeln, bis die Stimmen versagen. Wir hüpfen in den Sätteln auf und nieder, wissen uns kaum zu lassen. Ich spüre mit jeder Faser, was es bedeutet, wenn einem unfassbares Glück zuteil wird.

Auf dem Weg nach Firuz Kuh offenbart sich in der Schönheit und Unendlichkeit der Landschaft eine weitere Dimension. Nichts geht über die Freiheit, sie bedeutet alles.

***

Als wären wir stinknormale Reisende, sitzen wir am späten Vormittag an einem kleinen Tisch an der Hauptstraße von Firuz Kuh und frühstücken. Im strahlenden Sonnenschein, der sich wie Balsam auf unsere Seelen legt. Der Wirt tischt auf, was die Küche hergibt, beinahe, als wüsste er, dass es für uns etwas zu feiern gibt. Als es ans Bezahlen geht, meint er mit einem Blick auf die staubigen Motorräder: "Nein, kein Geld! Ihr seid meine Gäste! Von soweit her ..."

Es wird eine wundervolle Fahrt zum Damavand. Wir sind frei.

Der 5.600 Meter hohe Berg überragt alles in seiner Umgebung, die von so herber Schönheit ist, dass wir uns gut auf die schmale Gebirgsstraße konzentrieren müssen, um nicht zu stürzen. Der Blick in die Rückspiegel ist einzigartig. Sie sind ausgefüllt vom ockerfarbenen Bild der Wüste unter azurblauem Himmel. Gleichzeitig türmt sich vor uns die gewaltige Berglandschaft auf, über der aus blauschwarzen Wolken ein Gewitter seine zuckenden Blitze auf die Gipfel schickt. Dies ist der surrealste Tag, den wir je erlebt haben.

Wohin nun? Das Kaspische Meer ist nicht fern. Erstaunt über die schroffe Schönheit der tiefen, aber sehr schmalen Täler des Elburs-Gebirges legen wir uns an einem Tag wohl tausendmal in die Kurven, auch wenn Autos oft unser Weiterkommen beeinträchtigen. Das Überholen ist absolut lebensgefährlich, sowohl, wenn wir es selbst tun als auch, wenn wir von Iranern in Kamikaze-Art überholt werden.

Das Klima ändert sich beinahe von einer Minute zur anderen. Ein feuchtwarmer Lufthauch durchströmt den Helm, wir durchfahren die tropischen Urwälder an der Nordflanke des Elburs-Gebirges. In der Ferne kann ich schon die blaue Fläche des Kaspischen Meeres ausmachen. Die mittlerweile vierspurige Straße ist nicht mehr angenehm zu befahren, es ist viel los und das Gebiet des Küstenstreifens ist völlig zersiedelt und dementsprechend laut, chaotisch und verkehrsreich. Bei einem kurzen Stopp am Straßenrand beschließen Thomas und ich einstimmig, dass wir unbedingt Ruhe brauchen. Vor allem, um die Erlebnisse der vergangenen Tage zu verarbeiten. So landen wir wenig später in einem Luxushotel am Ufer des Kaspischen Meeres, drei Tage müssen drin sein.

Piste entlang des Panj, Tadschikistan. Das rechte Ufer gehört bereits zu Afghanistan.

Tankstopp in Murghab.

Wo es im Pamir weder Zapfsäulen noch Benzinfässer gibt, tut es auch ein "fossiler" Tanklaster.

Grenzpiste zwischen Tadschikistan und Kirgistan, am Kyzylart-Pass (4.280 m).

Technisch interessierter Nachwuchs im Dorf Bulunkul, Pamir-Gebirge.

In umfunktionierten Containern werden in Osh (Kirgistan) alle Arten von Ersatzteilen angeboten.

Oben: Pamir, in der Nähe des Sees Yashilkul.
Unten: Flussoase auf afghanischer Seite am Panj.
Folgende Seite: Überquerung des Amudarja, südliches Usbekistan

Stecken geblieben: Gepäck abladen und aus der Misere hebeln, drehen und ziehen.

Im Tien-Shan-Gebirge, Kirgistan.

Irgendetwas stimmt nicht. Es ist nicht das phänomenale, aber fast schon zu Gewohnheit gewordene Aufsehen, das wir beim Vorfahren in die repräsentable Hotelzufahrt erregen. Auch nicht, dass Tag für Tag eine Spitzelin auf der Hotelterrasse ausharrt, um die urlaubenden Iranerinnen am Strand zu beobachten, die das sicher wissen und kein Stückchen Haut sehen lassen. Vielmehr ist es das beklemmende Gefühl, als uns ein Hotelmanager zu einem Gespräch bittet.

"Welcome in Hotel Narenjestan! How do you think about Iran?" Nicht einfach für uns, von ganzem Herzen Loblieder auf das gastfreundliche Land zu singen. Was will der Mann von uns? Wir sind misstrauisch. Die anderen Gäste werden schließlich auch nicht vom Manager zu einem persönlichen Gespräch auf die Terrasse gebeten. Vielleicht liegt das daran, weil die anderen Gäste ausschließlich Iraner sind.

Er scheint überaus daran interessiert, den Tourismus anzukurbeln, vor allem, um westliche Besucher ins Land zu holen. Sanktionen gegenüber dem Iran gibt es schließlich mehr als genug, es sei eine Schande, wenn dieses wunderbare Land dem Tourismus verschlossen bliebe.

So weit, so gut. Aber was haben wir mit seinen Absichten zu schaffen?

Seine Gegenfrage lautet: Ob wir Interesse an einer Zusammenarbeit hätten, zum Beispiel, um Motorradfahrer in Gruppen durchs Land zu führen? Wir schauen wohl ziemlich ungläubig.

Faruk, so sein Name, schiebt die Teetasse beiseite, zieht ein Blatt Papier aus der Aktenmappe und beginnt zu zeichnen. Ein Strichmännchen entsteht, wir folgen jeder von Faruk´s Bewegungen. Das Strichmännchen bekommt herunter gezogene Mundwinkel verpasst, anschließend verschwindet es hinter senkrechten Strichen.

Gitter. Mir wird flau, das Herz schlägt bis zum Hals und ich wage nicht, zu Thomas herüberzusehen. Wie durch eine telepathische Kraftübertragung spüre ich, dass es ihm ebenso geht wie mir.

Faruk sieht mit einem Lächeln auf, nachdem er sich noch besondere Mühe beim Zeichnen der Handschellen gemacht hat. "So stellt ihr aus Westen euch die Iraner vor! Gefangen, gefesselt und unbeweglich gemacht durch die Regierung. Aber so ist es nicht! Die Propaganda zeigt nicht, wie viel Gutes es hier gibt!"

Was für eine Farce! Entweder haben wir eine Überwachungs-Neurose ausgebildet, oder hier geht gerade ein ganz mieses Spiel des Geheimdienstes vonstatten, um uns zu testen.

Die Absurditäten nehmen ihren Lauf. Faruk meint, die nächste Nacht in diesem Luxusetablissement sei für uns kostenlos. Ebenso das kommende Dinner.

Am Abend biegt sich der für uns gedeckte Tisch unter Fischspezialitäten und köstlichen Beilagen. Über den beladenen Silberplatten wehen drei Fähnchen: Die iranische, die Hausfahne des Hotels und – die deutsche.

Wir essen allein in der großen Halle und verstehen die Welt nicht mehr. Ist das eine Wiedergutmachung, oder das merkwürdige Bemühen um eine Geschäftsanbahnung?

Die nächsten Tage belasten mich, ich fühle mich beobachtet und verkrampft. Thomas bläut mir ein, auch im Zimmer kein Wort über die Haft oder Politik zu verlieren, wir könnten abgehört werden. Das gelingt mir kaum, das Ventil, um Kummer abzulassen, fehlt. Kurz, ganz kurz, kommt der Gedanke, die Reise abzubrechen. Ich mache das Unwohlsein komplett am Iran fest, wenn wir über die nächste Grenze sind, werden wir sehen, wie wir uns fühlen. Da bin ich zuversichtlich.

Nachdem wir einige Tage am Kaspischen Meer verbracht haben, schlagen wir den direkten Kurs nach Osten ein, um in ein paar Tagen bei Bajgaran die Grenze vom Iran nach Turkmenistan zu passieren.

Wir durchqueren den Nationalpark von Golestan, solch urtümliche Baumriesen und feuchte Flusstäler hätten wir in dieser entlegenen Ecke der Welt nicht erwartet. Viele Iraner suchen die lichten Stellen im Urwald zum Picknicken und sicher auch zum Durchatmen in der kühlen Waldluft auf.

Unsere letzte unruhige Nacht im Iran verbringen wir in Shirvan, einer alten Stadt an der Seidenstraße, die in einem riesigen Talkessel liegt. Von halber Höhe der umliegenden Hügel aus haben wir einen weiten Blick über den Ort in der Ebene und es fällt nicht schwer, mir vorzustellen, wie dort in den immer noch erhaltenen Lehmhäusern und Karawansereien Händler Ruhe und Schutz während ihres langen Marsches suchten.

Die Sonne versinkt im Dunst hinter den Bergen, ich schalte das Licht ein und krame in unserem kleinen Zimmer nach Stift und Papier. Ich will nach vorne sehen, mich ablenken von den Gedanken an die Inhaftierung. Ich habe zuhause etwas Russisch gelernt, kann die kyrillische Schrift lesen und kenne ein paar Redewendungen. Nur noch wenige Tage wird uns Englisch weiterhelfen, ab Turkmenistan wird es in ganz Zentralasien nur noch mit Russisch weitergehen. Ich finde, dass es zu wenig ist, bloß ein paar Redewendungen zu kennen. So schreibe ich zwei Blätter Papier voll mit neuen russischen Vokabeln. Ein Papier schiebe ich für Thomas in die Klarsichttasche, die auf den Tankrucksack geklettet wird, das zweite Blatt kommt auf meine Tasche. So können wir beim Fahren lernen.

Wie jeden Tag fürchten wir uns vor den unvermeidlichen Nachmittagstemperaturen. Voller Tatendrang stemmen wir uns am frühen Morgen aus den Betten und sitzen vor Tagesanbruch auf den Motorrädern, ein Frühstückspaket des Hotelangestellten im Gepäck. Die Luft der vergehenden Nacht ist herrlich frisch, es herrscht eine vollkommene und friedliche Atmosphäre, als der Tag herauf dämmert. Die fernen Hügel sind im diesigen Licht nur zu erahnen. Unwillkürlich kommt mir das Lied von Cat Stevens in den Sinn, so muss die Welt am ersten Morgen ausgesehen haben ...

Kaum lenken wir um eine scharfe Kurve, sehen wir einen Wagen, der geparkt am Straßenrand steht. Der Fahrer springt bei unserem Anblick durch die offene Fahrertür ins Innere, sein Begleiter hastet hinter einem Baum hervor, im Laufen bemüht, den Reißverschluss der Hose in den Griff zu bekommen.

Wir überholen den startenden Wagen. Jetzt haben wir keinen Zweifel mehr, dass wir seit der Freilassung beschattet werden. Wir haben uns zwar nichts mehr zu Schulden kommen lassen, sogar die verhängnisvollen Bilder sind längst gelöscht – es kann ja sein, dass der Geheimdienst nur darauf wartet, dass wir die Bilder per Mail zu übermitteln versuchen. Aber es ist ein mieses Gefühl, dauernd unter Beobachtung zu stehen. Und der Rechner wird ebenfalls überwacht, das hat Thomas schon herausbekommen. Keine guten Aussichten.

Ich bin froh über jeden Kilometer, den wir uns der turkmenischen Grenze nähern.

Der Anblick der einsamen und märchenhaft anmutenden Landschaft des Grenzgebietes versüßt uns immerhin die letzte Fahrt durch iranisches Staatsgebiet. Schroffe Bergflanken wechseln ab mit Dörfern, die unwirklich im klaren Morgenlicht dösen, mit vereinzelten Oasen und rotblühenden Mohnfeldern. Kein Hinweisschild weist den Reisenden diesseits der Grenze darauf hin, dass die Hauptstadt Turkmenistans, Ashgabat, nur noch eine einzige Fahrstunde entfernt liegt.

Um acht Uhr am Morgen erreichen wir die Grenzstation.

Der erste Stopp erfolgt an einem ländlichen Dorfposten, noch auf iranischer Seite. Thomas muss einen seiner Koffer öffnen, der nur oberflächlich durchsucht wird. Man ist gewohnt freundlich und kontrolliert unsere Papiere. Die Zuständigkeiten sind bei diesem offiziellen Akt allerdings intern nicht vollkommen geklärt, und so nimmt die Sache doch etwas Zeit in Anspruch.

Ich warte betont entspannt vor der Tür. In meinem Inneren sieht es dagegen alles andere als entspannt aus. Ein beunruhigender Gedanken attackiert meine bange Hoffnung auf eine rasche Ausreise: Kann es sein, dass der Geheimdienst die Grenzstationen über den Spionageverdacht gegen uns informiert hat? Wieso dauert das hier so lange? Ist es möglich, dass etwas unsere Ausreise verhindert und die Männer in der Wachstation jetzt nur nicht wissen, wie sie mit uns verfahren sollen?

Es sind wahrlich schlimme Minuten, die kaum vergehen wollen. Ein Beamter drückt Thomas die Papiere in die Hand. Wir werden zum nächsten Posten einige Kilometer weiter geschickt. Mit klopfendem Herzen setze ich den Helm wieder auf und folge Thomas.

Die Grenze! Wir bekommen am Schalter den Ausreisestempel in die Reisepässe gedrückt, an anderer Stelle die Motorräder aus den Carnets gestempelt. Jeder Stempel beflügelt meine Sinne etwas mehr.

Dann geht es zur Fahrzeugdesinfektion. Wogegen die Bikes desinfiziert werden sollen, ist uns schleierhaft, aber wir sind neugierig, wie die Aktion vonstattengehen soll.

Die Gesundheitsmaßnahme stellt sich so dar, dass wir nacheinander die Motorräder auf eine Art Kuhgatter fahren, ein Beamter zehn Dollar von jedem von uns kassiert und uns mit ausgestrecktem Arm anweist, wir sollen Gas geben und über die Grenzlinie dort hinten rollen.

Das ging ja einfach, es ist noch nicht einmal etwas nass geworden bei der amtlichen Hygienemaßnahme. Ich rolle also glücklich und desinfiziert hinter Thomas her durch das iranische Grenztor. Wir sind so erleichtert, das Land ohne weitere Komplikationen verlassen zu haben, dass uns ein Felsbrocken riesigen Ausmaßes von den Herzen fällt.

In Turkmenistan unerwünscht

km 9.430

Der turkmenische Grenzposten naht. Frauen und Männer in braunen und grünen Kaftanen sind auf dem kleinen Vorplatz damit beschäftigt, zu dicken Rollen gebundene Ware zum Durchleuchtungsgerät zu schleppen und unter Ächzen in den Apparat zu schieben. Offensichtlich haben sie im Iran hauptsächlich Geschäfte in Sachen Teppich gemacht. Thomas verschwindet mit den Pässen im selben Gebäude wie die Turkmenen, während ich wie üblich draußen auf die Motorräder acht gebe.

Wir sollen mit den Papieren nebenan vorstellig werden. Dort fragt uns der Beamte, auf welcher Strecke wir denn durch Turkmenistan unterwegs sein werden, wir hätten zwei Routen zur Auswahl, mehr Straßen gäbe es auch gar nicht. Zumindest nicht für Ausländer. Bei einer dermaßen üppigen Auswahl fällt die Entscheidung nicht leicht. Die nördliche Route bietet immerhin das ewig brennende Gasloch von Derweze, wir aber wollen der Seidenstraße nach Buchara folgen und wählen den südlichen Weg über Mary. Fünf Tage gilt unser Transitvisum. Das jedenfalls steht in unseren Pässen. Der Sachbearbeiter ist da anderer Meinung. Er poltert auf russisch los, dass wir die Durchquerung doch ganz locker in drei Tagen schaffen können. Keine Diskussionen darüber, wir werden gar nicht erst gefragt. Er fordert mit dröhnender Stimme genaue Angaben dazu, in welchen Hotels wir zu übernachten gedenken. Zelten sei tabu, wenn man wie wir ohne Gruppe und ohne Guide unterwegs seien. Für die beiden letzten Nächte von dreien haben wir noch keinen Plan, also bestimmt der Grenzer kurzerhand selbst die Unterkünfte. Wer weiß, was das für Etablissements sind! Thomas kramt den Reiseführer heraus und wir einigen uns mit dem Offiziellen auf Gasthäuser, deren Anschriften er gewissenhaft in sein Formular einträgt. Unter einem Schwall russischer Erklärungen beugt er sich über den Schalter und weist auf eine unscheinbare Tür an der Stirnseite der großen Halle. Dort sollen wir klingeln.

Eine Frau öffnet und kassiert gleich an der Tür umgerechnet fünfzehn Euro von uns, wohl fürs Klingeln, feixen wir. Als Gegenleistung händigt sie uns immerhin zwei Zettel unbekannten Inhalts aus. Mittlerweile habe ich mein Kopftuch abgenommen und es gleich im nächsten Mülleimer entsorgt. Ich war etwas unsicher, ob die Frauen hier ebenfalls zum Tragen einer Kopfbedeckung verpflichtet sind, wenn auch nur moralisch, aber einer der Grenzbeamten antwortete auf meine vorsichtige Frage entrüstet und in astreinem Englisch: "No! You are in Turkmenistan here!"

Wie herrlich, sich nicht mehr um den korrekten Sitz dieses lästigen Accessoires kümmern zu müssen! Das Ding hat mich während der vielen Wochen im Iran ziemlich genervt.

Wie die Hütchen in einem Gesellschaftsspiel werden wir weiter durch die Formalitätenprozedur geschoben, von einem Ereignisfeld zum nächsten, was die ganze Sache ziemlich kurzweilig macht. Hinter dem nächsten Türchen poltert uns ein turkmenischer Beamter auf Russisch neue Anweisungen entgegen, und ich kann erste Worte aus meinem noch kargen Wortschatz anwenden. Hauptsächlich redet aber er.

Ein Schreiber notiert, was wir jetzt alles bei ihm kaufen werden:
- eine Fahrzeug-Desinfektion (noch einmal auf turkmenisch, denn sicher ist sicher),
- eine Straßenbenutzungsgebühr, als Kompensation zum für reiche Touristen viel zu niedrigen örtlichen Benzinpreis von 20 Cent,
- Kfz-Versicherungen,
- Zollformulare,
- den Zettel, auf dem sorgfältig unsere soeben festgelegte Route eingemalt ist,
- Diverses.

Zahlen müssen wir für die genannten Dienstleistungen in der Bank gleich ums Eck, die sich als eine Art Besenkammer entpuppt. In der Kammer sitzt der polternde Turkmene von eben, nun in der Erscheinungsform eines Bankangestellten, und kassiert die Gebühr von unfassbaren 108 Euro. Kein Aufstöhnen, kein Handeln hilft: Der Mann sitzt an dieser Stelle eindeutig am längeren Hebel. Keine Dollar, keine Einreise, macht er uns mit einem Grinsen klar.

Es folgt die turkmenische Variante der Fahrzeug-Desinfektion. Dazu ziehen wir weiter in ein Zimmerchen mit roter Tür. Hinter dem gewaltigen, aber reichlich ramponierten Schreibtisch, der mit Sicherheit aus der Zeit vor Perestroika stammt, sitzt aufrecht wie ein Besenstil eine blonde Dame mit imposantem Haardutt über dem gestrengen Blick. Sie bedeutet uns, vor dem Ungetüm Platz zu nehmen.

Wir setzen uns auf die beiden wackeligen Besucherstühle, ich lasse den Blick schweifen. Auf einem Schrank aus der gleichen Möbelserie entdecke ich ein altes Mikroskop mit zwei unterschiedlich langen Okularen. Zur Veranschaulichung des wissenschaftlichen Zwecks liegt auf dem Präparathalter eine Plastiktraube, wie man sie in den Auslagen von Metzgereien findet. Ich versuche, mir vorzustellen, wie der Benutzer dieses Unikums denn seinen Kopf und damit seine Augen platzieren muss, um gleichzeitig durch die beiden verschieden langen Okulare blicken zu können. Mir will nichts einfallen. Die Beamtin reißt mich durch zwei laute Stempelknaller aus den Gedanken. Sie lächelt uns zu und meint, dass wir nun gehen dürfen. Wir sind desinfiziert. Nein, das ist nicht ganz korrekt, denn nur die Motorräder sind desinfiziert, ihnen galt schließlich das Theater.

Weiter geht's in ein anderes Häuschen, es nimmt kein Ende. Ein lustiger Mann mit Nickelbrille auf der Nase, der meine russischsprachigen Bemühungen anzuerkennen weiß, stellt Zollformulare aus. Und meint, jetzt nur noch hinaus zur Gepäckkontrolle, und zwar flott, denn es sei halb eins und um eins mache die Belegschaft hier Mittag. Beflügelt durch diese Aussage und der Vorstellung, die Mittagspause auch noch abwarten zu müssen, sind wir in Windeseile bei den Motorrädern, die inzwischen von einem alten Cockerspaniel, seines Zeichens Drogenhund, abgeschnüffelt wurden.

Bereitwillig öffnen wir Taschen und Alukisten. Hauptsächlich suchen sie nach Waffen, auf deren Besitz in Turkmenistan schwere Strafen stehen. Wir erfahren, dass Tage zuvor ein holländisches Paar diese Grenze passiert hat und seine Waffe bescheuerterweise versteckt und somit unterschlagen hat – die aber später doch entdeckt wurde. Die Folge für die kontrollierenden Beamten, die die Waffe übersehen hatten, war ein Gefängnisaufenthalt, über das Schicksal des holländischen Paares ist uns nichts bekannt.

Die Zöllner zeigen sich besonders interessiert an unserer Campingausrüstung. Jedes Teil wird genau inspiziert. Ich erkläre ihnen, wie der Benzinkocher funktioniert und dass der Brennstoff dafür aus unseren Tanks kommt. Besonders angetan sind sie von Thomas' großem Messer und den Klappstühlen, wir müssen sie auseinanderfalten und zwei der Beamten sitzen vor dem Schlagbaum Probe. Dann sind wir entlassen, wir starten die Motoren. Ein Offizier fragt uns noch, warum wir denn herumreisen und nicht zuhause bleiben würden, das gäbe doch nur Probleme: Probleme mit der Sprache, Probleme mit den Grenzformalitäten, eine Menge Mühsal eben. Er kann es nicht verstehen.

Was für ein Genuss, an all diesen Prozeduren teilnehmen zu dürfen! Uns kann so schnell nichts mehr aus der Fassung bringen, alles ist willkommen: Wir sind frei ...

Nach diesem überaus unterhaltsamen Vormittag durchqueren wir das iranisch-turkmenische Gebirge Kopet-Dag und sehen nach einer Weile jenseits der Einsamkeit in der Ferne die riesige Stadt Ashgabat im Wüstensand der Wüste Karakum leuchten. Ein utopischer Anblick, so ganz anders, als ihn jede andere Großstadt bietet. Zwischen schneeweißen Hochhäusern sind unzählige Bauten in Form weißer Riesenpilze und Raketen auszumachen.

Je mehr wir uns der Stadt nähern, desto mehr drängt sich uns der Eindruck auf, wir seien unterwegs in einem Weltraumbahnhof. Monumentale Großbauten reihen sich an den riesigen Prachtstraßen auf, zahllose Springbrunnen gewaltigen Ausmaßes und künstliche Kanäle lassen den Gedanken an eine "normale" Wüstenstadt verblassen. Die Zurschaustellung des Wasserwahnsinns ist nur möglich, weil der Staat den Kanalbau einer der längsten Kanäle der Welt angeordnet hatte. Das Wasser des östlich verlaufenden Flusses Amudarja wird dadurch sechshundert Kilometer durch die Wüste in die Stadt geleitet. Noch vor einigen Jahrzehnten speiste der Amudarja den Südteil des Aralsees, heute erreichen die wenigen Wasser den See nicht mehr; der Fluss versickert wegen Wassermangels im trockenen Wüstensand. Mit ein Grund für das langsame Sterben des Aralsees.

Langsam rollen wir die sechsspurigen, beinahe menschenleeren Boulevards entlang und sind in der Mittagssonne geblendet von der uns umgebenden Unmenge an Marmor, Glas und Gold. Ministerium reiht sich an Ministerium. Auf der Spitze des fast einhundert Meter hohen sogenannten "Neutralitäts-Turms" befindet sich eine vergoldete Kolossal-Statue des Diktators und ehemaligen Staatschefs Saparmyrat Nyyazow, die sich in jeder Stunde einmal um sich selbst dreht. Der Personenkult ist allgegenwärtig und hinterlässt einen befremdlichen Eindruck. Kleine Geschäfte, Werkstätten, Fußgänger beim Einkauf, Schulkinder oder andere Zeichen urbanen Lebens – Fehlanzeige. Die immerhin beinahe ein Million Einwohner wird komplett aus dem Prestige-Zentrum ferngehalten. Für Reisende ist es verboten, in Ashgabat Fotos von öffentlichen Gebäuden zu machen. Das fällt in Anbetracht der geschmacklosen Pracht schwer, aber daran werden wir uns halten.

Uns Ausländern gegenüber verhält sich das Land abweisend. Behörden, Hotelangestellte und Verkäufer begegnen uns unterkühlt bis unfreundlich, immer ausschließlich auf der Jagd nach Dollars. Der Mangel an Infrastruktur wie an Straßen tut sein Übriges: Es gibt kaum ausländische Besucher. Die Turkmenen selbst reisen wenig und besuchen dabei vorwiegend die Verwandtschaft.

Inmitten der kulissenhaften Gigantomanie checken wir in einem Hotel ein. Hier werden wir uns für die nächsten zwei Tage vergraben, da sind Thomas und ich uns einig. Die Erlebnisse im Iran stecken uns in Kopf und Knochen wie eine überwundene Krankheit, und wir versuchen uns auf diese Weise total aus dem Weltgeschehen auszuklinken und der Passivität zu frönen. Das soll so aussehen: hinter Glas und auf dickem Teppichboden bepuschelt zu werden, Essen aufs Zimmer zu bestellen, im kühlen Pool zu plantschen und den Kopf freizubekommen.

Also sitzen wir wenig später bei neununddreißig Grad Außentemperatur am glitzernden Pool des Hotels Nissa bei gekühltem Pinot Grigio. Im Anschluss vertilgen wir bei einem Efes-Pils die beste Pizza unseres Lebens.

Als wir am Morgen auf dem Weg zum Hoteleingang sind, um Gepäck von den Motorrädern zu laden, wundern wir uns über die am Hoteleingang vorfahrende Kolonne dunkler Staatskarossen, allesamt mit wehenden Standarten versehen. Herren in Anzügen und Scheichs in Gewändern entsteigen den glänzenden Wagen und versammeln sich in kleinen Gesprächsgruppen in der Lobby. Wir sichten die deutsche Abordnung der anstehenden Konferenz und erfahren, dass zur Tagung auch der türkische Staatspräsident erscheinen wird. Wir vermuten, dass es um Gasgeschäfte geht, denn von diesem begehrten Rohstoff hat Turkmenistan genug anzubieten.

Schade, dass wir aufgrund des Fotografierverbots in der Stadt auch auf dem weitläufigen Parkplatz hinter dem Hotelgebäude keine Aufnahmen machen dürfen, denn inmitten der vor den Staatskarossen wartenden Chauffeure stehen unsere verdreckten Motorräder wie zwei Fremdkörper und werden interessiert begutachtet.

Die Verlockung, doch noch zum Fotoapparat zu greifen, ist groß, aber nach der vergangenen Erfahrung sind wir ganz schön zurückhaltend in Sachen Fotografieren geworden.

***

Vierhundert Kilometer beträgt die Entfernung bis zur nächsten Etappe, Mary, dem früheren Merw. Entspannt, da unwissend, nehmen wir die bevorstehende Strecke unter die Räder.

Die Entspannung legt sich schnell. Eine solch schlechte Straße über eine so lange Distanz sind wir noch nicht gefahren. Jede Schotterpiste wäre komfortabler. Tiefste Schlaglöcher am laufenden Band, die nur im Slalom zu umfahren sind, dazu Spurrillen tief wie Treckerreifen. Der Asphalt ist von der Hitze aufgeweicht, nur Schleichfahrt ist möglich. Dafür fehlt dann der kühlende Fahrtwind, ich schwimme im eigenen Saft. Wir sind mindestens genauso oft auf der Gegenfahrbahn wie auf unserer eigenen unterwegs, immer auf der Suche nach besser befahrbarem Untergrund. Diese Taktik wird auch vom Gegenverkehr verfolgt, was das mühselige Vorankommen nicht ungefährlicher macht. Wenn wir auf winzigen Teilstrecken versuchen, Gas zu geben, wird das gleich mit einem materialmordenden Klötern unserer Maschinen quittiert. Und das bei immer noch steigender Temperatur in der wüstenartigen Steppenlandschaft. Ein einsames Bushäuschen mitten im Nirgendwo lässt uns anhalten. Ich reiße den Helm vom Kopf und bin einem Hitzschlag nahe. Das Thermometer in Thomas´ Cockpit zeigt 45 Grad im Schatten an, es ist mörderisch. Im Schatten des Wartehäuschens trinken wir ebenso warmes Wasser aus den mitgeführten Plastikflaschen, um den Flüssigkeitsverlust auszugleichen. Die umgeschnallten Trinkblasen sind schon wieder leer, wir füllen sie randvoll auf. Der Rest des Wassers wird über die mittlerweile ebenfalls wieder getrockneten Kühlungswesten gekippt. Obwohl wir die feuchten Westen unter den offenen Motorradjacken tragen, um wenigstens etwas von der Verdunstungskälte zu nutzen, mag ich nicht an eine Weiterfahrt denken.

Aber im Bushäuschen bleiben können wir auf Dauer auch nicht, am Rande einer staubigen, lauten Überlandpiste mit nichts drumherum als dem Nichts. Nicht einmal der Gedanke, das Zelt etwas abseits der Straße aufzubauen und zu schlafen, hat seinen Reiz: kein Schatten, kein Schutz vor dem sandbeladenen Wind weit und breit.

Die Motorradjacke schließlich doch wieder überzuziehen, ist eine Qual. Wir trauen uns nicht, sie während des Fahrens kurzerhand auf den Gepäckträger zu verbannen, zu groß ist dann die Verletzungsgefahr bei einem Sturz auf dieser mörderischen Strecke.

Es dauert nicht lange, da höre ich ein ungewohntes Geräusch unter mir. Ein merkwürdiges, unregelmäßiges Klappern auf der linken Seite, das dort nicht hingehört.

Der linke vordere Kofferträger ist gebrochen. Thomas kramt einen Spanngurt aus der Werkzeugtasche und sichert damit den Bruch so weit, dass ich weiterfahren kann, ohne den Koffer zu verlieren.

Als wir ein kleines Dorf passieren, fragen wir den Erstbesten, der unter einem kleinen Busch herumsteht, ob er weiß, wo man den Bruch schweißen lassen könnte. Vielleicht ist irgendwer im Ort im Besitz eines Schweißgerätes und kann es auch bedienen. Die uralten LKW, Autos und Maschinen, die auf den Straßen unterwegs sind, lassen keinen anderen Schluss zu. Und tatsächlich – ein Winken aus der nächsten Hofeinfahrt lässt Thomas das kaputte Teil abbauen, und der Mann verschwindet mit dem Träger hinter der Hofmauer. Und kommt nach drei Minuten mit dem fertig geschweißten Teil in der Hand wieder heraus.

Kaum ist das Dingen montiert und wir sind wieder auf der Geisterbahn unterwegs, bricht der linke vordere Kofferhalter. Was habe ich da eigentlich für eine unterirdisch schlechte Qualität verbaut? Die Koffer sind nicht überladen, sondern die Träger sind der reinste Schrott. Das kann ja heiter werden, wenn ich bedenke, dass der miese Untergrund immerhin noch als "Straße" auf der Landkarte ausgewiesen ist, und nicht etwa als "Piste".

Wir begnügen uns vorerst mit der bewährten Gurtsicherung. Was bedeutet, dass uns der nächste Stopp wieder zu einem Schweißer führt.

Die kleine Werkstatt ist eine Garage mit offenem Tor. Der Mechaniker krempelt die Ärmel seines ölbefleckten Karohemdes hoch und bittet uns, einzutreten. Links und rechts auf dem Garagenboden stehen Reihen ausrangierter Autositze aller Marken, Baujahre und in sämtlichen Verschleißzuständen, darauf nehmen wir Platz und schildern mit Händen und Füßen das Problem. Ein Griff hinter meinen Autositz, und der Mann zieht ein Gerät undefinierbarer Bestimmung hervor. Nur die zwei offenen Elektroden, die mit geflickten Kabeln an einer Art Riesen-Batterie angeschlossen sind, lassen die Vermutung zu, dass es sich um ein Schweißgerät handeln könnte. Der Mechaniker zieht eine Sonnenbrille an und beginnt sein Werk. Hoffentlich muss er im Hinblick auf sein Augenlicht nicht zu oft schweißen! Während er werkelt, erklärt er uns, wir seien seine ersten ausländischen Kunden.

Zwischen Tee und einer verblüffenden Auswahl an Bonbons stellen wir fest, dass mein Hinterrad Luft verliert. Ich bin doch wohl nicht schon wieder in einen Nagel gefahren? Das kann nicht sein, dann wäre das Gummi völlig platt. Irgendwo verlässt die Luft

Thomas und die turkmenische Werkstatt-Gang in Mary.

schleichend den Schlauch. Und damit am nächsten Tag durch die andere Hälfte der Halbwüste bis zur usbekischen Grenze fahren? Auf keinen Fall, und unser zweiter Verdacht, dass sich bei der Mörderstrecke der Flicken aus der Türkei gelöst haben könnte, bestätigt sich. Der Monteur verpasst dem Schlauch sicherheitshalber einen turkmenischen LKW-Flicken, der die Stärke einer Elefantenhaut hat, und von dem er sagt: "Der macht alles mit!" Die deutschen Flicken taugen hier doch nichts, meint er noch. Und ob wir schon im alten Merw gewesen seien?

Der antike Ort war einst eine blühende Metropole und wichtige Station an der Seidenstraße, durch zahllose Eroberungen verlor er jedoch bereits vor Jahrhunderten jede Bedeutung. Eines der größten Massaker der Menschheit fand bei den immer noch imposanten Ruinen statt. Unvorstellbares Leid muss der Bevölkerung im Jahr 1221 widerfahren sein: Bei der Belagerung und Eroberung der Stadt durch Tolui Khan, dem Sohn des Dschingis Khan, wurden schätzungsweise eine Million Menschen getötet. Killing fields in Turkmenistan.

Schweiß und noch mehr Schweißen in Usbekistan

Irgendwann stehen wir an der turkmenisch-usbekischen Grenze. Denken wir. Aber die offiziell anmutende Bude am Straßenrand, eingekesselt von Dutzenden wartender LKW, ist dazu vorgesehen, die Brückengebühr für die Überquerung des Amudarja abzukassieren. Und zwar richtig, zumindest von uns. Und zwar nicht für die Benutzung einer Brücke, die ist nämlich nicht vorhanden, sondern für die Erlaubnis, ein schwankendes Sowjetrelikt benutzen zu dürfen. Das stählerne, ewig lange Pontongebilde schaukelt wie eine Wasserschlange auf dem breiten Fluss, windet sich durch die Kraft der Strömung in alle Richtungen. Um das schwimmende Monstrum in Position zu halten, muss es permanent von Schleppkähnen gegen die Strömung gedrückt werden, damit sich die Pontons durch den Wasserdruck nicht voneinander lösen und einzeln den Amudarja heruntertreiben. Mangels Alternative an Überquerungsmöglichkeiten zahlen wir zähneknirschend die immens hohe Gebühr von dreißig Euro, wohlwissend, dass man uns gerade schräg lächelnd übers Ohr gehauen hat.

Brütende Hitze erwartet uns am tatsächlichen Grenzübergang, der viele Kilometer weiter östlich liegt. Unbarmherzig fordern uns zwei junge turkmenische Soldaten auf, doch bitte alles Gepäck von den Motorrädern zu laden und ins Zollgebäude zu tragen, damit es dort durchleuchtet wird. Die beiden stellen sich in den Schatten einer hohen Mauer, die Gewehre baumeln lässig über den Schultern, als sie sich eine Zigarette anzünden. Oft kommen wohl keine exotischen Grenzgänger wie wir hier vorbei. Neugierig beäugen sie die Motorräder und beobachten mitleidlos, wie wir Stück für Stück ins Gebäude schleppen und dabei mächtig ins Schwitzen geraten.

Keiner der Beamten guckt auf den Kontrollbildschirm, nachdem unser Kram endlich in einer langen Reihe auf dem Laufband Platz gefunden hat. Das sieht nach reiner Schikane aus – da ist stoische Gelassenheit gefragt, und die haben wir mittlerweile recht gut verinnerlicht. Es ist sowieso viel zu heiß, um sich aufzuregen. Irgendwann passieren wir das Grenztor, die Usbeken betreiben keinen großen Aufwand um unsere Einreise. Ein paar Stempel, das war es auch schon. Im Büro der Beamten nisten die Schwalben, sie jagen in engen Kurven tief über Regale und Schreibtische. Da bei keinem der Angestellten auch nur die leiseste Irritation über den Vogelflug zu bemerken ist, gehe ich davon aus, dass die Vögel und ihr plärrender Nachwuchs bereits seit geraumer Zeit zum Inventar gehören. Beim Aufsteigen sehe ich aus dem Augenwinkel, dass der rechte Kofferträger an der Schweißnaht von gestern wieder gebrochen ist. Und täglich grüßt das Murmeltier. Egal jetzt, Gurt drum, darum kümmern wir uns später.

Die Hitze in Usbekistan raubt einem Motorradfahrer zuerst den Atem und dann fast den Verstand. Kein Tag vergeht, an dem das Thermometer unter der Vierzig-Grad-Marke bleibt. Dabei haben wir gerade erst Frühling! Wir saugen beinahe ohne Unterlass an unseren Trinkblasen. Wenn die Strecke nicht zulässt, ordentlich Fahrt zu machen, fehlt der Fahrtwind und wir kochen im eigenen Saft. Ohne die Kühlungswesten, die mit Wasser getränkt sechs Stunden lang die Körpertemperatur nicht allzu sehr ansteigen lassen, wären wir aufgeschmissen. Durch die extrem trockene Wüstenluft sind sechs Stunden Feuchtigkeit illusorisch, wir halten nach zwei Stunden an einem Brunnen, um die knochentrockenen Westen hinein zu tunken. Kein schattiger Baum weit und breit, die staubige Hitze lässt die Welt zu einem Klumpen verschmilzen. Wir hocken uns in den Schatten der Motorräder, Thomas stubst mich an: "Geht´s wieder?" "Ich kann nicht mehr. Ich habe auch keinen Bock mehr. Was machen wir überhaupt hier? Bloß Staub und Hitze, wie lange soll das denn noch so gehen?" Aha, Krisenstimmung. Als ob Thomas eine vernünftige Antwort darauf hätte, ihm geht es doch auch nicht besser.

Besonders lange hocken wir nicht im Staub neben der Straße, weder ist die Aussicht toll, noch kann man hier lange überleben. Noch zwei Tage bis Buchara.

***

Buchara – ein Traum aus Tausendundeinernacht! Wie eine Fata Morgana tauchen die Silhouetten von Minaretten und Kuppeln am Horizont auf. Der orientalische Anblick beflügelt uns so, wie es einst den ausgedörrten Händlern der einreisenden Karawanen ergangen sein mag. Unser Motorenlärm hallt von den ockerfarbenen Ziegelmauern wider, als wir auf der Suche nach einem Gasthaus durchs Zentrum kurven. Wir passieren riesige steinerne Wasserbecken mit plantschenden Kindern darin und gepflegte Plätze, unter deren uralten Maulbeerbäumen Usbeken beim Tee und Plausch sitzen. Buchara ist eine der zentralen Städte an der alten Seidenstraße, ausgestattet mit Karawansereien und einem der schönsten und besterhaltenen Stadtzentren, die wir bis jetzt sehen durften.

Untergekommen in einer fast dreihundert Jahre alten, zur Herberge umgebauten Medrese, einer Philosophie- und Religionsschule, fühlen wir uns wie Prinzen – so schnell landet man hierzulande vom Dreck der Straße an traumhaften Orten.

Allerdings herrschen wie üblich affenartige Temperaturen, so dass wir uns dem Verhalten der Bevölkerung anpassen und zwischen Mittag und Spätnachmittag überhaupt nichts machen. Die zweigeschossige, geschlossene Hofanlage ist perfekt der Witterung angepasst. In den Hof fällt kaum ein Sonnenstrahl, ein Brunnen plätschert in seiner Mitte und wir liegen auf riesigen Bänken herum, die mit Teppichen und Kissen ausgestattet sind. Die Teekanne in unserer Mitte ist immer voll, und auf Messingtabletts türmen sich lokale Süßigkeiten.

In der halb zerfallenen Moschee, die zur Medrese gehört und heute als Lager genutzt wird, haben wir für die Motorräder einen guten Stellplatz gefunden. Wir folgen am Morgen dem Besitzer der Herberge durch die schwere Holztür, die vom Hof in die Moschee führt. Er will uns etwas zeigen. Ich traue meinen Augen kaum: Ein alter Mann räumt gerade sein Schweißgerät in die Ecke. Der gebrochene Träger ist in der Nacht von der guten Seele des Hauses repariert worden! Thomas hatte am Tag zuvor nur beiläufig von dem Bruch erzählt, damit wir vielleicht Hilfe bei der Werkstattsuche bekommen. Stolz meint der alte Mann, das habe er doch gern gemacht, im Übrigen würde der obere Träger es auch nicht mehr lange machen. Gesagt, getan. Er schweißt auch noch den mickrigen oberen Halter ab, der scheppernd in die Tonne fliegt und durch ein Flacheisen ersetzt wird, auf dem ich einen kleinen Elefanten transportieren könnte. Die schweißtreibende Suche nach einer Werkstatt bleibt uns dank der in die Tat umgesetzten Gastfreundschaft erspart.

Der Wind weht immer noch warm durch die bevölkerten Gassen. Die Sonne ist längst untergegangen, jetzt beginnt die Zeit der Lokale und Cafés. In einem Gartenlokal treffen wir auf einen Usbeken mittleren Alters – besser gesagt, er trifft auf uns. Mit einem breiten Lächeln steht er an unserem Tisch, streckt Thomas die Hand entgegen und meint: "Mein Name ist Boris. Isch habe Sie Deutsch schpreschen hören!" Eine höfliche Verbeugung in meine Richtung. Er sei Deutschlehrer hier in Buchara und würde sich sehr freuen, wenn wir an seinem Tisch Platz nehmen würden. Neugierig schnappen wir uns zwei Stühle und tragen sie zu dem mit Gläsern und Schüsseln beladenen Tisch. Sechs Männer geben sich alle Mühe, der Menge an Speisen und Getränken Herr zu werden. Es geht lustig zu in der Runde, neben den Teegläsern stehen zwei Flaschen Wodka. Boris stellt uns seinem Lehrer-Stammtisch vor. Drei von ihnen unterrichten Deutsch. Wir kommen quasi wie gerufen, um mit uns die usbekische Gastfreundschaft zu zelebrieren. Nur der Sportlehrer sagt keinen Ton, lächelt aber freundlich. Die Gläser bleiben keine Sekunde leer. Das Deutsch der Deutschlehrer ist nicht so dolle, ich habe Mühe, sie zu verstehen und muss mich an den starken Akzent gewöhnen. Ob sie dieses Deutsch auch ihren Schülern vermitteln? Vielleicht ist das Lallen aber auch nur ein Ergebnis des fortgeschrittenen Wodka-Konsums. Aber wir wissen, worum es geht, hauptsächlich dreht sich das Gespräch um die bevorstehende Universiade, eine Art Riesensportveranstaltung der Universität Buchara, die in den kommenden Tagen die Stadt auf den Kopf stellen soll. Jetzt erwacht auch der Sportlehrer aus seiner Lethargie und grinst von einem Ohr zum anderen. Die Universiade, das ist sein Ding.

Als wir uns kurz vor Lokalschluss herzlich von der Runde verabschieden, drückt er uns den Festwimpel seiner Handballmannschaft in die Hand.

Nach einigen Tagen verlassen wir Buchara, gerade rechtzeitig, bevor die Hauptstraßen wegen der beginnenden Universiade gesperrt werden. So gerade eben rutschen wir durch die Straßensperren, lassen das Stadtgebiet hinter uns und durchqueren eine weite Ebene Richtung Osten. Wie an jedem Tag steigt die Temperatur rasch an, und wir wundern uns, wie grün es auf dem Weg nach Samarkand ist. Ringsherum bedecken riesige Plantagen blühender Kirschbäume das flache Land, es wird Getreide und Gemüse scheinbar bis zum Horizont angebaut. Und doch durchfahren wir alle zig Kilometer Gebiete mit Sanddünen und kargem Steppengrasbewuchs, was von einem ausgeklügelten Bewässerungssystem für die fruchtbaren Felder zeugt.

***

km 10,600

Hinter uns schließt sich das Tor und sperrt den Stadtverkehr Samarkands aus. Wie ein verwunschener Garten hinter hohen Mauern liegt der Innenhof vor uns. Sonnenblumen, Lilien und Rosenbüsche blühen unter Gingko- und Obstbäumen um die Wette. Wir parken unter einem Maulbeerbaum und haben unsere Mühe, von den Motorrädern zu klettern. Steif gesessen von der langen Fahrt strecken wir die tauben Glieder und lassen uns erhitzt auf eine schattige Bank fallen. Überall Kräuter und Wein, der bis unters Dach der Pension wächst – welch eine Oase mitten in der Altstadt von Samarkand!

Die beleibte Hausherrin lässt sich nicht dabei stören, mit Hingabe ihr duftendes Reich zu Ende zu wässern. Ihre Schwester hat uns erspäht und kommt aus der Küche am hinteren Ende des Garten Eden, um uns Tee und Gebäck zu bringen, kleine Küchlein in allen möglichen Variationen: "Eine Spezialität in Samarkand, herzlich willkommen bei uns!" Der Tee belebt unsere Geister, und die Frau setzt sich zu uns. Sie und ihre Schwester sind Tadschikinnen und leben mit Männern und Kindern in Samarkand. Die Hälfte ihrer großen Familie wohnt in der Heimat, in Duschanbe, der Hauptstadt des Nachbarlandes Tadschikistan. Die beiden sind sehr traurig darüber, dass die Streitigkeiten zwischen Usbekistan und ihrem Heimatland ständig schwelen und den Leuten dies- und jenseits der Staatsgrenzen das Leben schwer machen. Die politischen Grenzen haben nichts mit den angestammten Siedlungsgebieten aus alten Zeiten zu tun, durchschneiden, was immer schon zusammen gehörte. Siebzig Kilometer östlich von hier ist der Grenzübergang Penzhikent nach Tadschikistan seit fast zwei Jahren komplett gesperrt, so dass die Familie vor Kurzem einen Umweg von dreihundert Kilometern in Kauf nehmen musste, um anlässlich einer Hochzeitsfeier nach Duschanbe zu gelangen. Bei der Qualität der hiesigen Straßen kann das eine Tagesreise bedeuten.

Die Sache mit der gesperrten Grenze lässt uns aufhorchen. Wir waren davon ausgegangen, dass dieser Übergang nach wie vor geöffnet ist, aber den Weg können wir uns ja dann sparen. Ich breite die Landkarte auf dem Tisch aus. Die beiden zeigen uns, welchen

Weg wir am besten einschlagen sollten, um zum alternativen Grenzübergang weit im Süden zu gelangen. Da diese Strecke recht nahe
bei Termiz an der afghanischen Grenze vorbei führt, überlegen wir,
bei den dort stationierten deutschen Truppen auf einen Kaffee vor-
beizuschauen. In dem strategischen Lufttransportstützpunkt werden
alle Nachschub- und Truppentransporte für das in Afghanistan sta-
tionierte deutsche ISAF-Kontingent abgewickelt.

Thomas läuft langsam mit dem aufgeklappten Laptop durch das
üppige Grün, als wäre er mit einer Wünschelrute auf Wasserader-
suche. In einer Ecke des Gartens bekommt er immerhin eine schwa-
che Internetverbindung und versucht über E-Mail, mit dem Posten
Kontakt aufzunehmen, leider ohne Erfolg. Schade, denn die Soldaten in Termiz bekommen bestimmt nicht oft Besuch aus der Heimat.

Also besuchen wir die Sehenswürdigkeiten von Samarkand, einer
der ältesten Städte der Welt. Um zur nahen Bibi-Khanum-Moschee
zu gelangen, müssen wir noch nicht einmal die Motorräder aus dem
Hof holen. In glänzendem Türkisblau erhebt sich seit über sechshundert Jahren ihre prachtvolle Kuppel in den usbekischen Himmel,
gesäumt von vielen kunstvoll ausgestatteten Nebenkuppeln. Wir
können uns an den Wandkeramiken und Malereien kaum sattsehen.
Im Angesicht des etwas entfernt liegenden Registan-Platzes stockt
uns der Atem. Drei mächtige Portale, die einst die Eingänge zu den
berühmtesten islamischen Medrese-Hochschulen des Mittelalters
bildeten, rahmen den weitläufigen Platz ein. In der Blütezeit um
1450 studierten in der Ulugbek-Medrese Mathematiker und Astro-
nomen die kompliziertesten mathematischen Probleme: Berechnun-
gen zu Sinus, Tangens und Trigonometrie wurden an diesem Ort
vervollkommnet. Mathematik gehörte noch nie zu meinen Leiden-
schaften. Zu abstrakt, zu komplex. Wenn ich mir aber vorstelle, dass
Männer wie Al-Kashi zum Teil zehn Jahre ihres Lebens darauf ver-
wendeten, sechzehn Dezimalstellen hinter einem Komma auszu-

rechnen, um die Zahl Pi zu verdoppeln, empfinde ich vollste Bewunderung für ihr Durchhaltevermögen.

Samarkand erscheint viel moderner als Buchara, das uns im Gegensatz hierzu wie ein großes orientalisches Freilichtmuseum erscheint. Die Menschen in Samarkands Straßen sind westlich gekleidet, flanieren über die Prachtstraßen, die gesäumt sind von internationalen Hotels, Einkaufszentren und neu errichteten Gewerbegebieten. Der Einfluss der sozialistisch-russischen Dekade ist leider nicht zu übersehen, Plattenbauten und gesichtslose Verwaltungsgebäude lassen Samarkand zersiedelt erscheinen. Glücklicherweise sind es jedoch immer noch die weltberühmten Bauwerke aus der islamischen Blütezeit, die dem Stadtbild sein Gesicht geben und zum Weltkulturerbe der UNESCO gehören.

∗∗∗

Die Pisten rufen wieder. Wir kommen keine zwei Kilometern weit, dann ist die Ausfallstraße nach Süden gesperrt. Nur an der aufgehenden Sonne können wir uns orientieren, selbst unsere Navis können dem Gassengewirr kein System zuordnen. Wir irren lange durchs morgendliche Samarkand, bis wir schließlich eine alte Landstraße nach Süden ausfindig machen, die allerdings wegen einer Mordsbaustelle über viele Kilometer nur aus Schotter, Sandhaufen und Schlaglöchern besteht. Mit der aufsteigenden Sonne kommt die Hitze, im Minutentakt steigt die Temperatur. Die Maschinen rütteln und scheppern unter uns, abwechselnd wandert meine linke und meine rechte Hand prüfend nach hinten an die Kofferträger. Alles noch dran, alles noch fest, gut so.

Eine hohe Asphaltkante quer über die Baupiste bildet den Beginn einer wunderbaren Strecke über den 1.800 Meter hohen Tahtacaraca-Pass. Ich glaube an eine Sinnestäuschung, als ich einen Hauch von Kühle verspüren. Herrlich frische Luft weht ins Visier. Ich blicke in den Rückspiegel, Thomas hält den Daumen hoch und grinst unter der Sonnenbrille. Leider geht´s bald auch wieder runter – und damit die Temperaturen rauf. Zu Hause kann die Sonne nicht oft genug scheinen, aber hier haben wir sehr mit ihrer Kraft zu kämpfen und freuen uns auf die kühleren Berge Tadschikistans. Aber die sind noch fern. Kilometer um Kilometer rollen wir wie im Rausch durch die eintönige Landschaft, die in allen Farben von Ocker ihren ganz eigenen Reiz hat.

Gegen Mittag beginnt mein Magen mangels Füllung, sich selbst anzunagen. Ein einsames Teehaus hält mitten in der Steppenlandschaft die Stellung. Schlapp und mit dröhnendem Kopf fahren wir rechts ran. Schön blöd, es so weit kommen zu lassen, eine Pause wäre schon viel eher fällig gewesen! Ich will nur noch unter dem einzigen Baum weit und breit schlafen. Unsere Gastgeberin in Samarkand hatte uns fürsorglich ein Frühstück eingepackt, das wir nun zum Tee verzehren. Das heiße Getränk schafft es immer wieder, unsere Lebensgeister auf Vordermann zu bringen. Noch ein Aspirin mit einem Liter umgebungstemperiertem Wasser gegen das Hämmern im Hirn herunter gespült, dann rappeln wir uns zur Weiterfahrt durch die gleißende Mittagssonne auf.

Die Tankanzeige in Thomas´ Cockpit leuchtet zuerst gelb, dann rot, aber im entlegenen Baysun haben beide Tankstellen geschlossen. Wie gut, dass zwei Einheimische in einem klapprigen Toyota ebenfalls auf der Suche nach Treibstoff im Ort herumirren. Wir bilden eine Interessengemeinschaft, und zielsicher machen die beiden hinter einem der geschlossenen Tankstellenhäuschen einen Mann ausfindig, der in Sachen Benzinausgabe kundig erscheint. Hinter einem Holzverschlag steht ein großes Fass. Der Mann hantiert mit Plastikeimern herum und füllt unsere leeren Tanks mit Klingelbrühe, sprich, minderwertigem 80-Oktan-Benzin. Was sollen wir machen, immerhin ist das Zeug brennbar. Meine Bedenken, ob die Motoren diesen Sprit vertragen, werden auf der folgenden Strecke zerstreut, sie werkeln zufrieden und gleichmäßig brummend vor sich hin. Ein Hoch auf alte Technik.

Es ist früher Nachmittag, als wir nahe der Grenze noch auf usbekischer Seite ein Hotel zu finden versuchen. Zum Zeltplatzsuchen fehlt uns die Muße. Zwei Häuser gibt es vor Ort. Das erste soll utopische fünfzig Dollar kosten, das zweite ist – unsäglich. Im muffigen Zimmer steht ein schmales schmuddeliges Bett, die zweite Person muss (vielmehr müsste theoretisch) auf einer noch schmuddeligeren Klappcouch schlafen, aus deren Eingeweiden sich rostige Sprungfedern den Weg nach draußen bahnen. Beim Betrachten des Bezuges drängt sich der Verdacht auf, dass sich unter ihm so einige sechsbeinige Untermieter tummeln. Die Krönung des Arrangements bildet die Gemeinschaftsnasszelle auf dem Flur. Schon beim Betreten habe ich Angst, auf "Sachen" auszurutschen und lasse es einfach.

Thomas wartet draußen bei den Motorrädern. Angeekelt erzähle ich ihm von der Besichtigung und vom Angebot des Besitzers, uns das Zimmer für umgerechnet drei Euro überlassen zu wollen. Nein, danke! Die Strecke bis zum Grenzübergang werden wir in Anbetracht der Alternativlosigkeit eines Hotelbesuchs heute auch noch schaffen, obwohl uns der Kopf raucht.

Seit dem Stopp an der letzten Quelle sind die Kühlungswesten wieder staubtrocken gefahren. An der Grenzstation angelangt, entdecke ich neben der Tür einen Putzeimer mit klarem Wasser. Vor den Augen der verdutzten Beamten tunke ich die Kleider in den Eimer, dass sie triefen. Als wir die klatschnassen Westen überziehen, ernten wir von den Umherstehenden großes Gelächter. Nur der Chef wedelt diensteifrig mit seinem Gewehr herum: Um vier dürfen die letzten Kandidaten über die Grenze – nur noch zehn Minuten! Weil ihr Feierabend vor der Tür steht, entwickeln die Grenzer bei der Abfertigung eine geradezu atemberaubende Geschwindigkeit. Die beiden

Drogenhunde vom Dienst dösen mit uninteressiertem Blick im Schatten, alle Viere von sich gestreckt. Von einer Durchsuchung unserer Sachen oder sonstigen schweißtreibenden Anstrengungen keine Spur. Es bleibt der Papierkram. An der gesamten Grenzanlage sieht es aus wie Kraut und Rüben. Vor längerer Zeit hat wohl ein Bautrupp, aus welchem Grund auch immer, den kompletten Asphalt entfernt, Sand und Geröll auf der Fahrspur hinterlassen und dazwischen hohe Erdhaufen hingeworfen, die mittlerweile mit prächtig blühenden Büschen bewachsen sind. Die LKW hinterlassen bei der Slalomfahrt tiefe Erdrinnen im Boden. Ich will nicht wissen, wie es hier nach zwei Tagen Regen aussieht.

Ins eingerüstete Abfertigungshaus kommt keiner, der nicht schwindelfrei ist. Umgeben von einem drei Meter breiten und mannstiefen Graben, müssen wir über eine quer darüber gelegte Eisentreppe balancieren, die durch die waagerechte Lage natürlich gekippte Stufen hat. Das Geländer, aus einer Baulatte gefertigt, reicht nur bis zur Hälfte der Grube. Die Papiere in der einen Hand, mit dem anderen Arm um Balance bemüht, vollführen wir einen Seiltanzakt, um ins Innere zu gelangen.

Ein paar Minuten später schleppen wir uns abgestempelt ´rüber zu den Tadschiken, hier herrscht der gleiche feierabendschwangere Elan wie bei den Usbeken. Mir ist dermaßen warm, der Schweiß rinnt sämtliche verfügbaren Wege abwärts und sammelt sich schließlich in den Stiefeln. Jedes Fitzelchen Schatten nutzen wir, um den brennenden Strahlen der Sonne zu entkommen, während wir warten. Nachdem der Beamte am Schlagbaum seinen Vorrat an Äpfeln mit uns geteilt hat, öffnet sich die Schranke.

Aha, eine Baustelle! Schotter, ein tiefes Schlagloch nach dem anderen, rasende LKW, allerfeinster Staub und die unsägliche Nachmittagshitze geben mir vollends den Rest. Die Baustelle dauert sechzig Kilometer, für die wir fast bis Sonnenuntergang brauchen. Zum ersten Mal auf dieser Reise bewege ich mich an meinem körperlichen Limit. Wir können kaum noch sehen und atmen. Ich habe die Pappen auf. So richtig. Mir ist schwindelig, ich falle fast vom Bock. Auf der Stelle anhalten und keinen Meter mehr fahren. So sehr verinnerliche ich diesen Drang, dass ich unbewusst die Geschwindigkeit verringere und tatsächlich mitten im vorbei donnernden Chaos stehen bleibe. Thomas bremst neben mir ab, brüllt durch den Krach der rasenden LKW, ob etwas mit der Maschine nicht in Ordnung sei. Ich schüttle nur den Kopf, die Tränen rollen übers verdreckte Gesicht. "Wir können hier nicht stehen bleiben! Los, fahr weiter!" Er hat ja recht, es macht keinen Sinn, in den dichten Staubwolken unterzugehen, früher oder später übersieht uns womöglich ein Schwertransporter und rast in uns hinein. Ich beiße noch einmal die Zähne zusammen, so fest, dass es schmerzt. Nicht einmal mehr zum Ausstoß einiger Flüche reicht es.

Es geht kaum voran, mir fehlt jede Orientierung auf der dreckigen Piste. Im nächsten schmutziggrauen Nest organisiert Thomas bei einem eingestaubten Straßenverkäufer eine kühle Cola, die Körper und Seele ausreichend Energie liefert, um es bis ins rettende Duschanbe zu schaffen. Mit dem letzten Tageslicht und nach fünfhundert Kilometern erreichen wir eine Dusche und ein schneeweißes Bett. Vorher nehmen wir gleichmütig zur Kenntnis, dass Thomas´ linker Gepäckträger an zwei Stellen gebrochen ist. Sei´s drum.

Gewaltiger Pamir

Duschanbe kommt ausgesprochen modern daher, mit weitläufigen Parks und einfallsreichen Wasserspielen vor allem um den protzigen Präsidentenpalast herum. Neben einer großen Mehrheit an Tadschiken bevölkern auch Usbeken und Russen die Hauptstadt Tadschikistans. Vor dem Bürgerkrieg und dem damit verbundenen Exodus der Minderheiten in den 90er Jahren war die ethnische Vielfalt jedoch ungleich höher als heute. Der russische Einfluss auf das Stadtbild ist auch hier unverkennbar. Monumentalbauten, mehrspurige Straßen und mit russischen Waren gefüllte Läden fallen uns bei einem Bummel durch die Straßen ins Auge. Zu unserer Freude finden wir neben den lokalen Geschäften, Versicherungsanstalten und Banken auch einen urigen Irish Pub vor. Die Zivilisation hat uns wieder.

Im Pub treffen wir auf ein paar andere Europäer, in diesem Teil der Welt sind nur wenige Ausländer unterwegs. Hauptsächlich sind es junge Leute, die zu Forschungs- oder Entwicklungsarbeiten nach Tadschikistan kommen. Oder aber als Radwandertouristen und Bergsteiger den Pamir entdecken wollen.

Es wird spät, und draußen ist es stockfinster, obwohl der Pub mitten in der Stadt liegt. In den meisten Straßen Duschanbes gibt es keine Stadtbeleuchtung. Der Kellner weist uns darauf hin, dass wir nach Sonnenuntergang besser nicht zu Fuß den Heimweg antreten, sondern ein Taxi nehmen sollten. Es wäre doch manchmal etwas unsicher in dieser Gegend. Der Drogenhandel sei auch hier ein Thema, und Banden wie Kleinkriminelle hätten einen lukrativen Stützpunkt in der Landeshauptstadt gefunden.

Wir drösseln einige Tage in Duschanbe herum, um Dinge zu erledigen und uns auf die Pamirdurchquerung vorzubereiten.

Eine ganze Liste wichtiger Aufgaben steht an:
- Wir surfen im Internet, um uns über Strecken durch den Pamir und die dazugehörigen "Grenzübergänge" zwischen den einzelnen Provinzen zu erkundigen.
- Wir frühstücken am Morgen mindestens eine Stunde lang – hier ist die Versorgungslage erstklassig. Der Campingkocher bleibt vier Tage lang kalt.
- Wir latschen stundenlang über die bunten Märkte auf der Suche nach Benzinkanistern, für die es in diesem Land aber scheinbar keinen Absatzmarkt gibt. Wen wir auch fragen, man schickt uns von hier nach dort. Das Ergebnis des Beutezugs sind immerhin zwei gelbe, geschäftstüchtig vom Händler gereinigte 5 l-Speiseölkanister – ein Hoch aufs Recycling! Sie bleiben die einzigen aufzutreibenden Behälter mit einem vernünftigen Verschluss. Wir werden versuchen, den Ersatzsprit daraus zu tanken, bevor das Zeug Zeit hat, durchs Plastik zu diffundieren.
- Thomas wappnet sich mit einer G3 GSM-Karte, der der Ruf vorauseilt, auch im Pamir ihren Dienst zu tun. Man kann ja nicht immer nur auf die Berge gucken oder Motorrad fahren.
- Wir lernen die Regalbestückung des hiesigen schlaraffenlandgleichen Supermarkts auswendig und machen abends ein Quiz daraus.
- Wir beobachten, wie der kleine Pool im Garten der Pension mittels sechs Wasserladungen aus einem betagten LKW gefüllt wird. Danach wird, vielleicht aus gesundheitlichen Gründen, keine Chemie zugesetzt, was wohl eine Neubefüllung in circa zehn Tagen nötig macht.
- Wir beobachten, was die beiden Birmakatzen, die auch hier wohnen, den ganzen Tag so machen.
- Wir lernen nette und interessante Leute kennen. So wie Boris, der gerade eine Mountainbike-Rallye durch den Pamir plant und deshalb viele administrative Termine bei den Behörden hat. Und

Nadia, die dänische Archäologin, die vorgestern aus Kabul anreiste, wo sie nach antiken buddhistischen Tempeln buddelt. Und Stuart, der im Auftrag der EU auf eine uns unbekannte Weise das tadschikische Gesundheitssystem beeinflussen soll.

— Wir entdecken in einer Buchhandlung eine Wanderkarte des Pamirgebirges. Nach deren Studium drängt sich mir der Verdacht auf, dass ich die Durchquerung per Motorrad wohl auch nicht schneller als im Wandertempo bewältigen werde, bei Pässen von 4.600 Metern Höhe und was weiß ich für unterirdisch unsicheren Untergründen auf den nächsten tausend Kilometern.

— Um dabei wenigstens eine gute Figur zu machen, stopfe ich unsere verdreckten Klamotten in die alte Waschmaschine im Gartenhäuschen, endlich einmal gibt es Gelegenheit zu einer maschinellen Intensivreinigung statt der ewigen Handwäsche.

— Wir helfen Jules aus Frankreich aus der Patsche, indem wir ihn zunächst mit Wasser und Bananen versorgen und ihn anschließend mit seiner Schweizer Bank skypen lassen, weil sein Handyakku leer ist und er nur noch zwei Som (das sind um die dreißig Cent) in der Tasche hat.

Der Hintergrund ist, dass er am späten Nachmittag mit seiner BMW in der Gästehaus-Einfahrt steht und absolut fertig aussieht. Ich komme gerade vom Markt und habe Bananen und Wasser in den Tüten. Jules trinkt einen halben Liter auf ex und erzählt, dass er und seine Familie mit ihrem riesigen MAN-Cat auf Weltreise seien und die ganze Fuhre bei Murghab im Matsch stecken geblieben sei. Das Dorf liegt immerhin neunhundert Kilometer Piste entfernt kurz vor der chinesischen Grenze. Für die Bergung mittels einheimischem Kamaz-LKW musste die Familie richtig tief in die Tasche greifen. Um Geld zu organisieren und Pässe von der Botschaft zu holen, heizte Jules innerhalb von zwei Tagen auf seiner mitgeführten BMW die Strecke nach Duschanbe und damit in die Zivilisation zurück.

***

Der Müßiggang hat ein Ende. Das Stadtleben genießen wir nur solange, wie es uns nützlich ist. Wir müssen wieder in die Natur. Der
Berg ruft, und wir brechen aus dem geschäftigen Duschanbe auf in
Richtung Pamirgebirge. Wir haben uns dazu durchgerungen, über
den interessanten, weil abenteuerlichen Sharidasht-Pass nach Khorog zu gelangen, obwohl es in den vergangenen Tagen in den Bergen
geregnet hat und dieser Passweg nicht mehr gepflegt wird, seit es
die südliche Route über Kulyab gibt. Wir wollen wenigstens den
Versuch einer Überquerung wagen. Falls es uns nicht gelingen
sollte, können wir immer noch umkehren und die südliche Route
nehmen.

An der entsprechenden, aber leider unscheinbaren Abzweigung
biegen wir falsch ab. Erst, als es statt hinauf zunächst hinunter geht
und die Sonne an der falschen Stelle am Himmel steht, erkennen
wir den Fehler und betrachten ihn mit einem Blick zu den wolken-
verhangenen Gipfeln als einen Wink des Schicksals, will heißen,
wir folgen der Südroute.

Von der erzählte man uns in Duschanbe, sie sei völlig überlastet
mit Taxen und Lastern, die nach China wollen oder von dort kommen – das Gegenteil ist der Fall, wir begegnen kaum jemandem auf
der Straße. Vor die erhoffte kühle Bergluft hat irgendwer noch eine
glutheiße Ebene platziert. Am dunstigen Horizont zeichnen sich die
ersten Aussichten ab auf das, was uns wohl im Pamir erwarten wird.
In der Ferne schweben schneebedeckte Gipfel über der sandigen
Fläche, die schlechte Straße windet sich über kleinere Pässe und
durch schöne Täler. Mit der Hitze des Nachmittages steigt wie üblich auch der Wasserpegel in unseren Klamotten. Nach kurzer Zeit
bildet die Mischung aus Schweiß und aufgewirbeltem Staub immerhin eine Art natürlichen Sonnenschutz auf unseren Gesichtern, sodass wir unter den Sonnenbrillen aussehen wie die Waschbären.

Beim nächsten Tankstopp ist der Betrieb der Anlage durch zwei Angestellte gesichert: Der eine hält die Zapfpistole in den Tank, der andere im Häuschen macht auf Zuruf den Hahn auf oder zu. Der Rüsselhalter ist einen Moment abgelenkt, und ich bekomme eine ordentliche Ladung Benzin auf beide Oberschenkel. Das Zeug rinnt in die Stiefel, und sofort setzt das Brennen ein. Ich erinnere mich mit Schrecken daran, dass Benzineinwirkung nach einiger Zeit die Haut ablöst. Also tobe ich herum und will sofort die Motorradhose ausziehen und meine Beine abschrubben. Die lautstarken verbalen Artikulationen in Verbindung mit einer unmissverständlichen Körpersprache lassen einen jungen Mann aufmerksam werden, der aus der benachbarten Hütte tritt. Er führt mich in das Schlaf-Ess-Was-weiß-ich-Zimmer neben der Tanke, begleitet von wahrscheinlich bescheuerten Anzüglichkeiten der Männer, die sich in null Komma nichts an der Tankstelle eingefunden haben, um etwas zu sehen zu bekommen. Ich knalle die Tür hinter mir zu und schiebe den Riegel vor. Die einzige Einrichtung ist ein Teppich. Der sieht zum ersten Mal seit langer Zeit Wasser, als ich dort an meinen Beinen herumschrubbe und anschließend in die Ersatzjeans steige. Die Haut brennt fürchterlich und ist knallrot. Hoffentlich geht das noch gut! Unverständlich ist, dass der unachtsame Verursacher sich noch nicht einmal entschuldigt und den vergossenen Liter Benzin auch noch bezahlt haben will. Woraufhin Thomas ihm einen schönen Tag wünscht.

Die Landschaft verändert sich. Es wird bergiger, die schroffen Steinformationen türmen sich auf zu Felsen. Ein riesiges einsames Tal liegt vor uns. In der Tiefe sucht sich der Fluss Panj grau schimmernd seit Urzeiten seinen Weg nach Westen. Dies ist der Grenzfluss zu Afghanistan. Die Euphorie packt uns, wir fühlen uns wie Entdecker einer verborgenen Welt.

Die Straße ist als solche nicht mehr zu bezeichnen. Nach dreihundert Kilometern Staub, Gerappel und Geklötere wollen wir dann auch nicht mehr auf die schöne Berglandschaft gucken, nicht heute. Wir wundern uns nebenbei, wie die Motorräder die Beanspruchung ohne einen Total-Zusammenbruch über sich ergehen lassen.

Der letzte Stopp des Tages führt uns in ein kleines Teehaus, das von einer vielköpfigen Familie betrieben wird. Wir fragen über den Zaun, ob wir bei ihnen übernachten dürfen. Unter dem großen Apfelbaum im Garten sichten wir eines dieser Riesendiwan-Schlaf-Ess-Gestelle, auf das man trefflich die Luftmatratzen positionieren könnte. Das Familienoberhaupt Akbar ist einverstanden, ruft seine unüberschaubare Kinderschar zusammen und erklärt ihnen die veränderte Sachlage: Diese beiden Ausländer werden nicht nur zum Tee trinken bleiben.

Die Kiddies teilen sich auf: Eines räumt den Diwan von Kissen und Teetassen frei, ein anderes zeigt uns Dusche und Toilette, ein paar verschwinden in Richtung Küche und das älteste Mädchen trägt freundlich lächelnd eine große Schüssel Joghurt mit Brot heraus.

Das Licht des Tages verblasst, eine kühle Frische steigt vom rauschenden Panj auf. Die schmale, dunkle Schlucht hallt vom seinem Donnern wider. Drüben am anderen Ufer liegt Afghanistan, das wird uns beim Löffeln der ersten Schüssel Joghurt so richtig bewusst und ist doch kaum zu glauben.

Wir haben es im Garten von Akbar gut angetroffen. Man empfahl uns dringend, in dieser Gegend nicht wild zu campen, da der Grenzhandel mit Drogen gelegentlich nicht in beiderseitigem Einverständnis stattfindet. So gab es im vorigen Jahr auf tadschikischer Seite eine Schießerei zwischen Staatsbeamten und einer afghanischen Schmugglerbande, die noch eine Rechnung mit einem der Grenzer offen hatte. Daraufhin wurde der sogenannte Wakhan-Korridor entlang des Panj monatelang geschlossen. Der Korridor ist auf afghanischer Seite eines der entlegensten Gebiete der Welt, zu zwei Dritteln immerhin befahrbar, manche Wege sind, wenn überhaupt, nur per Maultierkarawane zu bewältigen.

***

Wir bieten der Verwahrlosung die Stirn. Erst mal duschen! Vier Tage mit dürftiger Katzenwäsche sind genug.

Die einzige Wasserstelle für das Teehaus und die Familie mit den offensichtlich elf Kindern ist ein dicker Schlauch bei einem Becken vorn am Tor, aus dem Tag und Nacht Bergwasser fließt. Will man duschen, wird mittels einer weniger ausgeklügelten als praktischen Konstruktion dieser Schlauch auf einen anderen gesteckt, der in einer stockfinsteren Banja hinten im Hof endet. Strom gibt´s nur während ein paar Stunden morgens und abends, und so reicht Akbar mir zur Erhellung der Banja seine Taschenlampe. Immerhin höre ich das Wasser nun nicht nur plätschern, sondern erkenne im tanzenden Licht, wo der dicke Strahl aus dem Schlauch tritt. Zu meiner Überraschung ist das Wasser fast handwarm und nicht wie erwartet eiskalt, und so können Thomas und ich uns nacheinander ohne Bibbern Staub und Schweiß abspülen. Thomas hat sich wenig später auf dem Diwan häuslich eingerichtet und schläft wie in Abraham´s Schoß. Ich dagegen starre unter dem Apfelbaum noch lange in die undurchdringliche Finsternis, weil ich an Schmuggler und andere subversive Elemente denken muss. Eine besondere Herausforderung ist, als ich mitten in der Nacht das Toilettenhäuschen am anderen Ende des dunklen Gartens aufsuchen muss. Horchen in die Dunkelheit ist sinnlos, das Rauschen des Panj übertönt alles. Hoffentlich finden in dieser Nacht keine illegalen Aktionen auf dem Fluss statt.

Ich erwache von Stimmengewirr und Lachen, das den mächtigen Fluss noch übertönt. Unser Schlafplatz ist umbaut von gedeckten Tischen, die mit Truckern voll besetzt sind. Von den Aktivitäten um uns herum haben wir im Schlaf nichts gemerkt, so müde wie wir waren. Auch die Trucker wissen dieses schattige Plätzchen zu schätzen, sie schwatzen angeregt und nippen an ihrem Morgentee, bevor es wieder auf die Piste geht. Die derben Männer wundern sich über das Lager in ihrer Mitte, schauen verstohlen oder freundlich grinsend zum Apfelbaum herüber. Wir haben mit ihrer Anwesenheit ebenso wenig gerechnet wie sie mit unserer, und ich mühe mich damit ab, unter so viel Beobachtung noch im Schlafsack mein Schlafshirt gegen Straßenkleidung auszutauschen.

Der Staub hängt minutenlang in der Luft, wenn ein LKW an uns vorbei donnert. Thomas vollführt direkt vor mir einen gewagten Schlenker, gerade noch konnte er einem tiefen Loch ausweichen. Ich leider nicht. Die Felge knallt mit voller Wucht ins Loch. Mangels ebenem Untergrund kann ich nicht feststellen, ob sie eine Unwucht abbekommen hat. Kaum über 50 km/h sind drin, aber immer, wenn sich der Staub legt, freuen wir uns über die wunderbarsten Landschaften. Die ersten Sechstausender tauchen in der Ferne auf und erheben sich vor dem stahlblauen Himmel. Am gegenüber liegenden Ufer des Panj liegen verstreut winzige afghanische Siedlungen, die nur durch gefährlich schmale und kilometerlange Saumwege miteinander verbunden sind. Nicht selten erspähe ich am steilen Berg drüben Fußgänger, die ganz allein oder in kleinen Gruppen unterwegs sind und mit ihren geschulterten Reise-Bündeln und Wanderstecken den Hangweg entlang laufen. Manche erwidern freundlich unser Winken über den Grenzfluss hinweg.

So fahren wir viele Kilometer am Fluss entlang, es gibt kaum Weiler, keine Abzweigungen, dafür aber atemberaubende Aussichten auf das wild schäumende Wasser neben uns. Und eine Strecke, die uns den Atem stocken lässt. An vielen Stellen ist die Piste gerade einmal drei Meter breit, gespickt mit Sandfeldern und herabgestürzten Steinen. Links erhebt sich der blanke Fels und rechts neben der Piste tobt der Fluss in der Tiefe. Von einem in diesem Gebiet arbeitenden deutschen Hubschrauberpiloten haben wir gehört, dass am Flussgrund bereits unzählige verunglückte Fahrzeuge liegen oder von der Strömung fortgerissen wurden. Ein Grund mehr, jede noch nicht von Hitze und Anstrengung gar gekochte graue Zelle auf die korrekte Einschätzung des Untergrunds zu verwenden. Die Kontakte mit den zahlreichen tadschikischen Polizeiposten dagegen sind entspannter als erwartet, und wir werden nur ein einziges Mal nach unseren Pässen gefragt.

Kaum geben wir wieder Gas, kommen die Hunde. Plötzlich sind sie da, wie Torpedos schießen sie von links und rechts aus den Büschen. Mir fährt der Schreck in die Glieder, ein gutes halbes Dutzend stürzt sich auf uns. Der Größte versucht in voller Fahrt, Thomas′ Vorderrad zwischen die Zähne zu bekommen, zu meinem Entsetzen hat ein anderer bereits meinen Stiefel zwischen den Kiefern. Ich reiße am Gasgriff, trete gleichzeitig aus und drücke wie verrückt die Hupe. Das Vieh, das an meinem Stiefel hing, bin ich los, aber die anderen Hunde lassen sich nicht beeindrucken. Sie jagen neben und hinter uns her, kläffend und mit gefletschten Zähnen. Ihre Ausdauer ist erstaunlich, mittlerweile jagen wir so schnell durchs menschenleere Dorf, dass wir keiner Verkehrskontrolle standhalten würden. Erst als wir die ersten Felder erreichen, lässt die Meute von uns ab. Ein Blick in den Rückspiegel, der letzte Riesenhund steht mitten auf der Straße und blickt uns hechelnd hinterher.

Der Tag neigt sich dem Ende zu. In einem winzigen Dorf fragen wir uns mit ein paar Brocken russisch auf der Suche nach einem Zeltplatz erfolglos durch, bis ein junger Mann seine Gartenarbeit unterbricht, die Schaufel abstellt und uns zu sich winkt. Er schickt uns zu einer Bude, hinter der ein holpriger Weg durch eine Pappelallee führt. Das große Eisentor am Ende der Baumreihe steht offen, wir donnern hindurch und stehen in einem grasbewachsenen Hof Marke "Truppenübungsplatz".

Der Fleck ist nicht schlecht, weg von der Straße und mit Platz für eine ganze Kompanie. An der Stirnseite des Hofs künden vier Türen mit rostigen Nummern von Gastzimmern. Wir ziehen unser Zelt vor, das wir im Abendlicht auf der üppigen Wiese aufstellen. Der Betreiber der Lokalität ist der Budenbesitzer, in seinem Blaumann stapft er über den Platz und gibt uns Tipps, wo wir am besten das Zelt aufbauen sollten. In unseren Augen müssen wir das nicht so genau nehmen, denn wir sind ja die einzigen Camper hier. Aber er hat seinen Grund, denn im hohen Gras ist eine Senke verborgen, die bei Regen vollläuft. Also lösen wir die Heringe aus dem Boden und tragen das Zelt ein paar Meter weiter. Bald faucht der Benzinkocher, ich werfe ein paar Spaghetti in den Topf und fische eine zerknitterte Packung Tomatensauce mit original italienischen Trocken-Fruchtstückchen aus dem Koffer. Haltbar bis vor vier Wochen. Aber was soll bei Trockenfutter schon leiden, außer dem Geschmack.

Wunderbar frische Bergluft und himmlische Stille lassen uns ausgeruht aufwachen. Es geht weiter. Zwölf Kilometer, um genau zu sein. Dann hat sich Thomas einen dicken Nagel eingefahren. Natürlich ins Hinterrad. Irgendwas ist immer.

Aber wieder haben wir Glück, die Panne ereilt uns mitten in Rushan, dem einzigen größeren Ort seit zweihundert Kilometern. Komfortabel kann Thomas im Schatten einer Baumreihe das Rad ausbauen. Ein Anwohner beobachtet das Geschehen zunächst von der anderen Seite seines Gartenzauns, bevor er es sich nicht nehmen lässt, Thomas zu einem "Vulkanisateur" zu fahren. Was haben wir für ein Schwein, nicht mit Montiereisen und Gummiflicken irgendwo in der heißen Pampa herumhantieren zu müssen. Zivilisation ist ... auch bequem.

Bis Khorog ist es nicht weit, mittlerweile bewegen wir uns auf 2.100 Metern Höhe. Relativ viele Touristen passieren die kleine Stadt am Zusammenfluss zweier Wasserläufe, sie kommen her zum Wandern, Bergsteigen und Rad fahren. Das alles meist in der Extrem-Version, versteht sich. Khorog ist sozusagen das Tor zum

Pamir. Hier überspannt eine der nur drei vorhandenen Brücken den fast tausend Kilometer langen Panj, dessen Lauf wir nun schon auf mehr als seiner halben Länge flussaufwärts gefolgt sind.

Im Augenwinkel huscht etwas Rotes vorbei. Ein Blick in den Rückspiegel zeigt einen Rosenbusch – hier? Das macht uns neugierig. Wir wenden, und vor uns breitet sich ein paradiesischer Garten mit üppig blühenden Rosenbüschen aus, direkt am Fluss gelegen. Inmitten dieser kargen Landschaft, die zwar alle Schattierungen von Grün, Grau und Braun zu bieten hat, fallen die knallroten Farbkleckse auf wie ein Kamel im Supermarkt. Dies muss das Gelände eines Hotels oder Gasthauses sein. So ist es, ein paar Meter weiter stehen wir vor dem blanken Schild des Serena Inn Hotels, der teuersten Herberge im Pamir. Schade, das ist leider nicht unser Kaliber.

Thomas steigt trotzdem vom Motorrad, vielleicht gibt es hier eine kühle Cola und ein Bier. Interessehalber fragt er in der dunkel vertäfelten Lobby nach dem Zimmerpreis. "Hundertachtzig Dollar", meint die Dame am Empfang, ohne mit der Wimper zu zucken. Wie erwartet immens über unserem Budget. Thomas meint auf Englisch: "Wie schade! Aber so ein schöner großer Garten, dürfen wir da nicht vielleicht unser Zelt aufstellen?" Wie er auf die Idee kommt, in einem teuren Hotel nach einem Zeltplatz zu fragen, ist mit schleierhaft. Die Rezeptionistin denkt kurz nach und antwortet schließlich: "Ja sicher, warum nicht? Welchen Preis stellen Sie sich denn vor?" Thomas meint ziemlich frech, für den letzten Platz hätten wir zwanzig Somoni bezahlt, das entspricht ungefähr drei Euro. Er erwähnt nicht, dass das auf einem Truppenübungsplatz war. Die Dame willigt ein, und wir sind platt. Duschen könnten wir in den Zimmern, wenn die abreisenden Gäste ausgecheckt hätten und die neuen noch nicht eingetrudelt seien, fügt sie noch hinzu. Auf Frühstück und Abendessen, wenn denn von uns gewünscht, gäbe es Rabatt. Oder wir kaufen auf dem Markt ein und kochen selbst.

Zwar sind uns die Menschen im Pamir bis jetzt wesentlich zurückhaltender begegnet als zum Beispiel die Iraner oder die Usbeken, aber in Sachen Gastfreundschaft stehen sie ihnen in nichts nach. Wir können unser Glück kaum fassen und bauen flugs unser Zelt auf, gleich am Fluss unter großen Bäumen – mit Blick auf knallrot blühende Rosensträucher. Die treuen Motorräder stehen sicherheitsbewacht unter einer alten Weide. Unfassbar, wo wir doch für unsere Begriffe sozusagen mitten im Nirgendwo sind!

Die süße Zeit im Garten am Panj findet nach fünf Tagen schneller ein Ende als erwartet. In einer kleinen Herberge in Daiamar am Westhang des weltberühmten Nanga Parbat, nicht weit von hier gelegen und eines der beliebtesten Touristenziele in der Gegend, tauchte gegen Mitternacht eine Gruppe Taliban auf, die zehn ausländische Bergsteiger und einen Pakistaner vor die Tür schleppten und töteten. Nur ein chinesischer Bergwanderer, dem die paramilitärischen Uniformen der Männer nicht geheuer waren, war Zeuge. Er schaffte es, sich rechtzeitig zu verstecken und so dem Massaker zu entgehen. Die Taliban gaben an, den Anschlag auf die "Ungläubigen" aus Rache für einen US-Drohnenangriff, bei dem einer ihrer Anführer ums Leben kam, ausgeführt zu haben.

Am Tag darauf heißt es in den Straßen von Khorog, die bei Afghanen und Tadschiken gleichermaßen beliebten Grenzmärkte in Khorog und Ishkashim seien ab sofort und bis auf Weiteres wegen einer in Afghanistan grassierenden Typhus-Epidemie abgesagt worden. Wir erkundigen uns in einem Amt, was denn hier los sei. Die Angestellte erklärt uns, es gebe überhaupt keine Typhuswarnung, der öffentliche Grenzverkehr sei vielmehr wegen der Drohungen der Taliban geschlossen worden.

Kurz vor Sonnenuntergang beobachten wir von unserem Zelt aus, wie sich am gegenüber liegenden schilfbewachsenen Ufer mehrere Afghanen treffen. Sie kommen aus allen Richtungen, lupfen ihre

Kaftane und steigen durch Rinnsale und die feuchten Gestade des Flusses, um das Hotel mit ihren Feldstechern zu beobachteten und Fotos zu machen. Das muss nichts heißen, aber wenn man bedenkt, dass das Serena Inn das erste Hotel am Platz, von Ausländern gut frequentiert und außerhalb der Stadt recht einsam gelegen ist, gäbe das Hotel ein perfektes Ziel für weitere angekündigte Anschläge ab. Hinzu kommt die Tatsache, dass sich das Haus im Besitz des Aga Khan befindet, der wie in Tadschikistan auch in Afghanistan mithilfe seiner Stiftungen Minderheiten und Frauen unterstützt. Wohl nicht gerade ein Mann, dem die Taliban Sympathien entgegenbringen. Wir fühlen uns nicht mehr sicher an diesem Platz, der schöne Garten mutiert mit einem Mal zum Präsentierteller.

Das ist sehr traurig, aber wir packen am Morgen zusammen, um nicht wieder in irgendetwas hinein zu geraten. Schnell noch werden die Maschinen vollgetankt, und nun kommen auch unsere auf dem Markt ergatterten gelben Speiseölkanister zum Einsatz, sodass wir noch zehn Liter Sprit extra dabei haben.

Kaum sind wir eine halbe Stunde gefahren, überholen wir Pauline und Hugh, ein englisches Radlerpärchen um die sechzig, das mit Zelt und Fahrrädern bewaffnet um die Welt fährt. Sie erscheinen zäh wie Leder, haben kein Gramm überflüssiges Gewicht am Körper, und wir fragen uns, woher sie wohl ihre Konditionsreserven nehmen.

Nach einem netten Plausch mit ihnen erklimmen wir schnell den Koitezek-Pass auf 4.200 Metern Höhe. Der Asphalt hat ein Ende, ab nun geht es auf mehr oder weniger guten Pisten weiter. Die Landschaft hat sich radikal verändert: Die sattgrünen, flussdurchzogenen Täler weichen weiten wüstenartigen Hochebenen, umrahmt von noch höheren bilderbuchschönen Gipfeln, auf denen Schneekronen sitzen. Wir fahren hautnah an Gletschern vorbei, in denen all die Flüsse des Landes ihren Ursprung haben. Bis die ersten Yaks erscheinen, vorzugsweise mitten auf der Piste. Die Zotteltiere sind massig und schwer. Und bestimmt schnell und stark … Wir halten neugierig in gebührendem Abstand an, uns erscheint die Körpersprache der Yaks doch aggressiver als die der vertrauten Hauskühe, die weiter unten auf den Straßen dösten. Es folgt das bei Tierbegegnungen dieser Art übliche "Wir gucken uns an, bis einer weicht". Wer weiß, wer gewinnen würde, käme uns nicht ein Laster entgegen, der eindeutig noch größer ist als ein Yak und so das Spiel für uns entscheidet. Etwas argwöhnisch blicken wir den davon trottenden Tieren hinterher und setzen die Fahrt fort. Obwohl Yaks alles fressen, was oben Grün und unten Wurzeln hat, verstehe ich nicht, wie die gewaltigen Tiere von der kargen Vegetation des Hochgebirges die Bäuche voll bekommen.

***

Wir entschließen uns, nicht mehr der Piste des Pamir-Highway zu folgen, sondern eine vielversprechende Abzweigung nach Norden zu nehmen, um einer Schotterpiste durch die einsamen Berge zu folgen. Bald liegt ruhig und glatt wie ein blauer Spiegel der Gebirgssee Bulunkul vor uns. Kein Baum und kein Strauch wächst hier, das stille Wasser ist das einzige Element neben den umgebenden sanften Hügeln. Eine kleine, aber verstreut liegende Ansammlung von gedrungenen quaderförmigen Steinhäusern zieht uns an. Wie wohnen die Menschen hier, so weit entfernt von allem?

Wir ziehen lange Sandfahnen hinter uns her, als wir in den Weiler einfahren. Ein paar Kinder, Alte und Bauern stecken die Köpfe aus den Hütten, grüßen uns und weisen auf zwei in lateinischer und russischer Schrift gepinselte Worte an einer Hauswand: "Homestay". Wir sind wohl nicht die Einzigen, die die Einsamkeit lieben. Prima, wir sind dabei.

Was es bedeutet, bei den Leuten um ein Nachtlager zu bitten, erfahren wir, nachdem wir unsere Stiefel wie in Zentralasien üblich vor der niedrigen Tür abgestellt haben und eingetreten sind. Die Familie räumt gegen einen Obolus das Feld, sprich, den einzigen Schlafraum, und zieht mit Teekannen und Wolldecken ins angrenzende kombinierte Wohn- und Kochzimmer um. Uns überlassen sie den gemütlichen Raum, und auf einem niedrigen mit Teppichen ausgelegten Podest breiten wir unsere Schlafsäcke aus. Die Wände sind ebenfalls mit Teppichen verkleidet, eine kleine Kommode mit einer Schüssel und einem blümchenverzierten Waschkrug darauf komplettiert die Einrichtung. Die winzigen Fensterchen haben zwar Glasscheiben, aber keinen Kitt im Rahmen, um sie gegen den Wind abzudichten. Im Winter darf der Eisenofen im Nachbarzimmer nicht ausgehen, und die Fenster werden über lange Monate mit Decken zugehangen, um die Wärme im Haus zu halten. Im Pamir kann die Temperatur im Januar bis auf vierzig Grad unter Null sinken. Jeder Gang zur simplen, aber in der Damenabteilung ganz gut gepflegten Gemeinschaftslatrine etwas außerhalb der Häuserrunde will dann gut durchdacht sein.

Bemerkenswert ist das nach Geschlechtern getrennte Klohaus für die Männer. Thomas erzählt mir, dass dort Unmassen von Zigarettenstummeln sowie leere und halb volle Wodkaflaschen zu finden sind. Unter dem Wodka-Konsum habe wohl auch die Treffsicherheit gelitten. Man kann wegen der versteckten Flaschen davon ausgehen, dass diese Toilette auch nur von den Männern gepflegt wird und Damen dort niemals, auch nicht zum Putzen, Zutritt haben – oder haben wollen. Entsprechend muss Thomas leiden. Büsche, um dahinter zu verschwinden, gibt es ja nicht.

Am frühen Abend essen wir mit der Familie gekochte Kartoffeln mit Zwiebeln, Kefir und Brot sowie Bonbons und Tee. Am Morgen dann steht Kefir mit Brot und Tee auf dem bunten Teppich. Das essen die Leute hier tagein, tagaus, Abwechslung gibt es nicht viel auf 3.900 Metern Höhe. Manchmal holen die Männer Fische aus dem nahen Bergsee, das Fleisch aus der Viehzucht ist kostbar und wird ebenso wie die Felle gegen andere Waren eingetauscht. Das

Trinkwasser schöpfen die Leute aus ihrem Ziehbrunnen, hinter dem Haus trocknet als einzig verfügbarer Brennstoff ein sorgfältig zu Stapeln aufgeschichteter Vorrat an Kuhdung.

Als ich am späteren Abend mit einer Kopflampe bewaffnet das Häuschen aufsuchen will, muss ich zwangsläufig durch das winzige Wohn-/Kochzimmer. Ich schiebe den schweren Trennvorhang leise beiseite, um niemanden zu wecken, und blicke in sechs Augenpaare, die zwischen dicken Decken hervorlugen. Die ganze Familie teilt sich wegen uns zwei niedrige Schlafpodeste neben dem Eisenofen.

***

Kein Stäubchen schwebt in der glasklaren Morgenluft. Die Sonne schickt die ersten Strahlen über den dunkeln Bergkamm hinunter zum Dorf. Wie ein zufällig ausgestreutes Häufchen Bauklötze liegt es mitten im weiten Hochtal.

Ausgeschlafen und rundherum versorgt umfahren wir den tiefblauen See und folgen einer einsamen Piste ostwärts. Karte und Navigationsgeräte zeigen so halbwegs übereinstimmend einen Weg, in der Praxis teilt sich die Strecke jedoch in viele kleine Nebenpisten. Einige führen über viele Kilometer parallel durchs Tal, das macht es uns nicht schwer, den richtigen Kurs zu halten. An vielen Stellen sind wir jedoch unsicher, denn gerade nach der Überquerung des Flusses, der sich schimmernd durch die Ebene schlängelt, können wir am anderen Ufer keine eindeutige Fahrspur ausmachen. In alle Richtungen geht es weiter, und genau in unserer Zielrichtung liegt ein hoher Berg. Links- oder rechtsherum umfahren? Links ...

Nachdem die Motorräder durch Salzfelder krachen und im Matsch kleben bleiben, stellen wir fest, dass der rechte Weg wohl der richtige gewesen wäre. Da wir nicht dieselbe Strecke zurücknehmen wollen, versucht Thomas es querfeldein über einen Hügel. Ich warte lieber unten am Fluss auf das Ergebnis seines Exkurses, denn langsam werden Arme und Hände vom Kuppeln und Gegenlenken müde und ich beginne, meine Kraftreserven anzuzapfen.

Statt eines aufmunternden Winkens von oben sehe ich nur seinen Blick von rechts nach links und wieder zurückwandern. Also Fehlanzeige, Thomas bugsiert die Africa Twin mehr rutschend als fahrend wieder den Hang hinunter. Um die Räder herum lösen sich lockere Sandflächen und Steine, die mir entgegen kullern. "Und jetzt?" Ich falle in den Fass-mich-ans-Händchen-Modus. Den kenne ich schon, und ich mag ihn nicht. Aber es gibt Situationen wie diese, da bin ich unendlich froh, wenn Thomas meinem Tunnelblick zu Weitsicht verhilft. Wer weiß, an wie vielen vertrackten Ecken dieser Welt ich ansonsten immer noch sitzen würde. Ich hocke mich neben ihn auf einen erhöht liegenden Stein, um die Umgebung besser studieren zu können. Dort hinten, wo die drei Seen an erhöhtes Gelände stoßen und keine trügerischen Salzflächen auszumachen sind, da müsste es doch gehen. Das Geröllfeld dazwischen sieht auch machbar aus. Ein großer Schluck aus der lauwarmen Wasserflasche, und Stein für Stein, Fluss für Fluss kommen wir der Trasse des Pamir-Higways näher. Der Boden wird fester, das Manövrieren wird leichter und schlagartig ist der Spaß am Fahren wieder da.

***

Mittlerweile fühlen wir uns ständig beobachtet. Dicke goldgelbe Pelztiere in Bibergröße lassen uns nicht aus den Knopfaugen. Wie dicht der Verkehr hier oben ist, nämlich schlichtweg nicht vorhanden, erkennt man auch daran, dass Murmeltierfamilien ihre Riesenlöcher auf dem Mittelstreifen der Piste ausgehoben haben und man mit dem Vorderrad darin stecken bleiben kann, wenn man nicht acht gibt.

Ein paar Masten in der Weite künden von Zivilisation. Wir biegen vom Schotterweg auf den sogenannten Pamir-Highway ein, dem wir entlang der chinesischen Grenze bis Murghab folgen. Schmal und ohne Markierung oder Befestigung zieht sich das Straßenband über die Hochebene bis zum Horizont. Wenn die Chinesen nicht so paranoide in der Gestaltung ihrer Grenz- und Einreisebestimmungen wären, könnte der interessierte Reisende bereits weit vor Murgab nach Osten abbiegen und den uralten Pisten bis nach Kashgar folgen. Immer noch verlaufen sie entlang der ehemaligen Seidenstraße über das tadschikisch-chinesische Grenzgebirge. Zum jetzigen Zeitpunkt ist der Grenzübertritt aber nur bestimmten Güterlastern und wahrscheinlich Chinesen erlaubt, nicht Leuten wie uns.

Staubig, zusammengewürfelt, marode und wenig einladend ist Murghab, ein Ort der Marke Goldgräberstadt, allerdings ohne Goldgräberstimmung. Mitten in Berg-Badachschan auf 3.700 Metern Höhe gelegen, finden wir neben einigen ungepflegten Wohnhäusern eine staubgraue Gasse vor, in der sich ein Blechcontainer an den anderen reiht. Die Stirnseiten der Metallklötze sind einander zugewandt, die Eisentore stehen weit offen. Tadschiken und Chinesen versuchen Reifen, Batterien, Nudeln, Zigaretten, Plastikeimer und Öfen an den Mann zu bringen. Ein Schlaraffenland! Ich lege einen Vorrat an Kartoffeln, Möhren, Obst und Keksen an, was die Ladekapazität der Alukisten eben hergibt. Der Fahrer eines betagten Tanklasters, der als Tankstelle dient, lässt aus Eimern Benzinartiges in unsere bedenklich leeren Tanks schwappen. Keine Ahnung, was das wieder für ein Zeug ist, aber unsere Motoren tragen es mit Fassung und werkeln nach ein paar Seufzern zuverlässig weiter in der Höhe herum.

Viel mehr Sorgen als die Reinheit des Benzins bereitet uns das Gerappele der Wellblechpisten, der Steine, der Schlaglöcher und sonstiger Garstigkeiten. Wie die Motorräder das aushalten, ohne alles Abschraubbare und Nicht-Abschraubbare von sich zu werfen – wir haben wie so oft Anlass zur Begeisterung. Sogar die angeknacksten Gepäckträger halten seit Tagen.

Und nun erklettern die treuen Mopeds auch noch den Akbailal-Pass, imposante 4.655 Meter hoch. Die Motorleistung sinkt rapide. Nach dünner Luft schnappend fällt mir ein, dass wir vergessen haben, die Luftfilter einer dringend notwendigen Reinigung zu unterziehen. Oje, das werden wir morgen unbedingt nachholen müssen! Die Einsicht kommt spät, denn trotz Schleichfahrt sind wir schon oben. Was für eine Aussicht, wie tiefblau der Himmel, welches Hochgefühl: blitzblanke Welt!

Nachdem wir eine Weile in alle vier Himmelsrichtungen gestaunt haben, ist es bis zum Karakulsee nicht weit. Azurfarben und still füllt er die Hochebene aus wie eine polierte Glasplatte. Der gleichnamige Ort besteht aus zwölf Häusern am linken Pistenrand und vier Häusern sowie einer Jurte auf der rechten Seite.

Diese Jurte beziehen wir für die Nacht. Der dicke Wollfilz hält den kalten Wind ab und macht es im Inneren urgemütlich. Die junge Edia füttert den eisernen Kanonenofen in der Mitte der Jurte mit Reisig und stellt Teewasser auf. Wieder räumt die Familie das Feld und Edia zeigt uns, wo sich in dem großen Rundzelt die Schlaf- und wo die Essecke befindet – das ist für uns Ausländer nicht leicht zu erkennen, wenn als einzige Möbelstücke eine Kommode und ein Ofen vorhanden sind. An den rot lackierten Holzgittern, die durch bunt gewebte Bänder miteinander verknüpft sind und das Skelett der Jurte bilden, hängen die Besitztümer unserer Gastgeber: Geschirr und ein kleines Regal für Besteck auf der einen Seite, Kleidungsstücke auf der anderen, gegenüber Waschutensilien und ein paar Handtücher, daneben Kinderspielzeug und Taschen. Der Ofen spendet knisternd duftende Wärme, hervorgerufen durch die trockenen Büschel, die Edia in der Umgebung gesammelt hat und die neben getrocknetem Kuhdung verfeuert werden. Die Frischluftzufuhr ihres Heims regeln die Bewohner mittels einer Wollfilzabdeckung, die über den Tündük, der großen Belüftungsöffnung im Dach der Jurte, gezogen wird.

In einer Zinnkanne erwärmt die Hausfrau Brunnenwasser, damit wir uns waschen können. Leider spricht keiner in der Familie ein Wort Russisch. Wir können kein Tadschikisch, und so krame ich zur Unterhaltung unser "Point It"-Heftchen heraus. Alle studieren begeistert die vielen kleinen Fotos alltäglicher Dinge. Alltägliche Dinge – für uns Europäer: Waschmaschine, Straßenbahn, exotische Früchte, Rasierapparat, Eier, Pflaster. Aus irgendeinem Grund facht die Betrachtung eines Kaninchenbildes eine hitzige Diskussion zwischen den Familienmitgliedern an.

Kohlduft erfüllt die Jurte. Wir freuen uns über etwas Fleisch, das Edia dem wohlschmeckenden Kartoffeleintopf zugefügt hat, dazu bekommen wir frischen Kefir aus Stutenmilch und Brot aus dem Gemeinschaftsofen, der auf dem Dorfplatz steht.

Mittlerweile müssen wir zusehen, dass wir unsere Kalorien zusammen bekommen. Die Essgewohnheiten haben sich sehr verändert, die hiesige Küche kommt bis auf Salz und Zucker ohne Gewürze aus. Die Familie ist zurückhaltend freundlich und sehr bemüht um uns, aber als wir am Morgen um acht Uhr immer noch gemütlich in unseren Federn liegen und keine Anstalten machen, aufzustehen, scheppert der Großvater draußen vor der Jurtentür so lange ordentlich mit Eimern und Schüsseln, bis wir wissen, was die Stunde geschlagen hat.

Schnurgerade verschwindet das Band der Landstraße am hügeligen Horizont. Eine Morgenpassage, wie sie entspannter nicht sein könnte. Wir treffen auf den einzigen Menschen, der sich im Umkreis von mindestens fünfzehn Kilometern – so weit können wir gucken – auf der Straße befindet.

David ist ebenfalls Deutscher, von der Sonne gegerbt wie ein Tadschike und seit sechzehn Monaten mit Rucksack und einem traurigen Hund in der Weltgeschichte unterwegs. Der Hund hinkt hinter

Übernachtung in einer Jurte in Karakul.

David her und läuft eigentlich nur noch auf drei Beinen. David ist besorgt. Sein Hund habe sich vor Tagen böse an der Pfote verletzt. Nun hoffe er, dass in Karakul jemand Antibiotikum habe. Ich krame in unserer Reiseapotheke, wir haben zu Hause genügend von dem Stoff eingepackt. Drei Tabletten müssten bei seinem Hunde-Gewicht für eine Woche Behandlung reichen. David packt die Hälfte einer Tablette in ein Stück Brot und reicht es Richtung Schnauze. Mit einem Happs ist die Medizin verschluckt. Hoffentlich wird das arme Vieh wieder gesund! Wir setzen unsere Wege in entgegengesetzter Richtung fort.

So ist das, man trifft sich, tauscht "wohin", "woher" und "hast Du Tipps" aus. Während wir anschließend wieder mit unseren Gedanken allein sind, freuen wir uns stets noch lange über diese seltenen Begegnungen.

Nach Kirgistan

km 12.150

Die tadschikisch-kirgisische Grenze zeichnet sich dadurch aus, dass die beiden Posten zwanzig Kilometer voneinander entfernt liegen. Dass das Land dazwischen keinem zu gehören scheint, kümmert in der unendlichen Weite niemanden.

Die Abfertigung auf tadschikischer Seite erfolgt vor der einsamen Bretterbude der Soldaten. Thomas versucht, einem der Beamten zu erklären, dass die Carnets wie unsere Pässe abgestempelt werden müssen und macht sich mit einem der jungen Männer auf die Suche nach dem entsprechenden Stempel.

Ich wandere derweil mit den Pässen in die Bude und bin etwas irritiert über die Möblierung. In der Ecke hinter der Tür böllert ein Kanonenofen aus alten Sowjetzeiten, gegenüber erhellt ein winziges Fensterchen die Kammer. Drei Etagenbetten drängen sich in dem "Büro" auf engstem Raum, unter den Gestellen stapeln sich Soldatenklamotten, Waschzeug, Handtücher, undefinierbare Ersatzteile von irgendwas sowie alte Pappkartons mit den achtlos hineingeworfenen Registrierungsformularen wohl mehrerer Jahrzehnte. Der offizielle Papierkram wird am Esstisch zwischen den Betten erledigt, nachdem Brotreste, Kreuzworträtsel und irgendetwas zu Reparierendes beiseitegeschoben wurden.

Mit einer Handbewegung werde ich aufgefordert, auf dem durchgelegenen Bett gegenüber Platz zu nehmen. Mein Gefühl schwankt zwischen belustigt und befremdet.

Thomas kehrt erfolglos zurück, es gibt einiges Hin und Her, denn die Beamten finden in dem Chaos keinen passenden Stempel. Ein Soldat treibt nach einer guten Viertelstunde intensiven Suchens dann doch etwas Adäquates auf, und weiter geht es zum kirgisischen Posten. Seit dem letzten Sommer wird erfreulicherweise für Angehörige einiger Staaten, darunter auch Deutschland, kein Visum mehr ver-

175

langt. Diesmal müssen wir die Grenzschranke selbst öffnen, weil der Kirgise lieber in seiner Bude bleibt.

Es geht stetig steil abwärts über eine rote, schlammige Passage, und von der einen zur anderen Stunde durchfahren wir statt schroffer Felsen jetzt sanfte grüne Hügel mit großen Pferdeherden darauf. Adler hocken am Wegesrand und die weißen Tupfer weit verstreuter Schafherden sprenkeln die Wiesen.

Hufgetrappel! Neben uns galoppieren ein paar Jungs auf ihren stämmigen Pferden über die Weide. An einem Sattel baumelt eine Ziege ohne Kopf wie eine wild gewordene Schlenkerpuppe hin und her. Die Jungen sind auf dem Weg zu einem Reiterspiel, bei dem es darum geht, dem Gegner in rasendem Galopp und durch geschickte Manöver die tote Ziege abzuluchsen. Boz Kashi nennt man das beliebte Spiel hier und in Afghanistan, das heißt so viel wie "Schleif die Ziege".

Die Halbwüchsigen preschen auf ihren Pferden ostwärts davon.

Wir sind in Kirgistan!

Wie denn jetzt: Kirgistan, Kirgisistan oder Kirgisien? Alles geht. Die Variationen des Namens ändern nichts an der Tatsache, dass der Binnenstaat zu 94 % gebirgig ist und im Hochgebirge des Tien-Shans liegt. Hauptsächlich herrschen alpine Weiden und Wiesen vor, die wie samtige Matten über dem Land liegen. Gleich der erste optische Eindruck entspricht voll und ganz den Vorstellungen, die wir mitbringen.

Die kirgisische Kultur auf dem Lande stützt sich in der Hauptsache auf das Leben in der Jurte und auf dem Pferderücken. Die Zucht und Milchgewinnung ist weit verbreitet. Die zentrale Bedeutung der Jurte drückt sich schon in der Tatsache aus, dass die Nationalflagge als Symbol das Gestänge um die Rauchabzugsöffnung herum darstellt.

Viele Adler und andere Greifvögel begleiten uns am Himmel kreisend auf dem Weg nach Osch. Seit dem Zusammenbruch der

Sowjetunion zu Beginn der 90er Jahre und dem Ende der von ihr in Kirgistan praktizierten Massentierhaltung ist sogar der Wolf wieder auf dem Vormarsch.

Osch bildet das krasse Gegenstück zum Pamir: Seine Lage am Rande des fruchtbaren Ferghanatals bewirkt eine üppige Vegetation, die Stadt ist voller geschäftiger Menschen, laut und bunt präsentiert sich das Straßenbild. Da uns städtisches Leben während der kommenden Tage gut passt, um Verschiedenes zu erledigen – mal wieder abwechslungsreiches Essen kaufen und nicht zuletzt will ich zumindest versuchen, beruflich den Satz einer Zeitschrift zu erledigen und die Daten anschließend nach München zu übermitteln – , ist Osch eine gute Wahl. Das Finden einer Unterkunft allerdings bleibt erst einmal im kirgisischen Feierabendverkehr stecken. Wir haben es fertig gebracht, in eine Hauptstraße abzubiegen, in der wohl sämtliche Busse Kirgistans Halt machen. In der Fahrbahnmitte erhebt sich eine ein Meter hohe durchgängige Mauer, dadurch ist die Fahrbahn pro Richtung einspurig angelegt, damit man ja nicht auf die Idee kommt, zu wenden und alles völlig durcheinanderzubringen. Hinter den Bussen haben wir uns also in dem Moment festgefahren, in dem der erste PKW hinter uns zum Stehen kommt. Die Ursache, warum wir für hundert Meter eine geschlagene halbe Stunde brauchen, ist schnell gefunden, denn jeder der vielen Busse vor uns fährt erst weiter, wenn er voll besetzt oder absolut niemand mehr zu erwarten ist.

Neue Freunde

Als wir reichlich gar gekocht eines der wenigen Guesthouses in Osch erreichen, die über einen kleinen Garten verfügen, teilt man uns mit, dass leider kein Zimmer frei sei. Im Garten hinter dem Haus sichten wir zwei Jurten, die leider ebenfalls belegt sind.

Erschöpft lassen wir uns auf eine schattige Bank plumpsen, um uns zu beraten. Einer der Jurtenbewohner, ein Schweizer, bekommt unser Gespräch durch die wollene Wand seiner Behausung mit und bietet uns an, sein Heim mit ihm zu teilen, da er sowieso morgen vor Sonnenaufgang die Stadt verlassen wird. Wir danken ihm, sind glücklich und ziehen bei ihm ein.

Motorengeräusche lassen uns die Köpfe aus der Hüttentür stecken. Eine BMW 1200 GS mit französischem Kennzeichen parkt im Hof ein. Der Fahrer und seine Sozia werden schon von einem vielleicht zwölfjährigen Jungen erwartet. Nachdem die Sozia den Jungen mit einem Kuss auf die Wange begrüßt hat, kommt sie auf uns zu, stellt sich als Michelle vor und deutet auf den Fahrer: "Und dies ist mein Sohn Victor. Er ist fünfzehn." Gut, der Junge ist für sein Alter bereits groß geraten, aber mit fünfzehn seine Mutter auf der GS durch die Gegend zu kutschieren, finde ich schon sehr lässig. Der Jüngere ist ebenfalls ihr Sohn, Robin. Sie erklärt, dass der Vater noch mit seinem Motorrad in der Stadt unterwegs sei, um in einer Werkstatt am kaputten Familien-Truck herum zu schrauben. Sie wären nun seit zwei Wochen damit beschäftigt, den Wagen, in dem sie auch ihre vier Motorräder um die Welt transportieren, wieder flott zu machen.

Moment mal, die Geschichte kommt uns doch bekannt vor!

Was für eine Wiedersehensfreude, als kurze Zeit später Jules auf seinem Motorrad um die Ecke knattert, derselbe, den wir vor Wochen kennenlernten, als er total abgebrannt vor unserer Herberge in Duschanbe stand. Bis hierher haben sie es geschafft, aber nun hat der aus dem Matsch befreite Truck massive Beschwerden an Kupplung und Getriebe.

Die Familie bewohnt die Jurte neben uns. Wir verbringen den Abend mit ihnen, erzählen gegenseitig von unseren bisherigen Erlebnissen und finden uns im Übrigen sehr sympathisch. Um uns das Malheur mit ihrem fahrbaren Untersatz anzusehen, schwingen wir uns am nächsten Morgen aufs Motorrad und fahren mit Jules und seinen Söhnen zur nicht weit entfernten Werkstatt.

Kaum auf den Platz eingebogen, überkommt mich eine heftige Übelkeit, die mich kaum noch auf Thomas´ Sozius sitzen lässt. Von einer Sekunde auf die andere läuft mir kalter Schweiß den Nacken hinunter, die Muskeln zittern und mein Magen dreht sich auf links. Immerhin habe ich diesmal nicht mein Motorrad genommen! Thomas hält nur solange im Hof, bis er mein wachsweißes Gesicht durchs Visier sieht. Er wendet die Maschine und bringt mich gleich wieder zurück.

Ich wanke aufs Bett, mir ist so schlecht, dass ich mich kaum zu lassen weiß, dazu kommen stechende Muskel- und Nervenschmerzen. Stundenlang dämmere ich vor mich hin und kann die Augen kaum aufhalten, bis ich im abendlichen Schummerlicht der Jurte erkenne, dass es auch Thomas erwischt hat. Er liegt neben mir auf seinem Lager und kann sich vor Übelkeit kaum regen. Ich bekomme so gerade eben mit, dass Michelle uns eine große Schüssel bringt, die sie vorsorglich unter dem Bett deponiert, ebenso ein paar Wasserflaschen.

Die Nacht wird schlimm. Ich höre unter Krämpfen und Schweißausbrüchen Thomas, wie er sich elende vier- oder fünfmal über der Schüssel erbricht, sich danach stöhnend erhebt, um sie draußen im Gartenabfluss auszuleeren und anschließend gereinigt wieder unter sein Bett zu schieben – für den nächsten Einsatz. Sicher ist es besser, das Gift auszuscheiden, bei mir selbst will aber einfach nichts hochkommen. Es sind wohl Salmonellen, die uns so zu schaffen machen. Und es ist weit und breit kein Schamane in Sicht, der uns mit einem Eichhörnchenfell über den Bauch streichen kann.

Stattdessen werden wir beinahe stündlich von den Franzosen mit Kohletabletten und Bananen versorgt, und am nächsten Tag geht es ganz langsam wieder bergauf. Erschwerend hinzu kommt jedoch, dass es bereits am Tag zuvor zu gewittern begonnen hat und seitdem im stündlichen Wechsel wahre Sturzfluten auf Osch niedergehen. Der Wollfilz der Jurte hat sich wie ein Schwamm mit Regenwasser vollgesogen. Da zwischendurch immer wieder die Sonne scheint, breitet sich jener Geruch nach nassem Langhaar-Hund aus, der entsteht, wenn der Vierbeiner nach einem Kanalbad im heißen Auto sitzt und hechelnd aufs Herrchen wartet. Von diesem Gestank wird uns erneut so schlecht, dass wir keine Nacht mehr in der klatschnassen wollenen Behausung verbringen können.

Unsere Not wird erkannt, die Guesthouse-Managerin kann uns für die kommende Nacht ein frei gewordenes Zimmerchen anbieten. Das aber ist für den nächsten Tag bereits wieder reserviert, und so finden wir – wiederum einen Tag später – bequem und äußerst preiswert Unterkunft im Konferenzraum des Hauses, am Ende des langen Flurs. Zwei Matratzen werden hineingeschleppt und wir schieben Tische, Polsterstühle und Tageslichtprojektor beiseite. Einen Tisch reserviere ich, um ganz stilvoll während der nächsten Tage meine Arbeit für ein aktuelles Magazin, an dem ich berufsbedingt online arbeite, sofern es die Umstände überhaupt zulassen, beenden zu können.

Als wieder ein Zimmer frei wird, wollen wir uns gar nicht "ausziehen" lassen. Thomas einigt sich mit der Hausdame, das spottbillige Konferenzzimmer behalten zu dürfen, bis die nächste Konferenz stattfindet. Das kann dauern, und die Guesthouse-Leitung trägt unseren Wunsch mit Fassung.

***

In Osch ist der Teufel los, es ist Markt. Jeden Tag. Der Basar soll der größte seiner Art in Zentralasien sein, und neben Unmengen von Obst und Gemüse werden auch Berge von billigem Chinaplunder verkauft. Plastikschüsseln, Plastikkleider, Elektronikartikel zweifelhafter Qualität, aber schön bunt, türmen sich neben Garküchen, Getränkeverkaufsständen und Tuchballen.

Wir erfahren, dass Osch ebenso den größten Drogenumschlagplatz Zentralasiens zu bieten hat, hier ist wohl die strategisch günstige Lage zwischen Afghanistan, Tadschikistan und Kasachstan ausschlaggebend. Von Osch aus können die unerschöpflichen Märkte Russlands bedient werden.

Manchmal hören wir mitten in der Nacht von unserem Zimmer aus Palaver und lautstarke Streitereien, tagsüber ist aber alles friedlich und geschäftig wie in jeder anderen Stadt auch. Unsere Unterkunft mit seinem Garten scheint jedenfalls gut gesichert, die umgebenden hohen Zäune, Mauern und das doppelte Eisentor sind wohl nicht zufällig so solide gebaut worden.

***

Der Truck der Franzosen läuft immer noch nicht – seit Wochen sitzt die Familie bereits in Osch fest und ist der Verzweiflung nahe. Mittlerweile dürfen sie alle Visa neu beantragen, da die Panne den kompletten weiteren Reiseplan durcheinanderbringt.

Die Kupplung funktioniert seit dem Versuch, das schwere Gerät aus eigener Kraft aus dem Matsch im Pamir zu befördern, nicht mehr richtig. Auf einen simplen Kupplungswechsel lässt sich das Problem nach einiger Zeit intensiven Nachforschens dann doch nicht reduzieren. Tag für Tag beraten und tüfteln Thomas und Jules im Garten des Guesthouses und im Hof der Werkstatt, wie sie den

MAN wieder flottbekommen können. Die Funktionsweise eines MAN-Cat-Motors scheint etwas ganz Besonderes zu sein, und selbst mit Hilfe der Werkstattbesatzung kommen die beiden nicht weiter. Da die Antriebsmaschine in Deutschland hergestellt wurde, greift Thomas zu Skype, um Verbindung zu einem deutschen Fachmann aufzunehmen. Die Franzosen sprechen kein Deutsch, aber Englisch, und so fliegen die Informationen zwischen Jules und dem Fachmann am anderen Ende der Leitung über das Medium Thomas hin und her, in einem babylonischen Sprachengewirr aus Deutsch, Englisch und Französisch. Da wir die Gestrandeten in der Endphase der Fehlersuche nicht ohne diesen Support in Osch sitzen lassen wollen, beschließen wir, noch einige Tage vor Ort zu bleiben.

Es wird nicht billig für unsere Freunde. Aus Deutschland muss ein komplettes Austausch-Getriebe geliefert werden. Das Monstrum wiegt achthundert Kilogramm, und glücklicherweise hat die LKW-Werkstatt um die Ecke die Möglichkeit, das Getriebe vom eine knappe Tagesreise entfernten Flugplatz in Bischkek abzuholen und unter Zuhilfenahme von schwerem Gerät in den Truck einzubauen.

***

Das Gegenteil zum städtischen Getümmel in Osch liegt fünfundvierzig Kilometer nördlich von Jalal-Abad in einer Sackgasse.

Arslanbob ist ein kleines Dorf in den Bergen des Fergana Range, die hinter der Siedlung wie ein 4.500 Meter hoher Riegel das Tal verschließen. Klare Bäche durchziehen Wiesen und Wälder, Wasserfälle rauschen in die Tiefe und der Welt größter Walnussbaumwald umgibt Arslanbob. Eintausendfünfhundert Tonnen Nüsse werden in jedem Jahr von den Einwohnern in den dunklen Wäldern gesammelt, was bereits seit alten Seidenstraßen-Zeiten zu einem nicht unbeträchtlichen Wohlstand führt. Die malerische Umgebung zieht vor allem lokale Touristen aus Osch und Jalal-Abad an, Ausländer wie uns finden wir so gut wie keine an diesem schönen Ort. Die Straße nach Arslanbob ist erst vor wenigen Jahren asphaltiert worden, im Dorf selbst gibt es gar keinen festen Straßenbelag. Die Wege bestehen aus Schotter und dicken Wackersteinen, und wegen der Steilheit ist es nicht so einfach, die Motorräder zu bugsieren, ohne zu stürzen.

Immerhin entdecken wir im Augenwinkel die unscheinbare Tür des örtlichen CBT-Büros in einer Mauer. CBT bedeutet Community based Tourism, hier kann sich der Reisende eine private Unterkunft vermitteln lassen. Das wollen wir ausprobieren.

Das winzige Büro besticht durch seine ausschließlich zweckmäßige Einrichtung. Über einer alten Holzbank hängen eine Menge Farbkopien in Prospekthüllen, die neben den Abbildungen der kirgisischen Häuser auch Informationen zu Preis und Ausstattung bieten. Die Ausstattungen sind in die Kategorien "ja" und "nein" unterteilt zu den Themen Warmwasser, Dusche, Toilette im Haus, Toilette im Garten, Ofen, der Möglichkeit zum Mitessen bei der Familie und der Lage im Ort. Die Lage ist in Anbetracht der uralten, gewachsenen Wege nicht unwichtig, denn wenn es ein Backpacker schafft, zu einem Haus im Wald zu stolpern, kann der Versuch für einen Motorrad- oder gar Autofahrer schon mal im Nichts enden.

Wir quartieren uns fürs Erste im Haus der Familie von Nazigil ein. Ihr Opa führt das Regiment über den Hof von einem an der Hauswand fest montierten Autositz aus. Als wir die Motorräder unter seinem Apfelbaum abstellen, spricht er uns in gebrochenem Deutsch an. Er sei als Soldat in Leipzig stationiert gewesen, erzählt er, ob wir das kennen würden?

Nun vermietet er ein Zimmer in seinem Haus, und für umgerechnet acht Euro pro Kopf kommen wir in den Genuss von Bett, Frühstück und Abendessen.

Auf dem Hof wohnen außer ihm und seiner Frau mindestens vier seiner Töchter mit ihren Kindern, deren genaue Zahl für uns unmöglich festzustellen ist. Die Nachbarschaft geht ein und aus, läuft zwischen der offenen Küche und der Sitzgruppe unter den Bäumen hin und her oder schwatzt im Hof. Die Schwiegersöhne arbeiten allesamt in Russland, erfahren wir von "unserem" Opa.

Bei einer Wanderung durch die Walnussbaumwälder überholen uns in einer ordentlichen Steigung mehrere Bauern auf ihren Pferden. Wir bewundern die Geländegängigkeit der Tiere – das wäre doch was! Auf dem Rückweg schauen wir wieder im CBT-Büro vorbei. Der liebenswürdige, aber etwas desorientierte Angestellte bemüht sich redlich, uns für den kommenden Tag zwei Pferde zu organisieren. Ob wir überhaupt reiten können, interessiert nicht. Jedenfalls nicht ihn.

Wir haben keine Ahnung vom Reiten, freuen uns aber riesig, als am nächsten Morgen ein Guide auf seinem Pferd samt zwei braunen Reittieren für uns beide vor dem Tor von Nazigil´s Haus stehen. Der Guide fackelt nicht lange: Nach einer Kurz-Einweisung des Besitzers Rasul, der uns mit den Grundbedienelementen eines Pferdes vertraut macht, geht es sofort los. Wir wissen nun immerhin theoretisch, wie man auf- und absteigt, lenkt und wie sich "Gas" und "Bremse" betätigen lassen. Führstrick: Fehlanzeige – in Deutschland undenkbar. Wir sind uns selbst überlassen und vertrauen auf die Nachsicht und Gutmütigkeit unserer vierbeinigen Untersätze.

Und die können was. Es geht wie von selbst über Stock und Stein, durch Flüsse und an steilen Abhängen vorbei auf Wegen, die Trampelpfadbreite haben und zum Teil so steil und uneben sind, dass wir Mühe hätten, sie auf eigenen Füssen zu bewältigen. An so mancher Stelle wird mir ganz schön flau, dann lenke ich den Blick zur Bergseite und hoffe, dass das Pferd weiß, was es tut. Wir sind beeindruckt von der Geländegängigkeit. So besuchen wir querfeldein zwei fantastische Wasserfälle und durchqueren den allgegenwärtigen Walnussbaumwald. Erst am späten Nachmittag kehren wir zurück, und mir tut im Gegensatz zu Thomas der Hintern ganz schön weh. Der Sattel beansprucht dort offensichtlich andere Druckpunkte als ein Motorradsitz.

Einen Tag später ist es mit der Ruhe in Nazigil's Haus vorbei. Schon vor Sonnenaufgang rumpelt mit Getöse eine endlose Schlange von menschenbeladenen Fahrzeugen aller Art den steinigen Weg neben dem Haus den Berg hinauf. Eine riesige Staubwolke nebelt den Hang ein, wir essen besser drinnen.

Als wir nach dem Frühstück neugierig zum Dorfplatz laufen, dorthin, wo auch eine alte Steinbrücke den tosenden Bach überspannt, ist der Bär los. Wochenende! Der kleine Basar und die staubige Sammeltaxi-Haltestelle quellen über von Besuchern, die zu einem der beiden Wasserfälle oberhalb des Dorfes transportiert werden möchten. Mit dem Auto, versteht sich, denn laut Aussage unseres Wirtes laufen die Kirgisen so gut wie nirgends zu Fuß hin, was sie nicht auch per Pferd oder Auto erreichen können. Und das, obwohl die Wege hier nach deutschem Verständnis als absolut nicht befahrbar zu bezeichnen sind. Vielleicht hat die Wanderunlust auch mit dem Schuhwerk der Ausflügler zu tun. Die einzige Person, die wir mit adäquatem Wanderschuhwerk sichten, ist eine Schweizerin. Alle anderen tragen dünne Turnschuhe, Lederslipper oder Flipflops. Sogar Pumps mit Absätzen sind auf grobem Geröll im Einsatz. Da oben im Berg so gut wie keine Parkmöglichkeiten vorhanden sind, ist die komplette Strecke bis ins Tal bald mit Autos zugepflastert. Und die Besucher ächzen freudestrahlend den anstrengenden Pfad hinauf. Nun eben doch zu Fuß.

Noch am selben Abend ziehen wir um ins sechs Kilometer flussabwärts gelegene Gumkana, das nur aus ein paar Bauernhöfen besteht. Hier ist es schön ruhig. Das Grundstück unserer neuen Wirtsleute Louisa und Albert wird von einem Kettenhund bewacht, der in einem ausgehöhlten Baum wohnt. Statt zu bellen, wedelt er freundlich mit dem Schwanz. Auf meine Frage nach seinem Namen meint Albert: "Kein Name. Muss nicht rufen, Hund ist ja immer da." Aha. Zwischen Heuschober, Kühen und Hühnern fühlen wir uns auf Anhieb sehr wohl. Die käsemachende Hausbesitzerin Louisa ist der Inbegriff einer drallen Hauswirtin und vermietet ebenfalls eines der Zimmer. Louisa führt uns das Badehaus vor und heizt es kräftig ein. Wir gehen mal davon aus, dass das nichts mit unserem Geruch, sondern vielmehr mit ihrem Stolz auf die gepflegte Banja zu tun hat. Auch ihre Waschmaschine darf ich nutzen, für eine Reinigung der Klamotten ist es auch allerhöchste Zeit.

Als am Nachmittag ein schweres Gewitter im Tal niedergeht, liegen wir auf dicken Teppichen zufrieden bei Tee, selbst gemachtem Walnusskuchen und Apfelschnittchen zu Tisch.

Wie jeden Abend freuen wir uns nach einem Tag in den Wäldern auf Louisas Essen. Die Frau kann kochen! Ihre deftige Hausmannskost, oft genug auf Walnussbasis, passt wunderbar in die urwüchsige Bauernlandschaft.

Bevor wir zu kräftig zulegen, treffen wir eine Vernunftentscheidung und machen uns auf den Weg nach Bishkek.

Wir könnten einfach der kurvenreichen und gut ausgebauten M41 folgen, aber die Berge Kirgistans links und rechts der Bundesstraße sind viel zu verlockend, als dass wir eine unscheinbare Abzweigung in Tash Kömür einfach ignorieren könnten. Ein Blick auf die Landkarte verheißt Gutes: Vor uns liegt eine Sackgasse von gut neunzig Kilometern Länge, die am Gebirgssee Sary Chelek enden soll. An einem Straßenstand versorgen wir uns mit Brot und ein paar Tomaten, einige Konserven sind noch im Gepäck vergraben. Das muss reichen, und wir durchfahren das üppig grüne Tal flussaufwärts. Der See liegt in einem geschützten Biosphären-Reservat, daher machen wir auch kein großes Theater, als der Aufpasser an einer Art Checkpoint umgerechnet siebzehn Euro von uns verlangt, damit wir einfahren und im Gebiet frei campieren dürfen – immerhin für drei Tage.

Die anfangs gute Straße wird zur Piste, bis der Weg nicht mehr von einem Flussbett zu unterscheiden ist. Froh, dass ich dickes Geröll und große Steigungen vom Geländefahren mit einer kleinen Enduro gewohnt bin, kämpfe ich mühsam, aber mit Zuversicht, die schwere Alp den Berg hinauf. Das Vorderrad versetzt mehr als einmal. Vom Gas zu gehen würde zur Folge haben, stehen zu bleiben und am Hang womöglich nicht mehr anfahren zu können.

Nach einer halben Stunde kann ich nicht mehr. Meine Finger haben vom ewigen Kuppeln keine Kraft mehr, ich kann den Hebel kaum noch ziehen. Der Kopf dröhnt im Helm wie ein Turbinentriebwerk und jede Muskelfaser ist verkrampft. Ich halte schlitternd an, lasse die schmerzenden Arme hängen und überlege, wie ich sie jemals wieder hochbekommen soll. Thomas muss nicht viel fragen, ein Blick in meine Augen reicht. Ich mag nicht mehr. Hilft aber nichts, das weiß ich ja selbst und setze nach ein paar Minuten widerstrebend die Fuhre wieder in Gang. Wie immer. Thomas folgt mir, so muss er nicht auch noch wenden oder zurücklaufen, falls ich stürzen sollte. Denn das beladene Gefährt bekomme ich nicht allein hochgestemmt. Abgesehen davon, dass mir die letzten zwanzig Kilometer endlos lang erscheinen und sich bei mir ein allgemeines Motivationstief mittelgroßen Ausmaßes bemerkbar macht, erreichen wir den See ohne materielle Verluste, aber mit schmerzhaft zusammen gebissenen Zähnen. Zumindest, was mich betrifft.

Der Weg schrumpft auf Trampelpfadbreite. Es geht durch Almwiesen und Geröllfelder. Wir folgen ihm bis zum letzten befahrbaren Meter – und werden mit einer grandiosen Aussicht auf den glasklaren See belohnt. Am gegenüberliegenden Ufer erheben sich Viereinhalbtausender über dunklen Tannenwäldern, und am Himmel zieht ein Adlerpaar seine Kreise. Mein Blick schweift umher: Das ist unser Zeltplatz!

Schnell sind die Strapazen vergessen, und mit vertrauten Handgriffen errichten wir unser Zuhause. Einige einheimische Tagesausflügler, die sich zum Picknicken und Schwimmen am Ufer niederließen, machen sich noch vor Sonnenuntergang auf den Weg ins Tal. Bald wölbt sich der funkelnde Sternenhimmel über dem Zelt. Der Mond bescheint die schneebedeckten Gipfel rings um den still und dunkel daliegenden See und lässt in seinem kalten Licht die Konturen der Berge zum Greifen nah erscheinen. Wir hängen allein und zufrieden unseren Gedanken nach.

Allein – bis zum nächsten Morgen. Da werden aus ein paar Tagesausflüglern ganz schön viele. Familienclans, Teeniegruppen und ganze Nachbarschaftsverbände schätzen dieses Plätzchen ebenso wie wir und versammeln sich im Stundentakt zum Fotoshooting auf "unserer" Landzunge am See. So haben wir uns das nicht vorgestellt. Unverkennbar ist das Wochenende angebrochen. Wir als selten vorkommende Ausländer-Pflänzchen werden interessiert befragt und sind demnächst wohl in einer Menge kirgisischer Fotoalben zu finden. Wir können uns nur wundern, wie die Leute ihre überhaupt nicht geländegängigen Autos in stundenlangem Heraufkrauchen und -prügeln bis hierher schaffen. Aber die Definition von Geländegängigkeit liegt im Auge des Betrachters.

Unser Essen wird für einige Tage reichen, eine Infrastruktur bis auf eine Art Teehaus gibt es hier oben nicht. Das Trink- und Waschwasser schöpfen wir aus dem Gletschersee. Thomas klettert noch einmal das steile Ufer hinunter, um einen schwarzen Wassersack mit zehn Litern Wasser zu füllen. Der Sack hat einen Duschkopf-Aufsatz, und wenn wir ihn an einem dicken Ast in der Sonne baumeln lassen, wird das Wasser für die abendliche Dusche richtig heiß. Sobald die Sonne hinter dem Berg verschwindet, müssen wir nur noch warten, bis der kirgisische Heimatverein seine Versammlung vor unserem Zelt auflöst, damit wir uns im Adamskostüm brausen

Vorhergehende Seite: Endlos sind die herrlichen Pisten Tadschikistans entlang der chinesischen Grenze.

Oben: Teens auf dem Weg zum Training für das Reiterspiel Boz Kashi – "Schleif die Ziege".

Links: Pferdezüchter mit Enkelkind.

Lager am Song-Kül-See.

Einsame Jurte in den Steppen Kirgistans.

Totenstadt im kirgisisch-chinesischen Grenzgebiet.

So einfach geht es nicht nach China hinein: Grenzposten am Torugart-Pass.

Auf dem Nachtmarkt in Kaschgar.

können. Aber noch spielt ein älterer Herr auf dem Akkordeon kirgisische Weisen, begleitet vom inbrünstigen Gesang seiner Freunde und Kameraden. Im Halbkreis stehen die Herren in landestypischer Kleidung und wechselnder Besetzung am Ufer vor der imposanten Bergkulisse und besingen ihre Heimat. Das glauben wir zumindest. Beim letzten Sonnenstrahl wird das Akkordeon zusammengepackt, und in schwatzenden Gruppen verlassen die Leute das Ufer in Richtung Teehaus, wo die Autos stehen. Im Dunklen will schließlich keiner den kriminellen Weg hinunter fahren. So sitzen wir beide bald wie am Tag zuvor allein am Ufer, die Nacht kommt und mit ihr der vertraute Sternenhimmel, der dem über dem Pamirgebirge in seiner Schönheit und Klarheit ebenbürtig ist.

Drei Tage später haben wir nichts mehr zu picken. Das letzte Stück Brot ist verspeist und die letzte Nudel ist in den Kochtopf gewandert. Den Weg hinunter zu fahren fällt mir wesentlich leichter als hinauf, ich weiß ja nun, was mich erwartet. Alles nur eine Frage der Einstellung.

Wir schlagen nur zwanzig Kilometer flussabwärts erneut unser Lager auf, gleich neben einem reißenden Fluss. An der Strecke finden wir ein kleines, von einer Hausfrau betriebenes Lädchen vor, um wieder zu Vorräten zu kommen. Das Angebot besticht durch eine beeindruckende Auswahl an Wodka-Sorten, aber auch Eier, ein paar Tomaten, Kartoffeln und Thunfisch in Dosen liegen auf dem einzigen Regal herum. Wir kaufen alles, das reicht, um uns sattzubekommen.

Erst am Abend wird uns klar, wie gut die Entscheidung war, den Berg zu verlassen. Während der Nacht entlädt sich ein gewaltiges Gewitter im Tal, es hängt zäh zwischen den Bergketten und die Blitze erleuchten das Zelt taghell. Es schüttet wie aus Kübeln. Im kuscheligen Schlafsack gemütlich neben Thomas eingemummelt denke ich mit Schaudern daran, wie wir am nächsten Tag die Abfahrt vom See hinunter geschafft hätten. Wegen der herabstürzenden Wassermassen wäre die Fahrt sicher schwierig bis unmöglich geworden. Und wir hätten da oben nichts mehr zu essen gehabt, auch mangels möglicher Versorgung durch mitleidige Tagesausflügler, denn die bleiben bei dem Wetter bestimmt ebenfalls unten. So müssen wir hier im durchfluteten Flusstal nur darauf acht geben, dass weder Zelt noch Motorräder davon geschwemmt werden.

Irgendwann in der Nacht entfernt sich das Gewitter mit einem Grummeln, als wolle es nur widerwillig das Feld räumen. Wir schlafen doch noch ein, um gegen halb acht am Morgen von Akkordeonklängen und Gesang geweckt zu werden. Diese Nacht war eindeutig zu kurz. Ganz in unserer Nähe stehen zwei Jurten, die am Wochenende als eine Art Ferienhaus genutzt werden. Mit Kind und Kegel, Decken, Geschirr und Spielsachen zogen die beiden Großfamilien gestern ein. Nun, zu nachtschlafender Zeit, wird eine dünne Zeltwand entfernt lautstark gesungen, palavert und in die Akkordeon-Tasten gehauen. Warum die Kirgisen bereits am frühen Morgen eine Party veranstalten, bleibt uns verborgen, genauso der Grund für den Umstand, dass bereits jetzt die Wodkaflaschen kreisen, wo wir noch im Halbschlaf unsere Köpfe aus dem Zelt stecken. Aber wie immer: andere Länder, andere Sitten.

Wir sind froh, ein kleines Tarpsegel mitgenommen zu haben, das schützt nicht nur vor der Sonne, wenn es mal keine Bäume hat, sondern dient uns nun als Regenschutz. Immer noch schüttet es. Vor dem Zelt faucht der Benzinkocher. Wir beobachten das Wetter und verleiben uns dabei einen warmen Tee und Spiegeleier ein.

Erst gegen Mittag ist unser Zelt von der durchbrechenden Sonne so weit getrocknet, dass wir wieder auf die Motorräder können. Wir rumpeln zurück zur siebzig Kilometer entfernten M41.

Zahlreiche Straßenstände säumen die Straße. Über viele Kilometer stehen die einfachen Holztische in der sanft geschwungenen

Landschaft. Das Angebot ist alles andere als vielfältig, denn es wird ausschließlich hausgemachtes Kumyss und Kurut feilgeboten.

Kumyss gibt es in umweltfreundlich am Fluss ausgespülten und wiederverwendeten Softdrink-Plastikflaschen zu kaufen. Die vergorene Stutenmilch ist ein erfrischendes Getränk mit geringem Alkoholgehalt. Uns schmeckt die Milch eigentlich ganz gut – wenn auch der Begriff "Milch" für unsere Zungen nur schwer mit dem Geschmack nach alkoholisiertem Käse vereinbar ist – und vor allem, wenn die Flaschen nicht allzu lange in der prallen Sonne standen. Zumindest ist das Zeug sehr nahrhaft, und die Kirgisen lieben es. Das gilt auch für Kurut, kleinen getrockneten Joghurtbällchen, die in allen Größen und Konsistenzen von weich bis steinhart tütenoder gleich säckeweise verkauft werden. Die weißen Kugeln sind in Zentralasien so beliebt wie Chips in Deutschland und werden überall mit hingeschleppt. In jedem Auto und in jeder Satteltasche sind sie zu finden. Für unseren Geschmack schmecken sie käsig und leicht muffig, und ihr Genuss ist nur in geringen Dosen vertretbar. Die Steigerung zu Kurut aus Kuh- oder Stutenmilch ist Kurut, der aus Ziegenmilch hergestellt wird. Bei ihm entfaltet sich ein wahres Geschmacksfeuerwerk an Schärfe und apartem Bergziegen-Aroma.

***

Die Schotterstraße über Kochgor Richtung Bishkek fällt für uns flach. Mein Gepäckträger ist zum vierten Mal gebrochen, wieder an einer anderen Stelle. Dass das mal nicht zur Gewohnheit wird! Wir sichern ihn mit einem Gurt und verzichten auf Benutzung besagter Strecke, um auf der schlechten Wegstrecke nicht die Hälfte des Gepäcks zu verlieren. Die Gelegenheit ist günstig, statt dessen der perfekt ausgebauten Straße nach Bishkek zu folgen. Dort wollen wir nachsehen, ob uns ein Paket aus Deutschland erwartet. Freunde füllten es in der Heimat mit diversen Austauschteilen wie Reifen und

Bremsbelägen. Das Ganze haben sie mit der Adresse eines Guest-houses in Bishkek versehen, dessen Leiterin Sofia über die Aktion informiert ist.

Doch vor die Ankunft in besagtem Guesthouse hat Gott das Suchen nach der Adresse gesetzt. Wir haben keine Chance, die entsprechende Straße zu finden, unsere Navigationsgeräte spielen verrückt und führen uns im Kreis herum. Bei Berufsverkehr und Hitze umrunden wir Block für Block, fragen Passanten und werden von Hüh nach Hott geschickt. Wir hatten schon von der Problematik gehört, in Bishkek Adressen zu finden, werden Straßennamen doch scheinbar nach Belieben geändert. Und in ganz Zentralasien stellten wir bereits fest, dass kaum ein Anwohner weiß, wie denn die Straßen vier Blocks weiter heißen. Da kommt man ja sowieso so gut wie nie hin …

Der rettende Engel erscheint in Gestalt eines uns geneigten Taxifahrers, der sich bereit erklärt, zu lotsen. Beim Blick durch sein heruntergekurbeltes Seitenfenster sehe ich, dass der Straßenplan die aktuelle Jahreszahl trägt, da sollte nicht mehr viel schief gehen. Aber selbst er hat Mühe, im Gassengewirr die richtige Einfahrt zu finden, doch schließlich stehen wir völlig verschwitzt vor dem kleinen Tor des Hotels. Ich drücke den Klingelknopf, und eine mürrisch dreinblickende Haushälterin mit ordentlich Format öffnet.

Noch mürrischer schaut sie, als sie die Motorräder erspäht. Sie meint auf russisch, die Besitzerin sei nicht im Hause, winkt uns aber dann doch gnädig durch das Tor. Da die Motorräder nur mit abgebauten Koffern durch die schmale Pforte passen, schleppen wir das Gepäck einzeln aufs Grundstück und fahren anschließend die Motorräder durch das Törchen. Nach einem leider notwendigen Schlenker über den top gepflegten Rasen biegen wir auf dem schmalen Gartenpfad um die Hausecke – um auf dem Parkplatz vor einem großen Tor zu stehen zu kommen, das auf der anderen Hausseite auf die Straße führt. Na ja, das wäre auch einfacher gegangen. Immerhin taut die resolute Haushälterin auf, nachdem Thomas sie mit einem charmanten Lächeln begrüßt hat. Danach ist sie ein Ausbund an Freundlichkeit.

Seit drei Wochen ist das erwartete Paket nun von Deutschland unterwegs, aber noch nicht in Bishkek eingetroffen. Es besteht also kein Grund, länger als eine Nacht in der Stadt zu verbringen. Die Berge des Tien-Shan rufen!

Am Abend verspeisen wir im Garten selbstgekaufte Räuchermakrelen, der kleine Supermarkt an der Ecke ist außergewöhnlich gut sortiert. Ein Verdauungsspaziergang nach dem fettigen Fischessen wäre jetzt wirklich nett, aber auf die Straße trauen wir uns so spät nicht mehr. Wir erfahren, warum das Grundstück des Guesthouses mit einer hohen Mauer umfriedet ist. Es bestehen massive Sicherheitswarnungen vor Raubüberfällen, sobald das Tageslicht weicht, und Straßenbeleuchtung gibt es wie in Duschanbe außer an einigen Hauptstraßen so gut wie keine in dieser Stadt.

Vierzehn Stunden später und einige Kilometer weiter östlich sehe ich Thomas vor mir immer langsamer fahren. Er beugt sich auf der Twin tief hinunter, als ob etwas an den Rädern nicht stimmt. Ich überhole und höre es bedenklich in seinem Hinterrad knirschen. Er steuert den Straßenrand an. Das Radlager hat sich im wahrsten Sinne des Wortes verkrümelt, viel weiter kann er mit diesem Schaden nicht fahren. Er erinnert sich, dass wir vor ein paar Minuten eine Autowerkstatt passiert haben. Wir wenden, und im Schleichtempo geht es die Strecke zurück. Vor dem offenen Werkstatttor sonnen sich vier Mechaniker auf einer Holzbank und warten auf ihren Einsatz. Sie legen Handys und Bonbontüten beiseite und mustern neben unserer Erscheinung auch den Schaden. Dann beginnt ein emsiges Gekrame in den Regalen des kleinen Verkaufsraums. Sogar die passenden Lager sind auf Lager! So können wir unsere eigenen Ersatzteile für spätere Unwägbarkeiten verwahren.

Während der nächsten drei Stunden Lageraus- und wiedereintreibens finden die Mechaniker die Muße, frische Aprikosen hervorzuzaubern, die sie mit uns teilen, um anschließend meinen gebrochenen Gepäckträger zu schweißen. Die Schweißnaht aus Turkmenistan sitzt am gleichen Werkstück und fordert mit ihrer guten Ausführung den Ehrgeiz des kirgisischen Schweißers heraus, der seine Naht noch viel schöner macht. Mir ist es wurscht, Hauptsache, das Ding hält. Mittlerweile müssten diese Eisenfragmente schon einmal komplett durchgeschweißt sein, wenn ich es mir so überlege … Die dünnen Träger sind eben nicht für so schlechte Pisten gemacht, aber diese Einsicht kommt zu spät.

Die Gelegenheit ist günstig, im Ort gibt es auch eine Bank mit Schalter. Nachdem die letzten Bankautomaten keine Anstalten machten, Devisen rauszurücken, müssen wir persönlich vorstellig werden. Thomas öffnet die Glastür zum Kassenraum, und zwei überraschte Bankbeamte springen von den gepolsterten Sitzbänken auf. Sie hatten es sich für ein Nickerchen auf den Besuchersitzen gemütlich gemacht. Minimal peinlich berührt streichen sie die Hosen glatt und trollen sich hinter den Schalter.

Wir stellen nicht zum ersten Mal fest, dass der Kirgise an sich gemütlich und versonnen unterwegs ist. Er pflegt den Müßiggang, wo immer es ihm möglich ist. Tätigkeiten jeder Art sind ihm eher verdächtig.

***

km 13.800

Wir klettern aus der Ebene unmerklich auf 1.600 Höhenmeter, und bald glitzert der Issyk-Kul im Abendlicht. Rechts und links der Straße haben Verkäufer Holzgerüste aufgebaut, an denen in Reih und Glied braungelbe Trockenfische baumeln, fein säuberlich nach Größe und Art sortiert. Würden die vorbei knatternden vorsintflutlichen LKW die Stände nicht in schwarze Dieselwolken einhüllen, hätten wir auch davon probiert. Wir verzichten und essen stattdessen Mohrrüben, die ich als Notration zwischen Landkarten und T-Shirts gebunkert habe.

Der Blick schweift über die weite Wasserfläche. Der Issyk-Kul ist der zweitgrößte Gebirgssee der Welt, im Süden umgeben vom gewaltigen Tien-Shan-Gebirge, dessen Gipfel 7.500 Meter erreichen. Dort ist die wohl schönste aller Raubkatzen zu Hause, der Schneeleopard. Das östliche Ende des Sees ist nicht auszumachen, und nur dunstumnebelte Gipfel in weiter Ferne zeugen vom Nordufer. Wir entdecken wunderbar einsame Sandstrände, scheuen uns aber wegen der Nähe zur wenn auch wenig befahrenen Straße vor dem wilden Campen.

Ruhig brummen die Motoren unter uns, die Fahrt zwischen See und Bergen im milden Abendlicht hat etwas Meditatives. In die Betrachtung der Landschaft versunken, kommen uns zwei beladene Yamaha Ténérés entgegen. Wir bremsen ab, und im Rückspiegel sehe ich ihre Bremsleuchten ebenfalls aufblinken. Die beiden wenden, es sind Karin und Markus aus der Schweiz: "Wir sind unterwegs nach Ulan Bator!" Kurz entschlossen werfen die beiden für heute ihren Plan, der Straße nach Westen zu folgen, über Bord und begleiten uns nach Osten ins Dorf Tamga. Einen Tag verbringen wir zusammen, bevor die beiden Richtung Mongolei aufbrechen.

Abgesehen davon, dass eines morgens die Batterie meines Motorrades komplett entladen ist und Thomas mich anschleppen muss, und ungeachtet der Tatsache, dass mich Bienen zum zweiten Mal innerhalb weniger Tage mit einem Honigtopf verwechseln und mich aus Frust über die entgangene Mahlzeit während der Fahrt in den Oberschenkel stechen (und zwar immer auf die gleiche Stelle), gefällt es uns in Kirgistan ausgesprochen gut. Die Landschaft ist grün und ursprünglich, die Luft klar und frisch. Wir haben es im Seedorf

Tamga gut angetroffen. In unserer kleinen Unterkunft wird leckere Hausmannskost serviert – meistens jedenfalls. Im Garten steht ein Häuschen, in dem wir mit sonnenerwärmten Wasser duschen können. Was will Traveller mehr!

Bei so viel Wohlgefühl wollen wir uns doch einmal selbst kasteien. Uns fällt das Paket aus Deutschland wieder ein. Wir haben unsere liebe Not, nach dem Verbleib zu forschen. Dank der kirgisischen Telefonkarte können wir DHL in der Heimat kontaktieren. Dort ist man immerhin der Meinung, dass die Sachen Deutschland verlassen haben, leider endet das deutsche Online-Tracking offensichtlich mit der Übergabe der Pakete an ein ausländisches Flugmedium. Immerhin haben wir die kirgisische Trackingnummer erhalten und wollen mit sprachlicher Unterstützung eines Nachbarn telefonisch dem kirgisischen Zoll auf den Zahn fühlen – ohne Erfolg. Keiner weiß von irgendetwas, um es kurz zu fassen. Siebzehn Tage werden wir noch in Kirgistan sein, für Mitte August steht die Einreise nach China auf dem Plan. Hoffentlich unter Verwendung der neuen Reifen aus dem Paket.

Immerhin springt mein Motorrad am nächsten Morgen wieder an. Nur wenige Kilometer weiter östlich biegen wir in eine vielversprechende Bergpiste ein, der wir entlang des Flusses Barskoon viele Kilometer bis zu einer Goldmine folgen. In früheren Zeiten war dieser Weg Teil der Seidenstraße, und über den Bedel-Pass konnte der Reisende China erreichen. Diese Passage ist leider heutzutage gesperrt, sodass wir am Nachmittag denselben Weg zurücknehmen. Lastwagen unglaublicher Ausmaße erklimmen mühsam die Strecke, um zur Mine zu gelangen. Die Trucks sind zehnfach bereift, jeder Reifen hat einen Durchmesser von der Höhe eines Pferdes. Vor einigen Jahren war es einer dieser Schwertransporter, der für die folgenreiche Verseuchung des Barskoon und damit des Issyk-Kul-Sees verantwortlich war. Bei einem Unfall kam der mit Zyanid randvoll beladene Laster von der engen Piste ab und stürzte in den Fluss, worauf sich die giftige Ladung ins Wasser ergoss. Das ehemals fischreiche Gewässer des Sees, der als Naturschutzgebiet ausgewiesen ist, wurde auf diese Weise für viele Jahre geschädigt. Es ist schlimm, dass man solch gefährliche Transporte in dieser Gegend genehmigt. Nach dem Grund für eine Erlaubniserteilung muss man sicher nicht lange suchen.

***

In Karakol legen wir eine Art Basecamp an, die kleine Stadt ist zwischen dem Issyk-Kul-See und dem Tien-Shan-Gebirge gelegen. Sie entstand aus einem ehemaligen russischen Militärposten und hat gerade einmal hundertvierzig Jahre auf dem Buckel. In dieser Zeit entwickelte sich der Posten dank chinesischer Zuwanderung und der damit verbundenen Geschäftstüchtigkeit rasch. Die Stadt blühte richtig auf, als Anfang des 20. Jahrhunderts zahlreiche Forscher, unter ihnen Nikolai Prschewalski und Sven Hedin, diesen letzten Außenposten vor der Wildnis des chinesischen Hochlandes und Tibets als Versorgungsmöglichkeit nutzten.

Die Anzahl der Versorgungsmöglichkeiten ist mindestens gleich geblieben, hier gibt es kleine Supermärkte, einen Basar und sogar zwei Lokale, deren Nahrungsangebote unseren Gedärmen keinen Ärger bereiten – ein unschätzbar glücklicher Umstand. Unser Zelt steht ein paar Hundert Meter vom Ortskern entfernt in einem Garten, in dem auch Jurten vermietet werden.

Der Aufenthalt im Garten gestaltet sich nach ein paar Tagen äußerst kommunikativ. Täglich schneien neue interessante Menschen herein, Bergsteiger, Wanderer und Motorradfahrer aus Schottland, Holland, Polen und Russland. Da wir als einzige Camper im Besitz eines Tarps sind, das wir zwischen den Obstbäumen aufhängen und das uns dadurch Sonnenschutz bietet, ist der gemütlichste Versammlungsort von allen schnell gefunden. Mittag für Mittag liegen und sitzen wir mit den Leuten und den gefräßigen Campingplatz-Katzen unter dem Sonnensegel, klönen, gammeln und tauschen Erfahrungen aus.

Das Zelt unterm nächsten Baum gehört Woytila aus Polen. Woytila ist ziemlich rustikal. Mit seiner KTM macht er eine vierwöchige Gewalttour von Polen nach Kirgistan und wieder zurück. Er sitzt mit einer Flasche Bier in der Hand neben mir im Gras und reicht seinen Trockenfisch herum, damit sich jeder ein Stück der streng schmeckenden Spezialität abreißen kann. Sein T-Shirt ist unter der Achsel blutdurchtränkt. Ich mache ihn darauf aufmerksam, er hebt den Arm, mustert den Fleck an und meint: "Mist, ist wieder aufgegangen!" Ich will sehen, was das denn für eine Verletzung ist an dieser ungewöhnlichen Stelle. Er hebt das Shirt, es ist eine ziemlich tiefe Wunde, die das durchgeblutete Pflaster nicht in den Griff bekommt und die an den Wundrändern schon begonnen hat, sich zu entzünden. Wie holt man sich denn so ein Loch unter dem Arm?

Woytila verzieht das Gesicht und meint, das sei ein Kasache gewesen. "Ach so, ein Kasache. Und weiter?" Na ja, an jenem Abend in einer kasachischen Kneipe habe er eine Diskussion mit einem Mann gehabt, so ganz allgemein über Gott und die Welt, von Pole zu Kasache und unter Verwendung von Wodka und Trockenfisch. Der Fisch, der auf den Tisch genagelt wird, damit sich alle bedienen können, war wohl nicht der Grund, warum sich die beiden in die Haare gerieten. Jedenfalls hatte Woytila irgendwann den anderen im Schwitzkasten und der konnte sich nicht mehr regen. "Und dann hat der Schlappschwanz zugebissen, wo gerade seine Zähne waren", entrüstet sich Woytila. Ja, was soll man da machen.

Ich gebe ihm antiseptische Salbe. Wodka, der nicht unerheblich an der Schlägerei beteiligt war, soll den Rest zur Genesung beitragen, und Woytila, Thomas und zwei Schotten machen sich auf den Weg zur nächsten Tante-Emma-Bude, um die "Medizin" zu besorgen. Leider will der Laden gerade schließen, aber als der Pole den Betreiber auf seine Notsituation aufmerksam macht, zeigt der Herz und öffnet das Türgitter wieder. Gleich im Laden wird gemeinsam mit dem Inhaber vorgekostet, die beste Sorte kommt mit auf den Platz. Für mich riecht das Zeug, als könnte man damit Schiffe abdichten. Außerdem bin ich zu müde, um mitten in der Nacht noch länger wach zu bleiben und krabbele in den Schlafsack. Was anschließend im Laufe der Nacht noch vor dem Zelt verköstigt wird, kann ich mir leicht aus dem traurigen Bild am folgenden Morgen zusammen reimen.

Das Tien-Shan-Gebirge liegt in Sichtweite und lockt zur näheren Erkundung. Mal sehen, wie weit wir uns dem Inylchek-Gletscher nähern können. Er ist der zweitgrößten Gletscher der Welt außerhalb der Polarregionen. Nun kann man sich die Entfernungsverhältnisse hier nicht so vorstellen, als sei man in der Schweiz unterwegs. Es sind zweihundert Kilometer einsamer Weg bis zum Beginn der Gletscherzone.

Wir passieren menschenleere Täler, überqueren klare Flüsse und bestaunen im Vorüberfahren schneebedeckte Gipfel. Auf der gesamten Strecke existieren nur zwei Weiler mit jeweils zwei Höfen und der Militärposten "Inylchek", der auch nur aus ein paar Bruchbuden besteht.

Aus der Wachhütte neben einer verlassenen Fabrikation von irgendwas tritt ein Soldat mit geschulterter Waffe heraus, seinen großen Wachhund im Schlepptau. Gleich darauf sind wir von einem halben Dutzend halbwilder Hunde umgeben, die nicht genau wissen, wie sie sich angesichts zweier Motorradreisender verhalten sollen. Wir sind uns da auch nicht so sicher. Kekse können nie verkehrt sein, und während der Soldat Thomas erklärt, dass er uns nicht passieren lassen kann, weil wir keinen Erlaubnisschein haben, besteche ich die Hundemeute mit Erdnussplätzchen. In der Ferne, gleich an der Grenze zu China, sehen wir den schneebeladenen Gipfel des Khan Tengri emporragen, er ist 7.100 m hoch. Gern wären wir noch weiter in das Schneeland vorgedrungen, denn die verheißungsvolle Piste ist ja noch lange nicht zu Ende. Der Posten lässt sich jedoch nicht erweichen.

Auf dem Rückweg suchen wir nach einem Picknickplatz auf einer der zahlreichen Weiden, die von Flüsschen durchzogen sind. Thomas verlässt den Weg, um seine Twin im Grünen zu platzieren, mir kommt die Sache irgendwie ein bisschen zu grün vor, will heißen, vielleicht ist der Untergrund recht feucht? Ich suche ein paar Meter weiter nach einer geeigneten Stelle, um die Piste zu verlassen, und Thomas folgt mir parallel über die Grasfläche. Bei der Überquerung eines der Rinnsale offenbart sich der tückische Untergrund, und seine Karre steckt im Matsch fest.

In aufrechter Position ist absolut nichts zu bewegen, außer noch tiefer in den schlammigen Untergrund. Also: Koffer ab, Gepäck runter und das Motorrad auf die Seite legen, um das Hinterrad aus der Modderzone herausdrehen zu können. So ganz festen Grund fasst das Rad nach einer Neunzig-Grad-Drehung immer noch nicht, aber wenn Thomas jetzt vorn Gas gibt und ich hinten schiebe, müsste sich doch was bewegen. Dazu muss ich mich hinters Motorrad begeben. Bis zu Stiefeloberkante stecke ich im Schlamm fest und bekomme den rechten Fuß nur mit heftigem Ziehen unter einem glucksenden Geräusch heraus, bevor ich überhaupt die richtige Position zum Schieben gefunden habe. Kaum dreht Thomas am Gasgriff, bricht das Unvermeidliche herein. Das durchdrehende Hinterrad bewirft mich von oben bis unten mit aufwirbelndem Matsch. Ich schreie immerhin mit weggedrehtem Kopf, um das Zeugs nicht auch noch zu schlucken, lasse aber am Gepäckträger nicht locker. Es ist immer noch besser, von oben bis unten mit nach Methan stinkendem Schlamm bedeckt zu sein, als hier oben ohne Schlafsack und Essen übernachten zu müssen.

Die Sache ist von Erfolg gekrönt, die Reifen bekommen Grip und Thomas holpert auf festen Untergrund. So gut es geht, versuche ich mein Erscheinungsbild mit klarem Wasser etwas zurechtzurücken, mit dem Ergebnis, dass ich nun auch noch pitschnass bin. Nun gilt meine Befürchtung dem knapp 4.000 Meter hohen Pass, über den wir noch rüber müssen und der damit verbundenen Kälte, aber am Nachmittag ist es dort überraschenderweise recht mild und das Frieren hält sich in Grenzen.

Warme Duschen sind was Tolles. Ebenso die olle Waschmaschine auf unserem Platz, um deren verbliebene Funktionstüchtigkeit ich mir nach der Befüllung mit unseren verdreckten Klamotten echte Sorgen mache. Aber mit den Waschmaschinen ist es wie mit den fahrbaren Untersätzen in Kirgistan: Die halten was aus!

Unsere Tage hier im äußersten Osten des Landes sind gezählt. Wir beschließen, uns bald wieder auf den Weg nach Bishkek zu machen, um dort persönlich nach dem Verbleib der Pakete zu forschen.

***

Zum zweiten Mal auf dem Weg in die Hauptstadt, schlagen wir uns zunächst ans berüchtigte Nordufer des Issyk-Kul-Sees durch. Berüchtigt deshalb, weil das Nordufer näher an Kasachstan liegt als das dem Tien-Shan zugewandte, recht einsame Südufer und daher in den Sommermonaten von mindestens so vielen sonnenhungrigen Kasachen wie Kirgisen gestürmt wird. Von dem Ergebnis wollen wir uns selbst überzeugen.

Der touristische Supergau kündigt sich an, als wir uns über die einzige Seestraße Cholpon-Ata nähern. Schon von Weitem erkennen wir eine Achterbahn und ein Riesenrad, den Vergnügungssuchenden zur Freude gleich am Strand aufgebaut. Komplettiert wird das Bild durch Gummitier-Verkaufsstände, Imbissbuden, Nagelstudios und Jungs und Mädels in Strandkleidung mit viel zu großen Sonnenbrillen auf den Nasen.

Das überfordert uns nun wirklich, wir geben gleich mal Gas und wählen die Light-Version der kirgisischen Sommerfrische namens Tamchy, einige Kilometer weiter.

Strandurlaub! Warum nicht? Im warmen Sand am Wasser zu liegen, den plattgesessenen Hintern von der Sonne bescheinen zu lassen und schwimmen zu gehen ist auch mal richtig schön. Dabei können wir die Urlaubsgepflogenheiten der einheimischen und der kasachischen Feriengäste studieren, die sich aber kaum voneinander unterscheiden.

Die Familien- und Freundesverbände schleppen vorzugsweise ihren halben Hausstand mit ans Wasser, die Strandtücher und Picknickkörbe werden ausschließlich in unmittelbarer Nähe zum Parkplatz platziert. Dieser Umstand macht für uns die Sache angenehm einfach, einen ruhigen Beobachtungsposten zu beziehen, denn wir laufen einfach hundert Meter weiter am Ufer entlang und haben viel Platz um uns herum. Ich sehe mich um. Auf der Wiese hinter uns grast ein Zebra mit seinem Fohlen. Wie bitte?! Ich gucke noch mal hin: Schwarz-weiße Streifen aus dem Farbeimer zieren eine Eselin und ihren bedauernswerten Nachwuchs. Mädels baden in Unterwäsche in den klaren Fluten, wenn nicht gerade ein topmodischer Metallic-Bikini zur Verfügung steht. Diejenigen, denen das Baden in Unterwäsche zu peinlich ist, ziehen sich zusätzlich eine Art Schwimmkleid über, das beim Schwimmen so hinderlich wie ein nasser Lappen am Körper klebt und anschließend am Ufer in den Sand geworfen wird, weil man sich in Unterwäsche besser sonnen kann.

Die jungen Väter sind damit beschäftigt, ihre schreienden (oder selten auch glücklich glucksenden) Babys in gelben Gummienten-Reifen durchs Wasser zu schieben. Noch jüngeres Volk probiert aus, wie viele Leute auf ein altersschwaches, offenbar nur noch vom Lack zusammen gehaltenes Sowjet-Tretboot passen, bis es sinkt oder zumindest umkippt.

Nach zwei amüsanten Tagen ist unser Bedarf an zentralasiatischem Strandleben gedeckt, wir sehnen uns wieder nach Ruhe und Natur. Das Gepäck findet wieder seinen Platz auf den Motorrädern, und wir machen uns auf den Weg zum Song-Kül-See.

Wir nähern uns dem 3.100 Meter hoch gelegenen riesigen Gewässer von Norden her über eine wunderbare Piste, die uns durch einen malerischen, von einem Bach durchflossenen Canyon und über einen Pass mit einer umwerfenden Aussicht auf die Berge ringsum führt. Die Passstraße hat es auf den letzten Kilometern in sich, sie ist steil, schmal, mit engsten Serpentinen und ordentlich Geröll ausgestattet. Das schwere Gepäck macht die Sache nicht einfacher, und einige Male will meine Fuhre eigenmächtig mehr rückwärts als vorwärts. Die Aufmerksamkeit gilt außer der anspruchsvollen Bergstrecke der Temperaturanzeige des Motors. Wir sind noch lange nicht oben, und der Zeiger bewegt sich bereits im roten Bereich. Gerade überlege ich, ob es nicht besser sei, anzuhalten und den Motor auszuschalten, da ruft mir Thomas zu: "Wie sieht es mit deiner Temperatur aus? Meine Kiste kocht gleich!" Genau in dieser Sekunde schnellt der Zeiger meiner Anzeige zum Anschlag und jeder Gedanke an eine Weiterfahrt erübrigt sich fürs Erste.

Mit Unterbrechungen kommen wir oben an, immer wieder müssen wir die Motoren abkühlen lassen. Der Lohn folgt auf dem Fuße – zum ersten Mal erblicken wir den See, der still unter weißen Wolken zwischen den grünen Hügeln daliegt. Wie mit dichtem Samt bezogen erstrecken sie sich bis zum Horizont, kein Baum lenkt den Blick von der wunderbaren Weite und der natürlichen Gleichmäßigkeit ab. Hinter uns liegt der Dunst des durchfahrenen Tals, in der Entfernung lässt sich die Ebene um Bischkek erahnen. Es ist mucksmäuschenstill hier oben, bis wir die gequälten Motorengeräusche einiger PKWs vernehmen, die ebenfalls den steilen Passweg erklimmen. Die drei Wagen halten neben uns. Die Türen öffnen sich, und lachend entsteigen kirgisische Urlauber in Ferienlaune den kochenden Autos. Motorhauben auf, Gebäck und Wodkaflaschen an die Sonne. Soweit wir es erkennen können, hat immerhin keiner von ihnen Gummischwimmtiere dabei.

Gleich nach einer herzlichen Begrüßung kreist die unvermeidliche Wodkaflasche und Thomas muss daran glauben. Er schafft es, es nur beim einem winzigen Glas zu belassen, ich kann mich mit einem Ausdruck des Bedauerns und dem Hinweis auf eine nicht vorhandene Magenunpässlichkeit aus der Affäre ziehen. Dafür sollen wir umso kräftiger beim Gebäck zulangen, meint die älteste Dame.

***

Die sanft geschwungenen Hügel kommen wie eine frei befahrbare Achterbahn daher und wir kurven auf dem weichen Grasteppich hinunter zum See, mal auch auf der schmalen Sandpiste, mal querfeldein. Vereinzelt liegen die Jurten der Halbnomaden wie weiße Tupfer in den Tälern, umgeben von Pferden, die in kleinen Herden weiden.

Während wir dem Seeufer folgen, um uns einen Zeltplatz zu suchen, entdecken wir in weiter Ferne etwas, das nicht weiß und rund wie eine Jurte, sondern weiß und eckig und ziemlich groß ist. Das sind doch wohl nicht … Doch, sie sind es. Der MAN-Cat der französischen Familie, die wir bereits in Osch trafen und der wir bei der Beschaffung eines neuen Getriebes halfen, steht mitten in der baum-

Am Song-Kül-See verteidige ich unsere Mahlzeit gegen die Übermacht der Ziegen.

losen Pampa. Es ist Mittag, als wir den riesigen Wagen erreichen, und aus der Dose ist kein Lebenszeichen zu hören. Wir kurven ratlos um den Truck herum, bis sich oben ein Klappfenster öffnet. Jules steckt verschlafen den verstrubbelten Kopf hinaus. Ein breites Grinsen, ein Sammelruf ins Innere des Trucks, und kurz darauf feiern wir das unverhoffte Wiedersehen.

Das Zelt schlagen wir in einiger Entfernung zu ihrem Truck auf. Platz genug gibt es, die klare Weite ist schier unermesslich.

Mitten ins intensive Klönen bläst eine Sturmböe. Eine Minute später bangen wir um unser Zelt. Wir schaffen es gerade noch, die Motorräder in den Wind zu stellen, damit sie nicht umkippen, dann bricht ein mordsmäßiges Unwetter über die Ebene herein. Dort, wo gerade der Himmel noch blau über der Bergkette leuchtete, türmt sich rasend schnell eine schwarze Wolkenwand auf. Aus Regen wird Hagel. Jules hastet hinters Steuer und rangiert im matschigen Boden den schweren Wagen zwei Meter neben unser Zelt, um es vor dem mächtigen Sturm abzuschirmen. Gerade noch rechtzeitig, denn obwohl die Bodenbefestigungen halten, lag die Konstruktion bereits beinahe flach am Boden. Ich wundere mich kurz darüber, was unser textiles Heim aushält, bevor ich mit einem Hechtsprung darin verschwinde. In Windeseile ziehe ich die Reißverschlüsse hinter mir hoch und sehe mich um. Keine Wassereinbrüche oder Risse! Ich höre Thomas gegen den Sturm anschreien, er hat sich mit den anderen in den Wagen geflüchtet. Die Elemente toben dermaßen, dass ich im gebeutelten Zelt festsitze und dort den Nachmittag mit einem Buch verbringe. Doch bald scheint golden die Abendsonne durch eine kleine Guckritze, als wäre es niemals anders gewesen. Wie zuvor ist dieser fantastische Ort so still wie eine Sandwüste – wenn nicht gerade eine Herde Pferde, Kühe oder blökender Schafe um unser Lager herumflutet oder wir den Krach selbst veranstalten.

Nach drei Tagen ist unser Essen aufgegessen, wir verlassen unsere Freunde und die Einsamkeit und machen uns auf den Weg nach Kochkor, der nächstgelegenen kleinen Stadt, knappe drei Fahrstunden entfernt. Eine gute Entscheidung, denn am nächsten Morgen will die Alp sich keinen Meter mehr fortbewegen. Die Batterie ist tot. Immerhin sind wir bis jetzt ohne nennenswerte Probleme 16.000 Kilometer weit gekommen, Reifen flicken zählt nicht dazu. Diese Tatsache aber auch nicht.

Gezwungenermaßen begeben wir uns auf Schadensuche. Einige Tage zuvor haben wir feststellen müssen, dass sich die Batterie bei Nässe über Nacht entlädt. Nun sind wir in Kochkor, von Nässe keine Spur, und die Batterie ist am Morgen trotzdem leer. Dem Niederrheiner wird nachgesagt, dass er zwar nix weiß, aber alles erklären kann. Wir jedoch sind ratlos – entweder hat die Batterie durch die vergangene Tiefenentladung einen weggekriegt, oder aber ein Kabel hat sich blank gescheuert und sorgt für die Entladung.

Damit nicht genug. Thomas entdeckt beim Durchmessen, dass der Kofferträger links wieder gebrochen ist. Zum wievielten Mal, wissen wir nicht, da haben wir den Überblick verloren. Ist auch egal, dann müssen wir eben auch den Bruch reparieren lassen.

Immer noch nicht genug: Als Thomas mich anschiebt, damit wir zunächst zur nahegelegenen Schweißerei fahren können, geht der Drehzahlmesser nicht. Gleichzeitig merke ich, dass die Kiste nur auf einem Topf läuft. Der Drehzahlmesser ist ein recht guter Indikator: Wenn er nicht geht, arbeitet der vordere Zylinder nicht, und in unserem Fall ist die dazugehörige CDI out of order. Glücklicherweise habe ich noch einen Ersatz unter der Sitzbank, den wir nach getaner Schweißarbeit tauschen. Die Maschine läuft wieder. Wenn auch nicht von allein.

Thomas kommt auf die Idee, einen Unterbrecher-Schalter einzubauen, mit dessen Hilfe ich nachts die Batterie abklemmen kann. Falls am nächsten Morgen die Batterie erneut leer sein sollte, hat sie wohl komplett das Zeitliche gesegnet. Ob wir dann Ersatz bekommen? In einer Werkstatt hat man zwar das passende Kabel für den in einem Krempelladen erstandenen Schalter, aber keine Ahnung von elektrischen Systemen. Thomas passt auf wie ein Fuchs, ansonsten hätte der Mechaniker den Schalter kurzerhand mit einem weiteren Kabel überbrückt.

Während ich auf einer alten Holzkiste herumsitze und den beiden beim Strippenziehen zusehe und ihrem interaktiven Kulturgutaustausch lausche, kommt mir das Paket in den Sinn. So langsam wird es Zeit, dass es ankommt. Wir können nur noch acht Tage in Kirgistan bleiben, denn dann werden wir an der chinesischen Grenze erwartet.

Zumindest der Einbau des Batterieschalters bewährt sich. Morgens Safthahn auf, und nie mehr Probleme mit einer leeren Batterie haben! Ein guter Plan, der fürs Erste auch funktioniert. Wir nehmen uns fest vor, nach der Ursache des Stromverlustes zu suchen, wenn wir mal Lust dazu haben.

Zum zweiten Mal überfahren wir die Stadtgrenze nach Bishkek. Seit einunddreißig Tagen sind die Ersatzteile mittlerweile aus Deutschland verschwunden, und es gibt keine Spur – und in Kirgistan gibt es auch kein Tracking für den Verbleib von Standardpaketen. Anrufe und Mails an die Post in beiden Ländern endeten viele Male mit der Antwort: Keine Pakete für euch da!

Uns gruselt. Alles "weg"? Oder hängen die Sachen im Zoll fest? Gleich nach unserer Ankunft in der Pension schluffen wir ziemlich mutlos zum erstbesten Taxi, dessen Fahrer wie üblich einige Mühe hat, die richtige Adresse und damit das passende Postbüdchen zu finden.

Auf russisch, deutsch, englisch und mit unseren Gliedmaßen rudernd erklären wir am Schalter angekommen unser Begehren; ein zweiter Beamter wird hinzugerufen, um seinen Beitrag zum babylonischen Sprachgewirr zu leisten. Nach verständnisvollem Nicken verschwindet er in den hinteren Räumen und kehrt viel zu schnell zurück, als dass er irgendwo nach Paketen hätte finden können. In der Hand jedoch hält er einen Frachtbrief mit unverkennbarem Absender aus Deutschland. "Heute angekommen!" Das kann nicht wahr sein, so ein Glück!

Allerdings steht nicht unser Name, sondern nur der unseres Guesthouses samt dem Vornamen der Managerin auf dem Adressfeld. Da hatten wir unseren Freunden daheim wohl etwas nicht ganz korrekt angegeben. In der Folge rückt der Beamte das zum Greifen nahe Objekt der Begierde nicht heraus. Eine dritte Postangestellte wird zur Krisenberatung hinzugerufen: Die Managerin des Guesthouses muss her, inklusive Ausweis und Nachweis, dass sie auch die Managerin des Guesthouses ist.

Gesagt, getan, die ältere Dame haut sich nach einem Anruf von uns ohne Murren ins Taxi und lässt sich zur Post chauffieren. Das Ende vom Lied: Paket auspacken, als wäre schon Weihnachten!

Am nächsten Morgen ist Thomas unterwegs, um die taufrischen Reifen am ersten Motorrad aufzuziehen. Die alten Heidenau haben nun 16.000 Kilometer runter und wären erfreulicherweise sicher noch für 3.000 weitere gut, aber wir wollen die neuen Reifen nicht mit uns herum schleppen.

Derweil versuche ich bei UPS in der Innenstadt mein Glück, um zwei unserer vier Pässe nach Berlin zu senden, damit wir Visa für Burma bekommen. Für ganz Kirgistan gibt es nur hier in Bishkek eine Filiale des privaten Postunternehmens. Von den staatlichen Postzustellungsmethoden habe ich nach der aktuellen Erfahrung mit dem Paket die Nase voll. Leider habe ich keine Ahnung, dass heute Id al-Fitr ist, das Zuckerfest zum Ende des Ramadan. Alles Öffentliche hat geschlossen. Folglich stehe ich nach etwas Herumgekurve im Straßenwirrwarr vor verschlossener UPS-Tür. Ebenso am nächsten Morgen, was ich nicht verstehe. Kein Schild teilt dem Versendungswilligen mit, wann denn der Betrieb wieder aufgenommen wird. Ich lenke gefrustet das Motorrad zurück Richtung Guesthouse, als mir ein FedEx-Wagen entgegenkommt. Hundertachtzig-Grad-Wende, nichts wie hinterher! Es kann zwar sein, dass ich nun am Flughafen oder vor irgendeiner Schaffarm lande, aber es besteht eine kleine Chance.

Der weiße Wagen führt mich tatsächlich unwissentlich zur Filiale, und ich werde dort die Visaanträge samt Pässen los. Hoffentlich nicht auf Nimmerwiedersehen.

Alle selbst auferlegten Aufträge in der Hauptstadt haben wir nach ein paar Tagen erledigt. Wir folgen der Seidenstraße durch ein gewaltiges einsames Tal, das Kirgistan mit China verbindet und das seit Urzeiten als Handelsstraße genutzt wird.

At Bashy ist das letzte staubige Nest mit ein paar schrulligen Läden und einer Tankstelle vor der kirgisisch-chinesischen Grenze. Wir tanken voll, denn die nächste Möglichkeit dazu wird es erst wieder in Kashgar geben, ganz knapp eine Tankfüllung entfernt.

Reisegruppe gesucht

Dem Tal in seiner endlosen und einsamen Weite folgend sind wir auf der Suche nach unserer "Reisegruppe auf Zeit", die wir übers Internet gefunden haben. Durch die Gruppenbildung wollen wir uns die unverschämten Kosten für den aufgezwungenen China-Guide und die Menge an Erlaubnisschreiben, den sogenannten Permissions, für China und Tibet teilen. Wir werden also vier Wochen lang zu acht reisen: mit einem deutschen Paar, unterwegs in einem Expeditionsmobil, und mit einer Familie aus der Schweiz mit zwei kleinen Kindern in einem Landrover.

Zum ersten Treffpunkt unmittelbar vor der Einreise nach China haben wir uns an der alten Karawanserei Tash Rabat verabredet, über hundert Kilometer vor der Grenze und unendlich abgeschieden in einem Seitental gelegen.

Neben der Piste gurgelt ein glasklarer Fluss. Immer weiter geht es in die Berge hinein. Die Wellblechpiste zur Karawanserei ist nervig wie alle Wellblechpisten dieser Welt, richtig Fahrt aufzunehmen fällt uns jedoch wegen der Schlaglochdichte und der herumliegenden Steine schwer. Einem lauten Knall vor den Motorschutz der Transalp folgt ein beunruhigendes Schleifgeräusch. Ich überlege noch für den Bruchteil einer Sekunde, was das sein könnte, da brüllt auch schon Thomas, der neben mir fährt, herüber: "Stopp! Halt an!"

Es hat die Kette erwischt. Lose schlackert sie auf der Hinterradnabe und wir hoffen inständig, dass sie nicht gerissen ist, denn wir haben nicht einmal mehr einen Tag Zeit bis zum festen Einreisetermin und sind noch so weit von der Grenzstation entfernt! An dieser Grenze haben wir keine Wahl: Zum genau durch die chinesische Agentur bestimmten Zeitpunkt müssen wir uns dort einfinden. Ein erster Vorgeschmack auf nervtötende Reglementierung.

Feldküche am Torugart-Pass, kirgisisch-chinesische Grenze.

Das Glück ist auf unserer Seite, die Kette ist durch den Steinschlag lediglich von Kettenrad und Ritzel gesprungen und hat wohl keinen weiteren Schaden genommen. Thomas bekommt sie mühsam wieder in die Führung gefummelt.

So machen wir wenig später unsere Mitreisenden für die nächsten Tage ausfindig.

Sie haben ihr Lager am Flussufer vor dem mächtigen Tor der Karawanserei aufgeschlagen. Ursprünglich im 8. Jahrhundert von Christen gegründet, diente das malerische Bauwerk ab dem 11. Jahrhundert den Kaufleuten und Reisenden der Seidenstraße als Zuflucht vor Schneestürmen und Banditenüberfällen. Auch heute noch ist dieses Plätzchen ein Anfahrtspunkt für Reisende, allerdings wohl mehr aus Gründen der entspannten Freizeitgestaltung. Es wird geangelt, gepicknickt und gefaulenzt.

Wir holpern querfeldein zu unserer Gruppe, Wäscheleinen sind zwischen den beiden Wagen gespannt, die Kinder tollen im Gras

211

herum und die Eltern sitzen am Campingtisch und trinken Tee. Wir bleiben auf ein oder zwei Tassen und besprechen das weitere Vorgehen. Um uns am folgenden Morgen mit möglichst wenig Ausfall-Risiko an der Grenzstation einfinden zu können, bleiben wir beide nicht über Nacht hier, sondern passieren kurze Zeit später zunächst ohne unsere Begleiter den ersten Polizeiposten.

Als letzten Übernachtungsplatz in Kirgistan wählen wir das Ufer des entlegenen Sees Satyr Kül gleich am Torugart-Pass in 3.800 m Höhe. Die Suche nach einem trockenen Plätzchen ist nicht ganz einfach, das Ufergebiet ist sehr sumpfig. Als das Zelt schließlich steht, schiebt Thomas die Motorräder im Winkel neben das Zelt, um für einen Windschutz zu sorgen. Wenig später zischt der Benzinkocher zwischen Motorblock und Alukoffer, und ich zaubere eine Mahlzeit aus Kartoffeln, Möhren und Zwiebeln. Nicht besonders abwechslungsreich, aber nahrhaft, und mit der roten Allround-Gewürzmischung aus dem Iran schmeckt einfach alles.

Irgendwann trudeln auch die anderen unserer Gruppe ein, sie haben es sich wohl anders überlegt und finden es auch sicherer, die Grenzstation schon fast vor der Nase zu haben. So richten wir uns für eine einsame Nacht. Der Höhe entsprechend sinkt die Temperatur bis zum Morgen auf -2 Grad. Zelt und Motorräder sind eisbedeckt.

Gruppenkrampf auf chinesisch

km 15.760

Vor der Einreise nach China steht die Ausreise aus Kirgistan. Unser Guide teilte uns per Handy mit, dass wir uns um acht Uhr am Posten einzufinden haben. Leider müssen wir feststellen, dass dort von acht bis neun Uhr zunächst Frühstückspause gemacht wird, und zwar von der gesamten Grenzer-Belegschaft. Wir folgen zwangsläufig ihrem Beispiel, packen altes Brot und Honig aus. Fast pünktlich, um halb zehn, erfolgt die erste Amtshandlung: Von den beiden Autoinhabern werden jeweils fünfzig Dollar verlangt, wegen "Gütertransports". Amüsante dreißig Minuten und einige eindringliche Telefongespräche seitens der Grenzer mit ihren Vorgesetzten später ist die Sache zu unseren Gunsten geklärt und es gibt keine fünfzig Dollar von niemandem. Dafür aber Ausreisestempel für uns alle.

Angekommen am höchsten Punkt des Passes kündet nach einigen Kilometern ein schmiedeeisernes Tor, flankiert von zwei eindrucksvollen Löwenbildnissen, vom Erreichen der chinesischen Grenze. Auf der "anderen" Seite ducken sich zwei winzige Wachhäuschen am Berg. Das Tor ist mit schweren Ketten verschlossen, vom dazugehörigen Personal fehlt jede Spur.

Geduldig warten wir, aber nicht allzu lange. Da sich drüben nichts regt, lässt einer unserer China-Mitreisenden das Horn seines Expeditionsmobils erklingen, und die Berge erzittern. Gleichzeitig plumpst ein verschlafener vielleicht 16-jähriger Grenzbeamter aus der Wachbude, reichlich erschrocken. Immerhin erfahren wir nun, dass unser Guide nicht wie angekündigt an der Grenze auf uns wartet, um uns in Empfang zu nehmen. Sieh mal einer an, aber das haben wir auch schon gemerkt. Dumm nur, dass uns damit der Grenzübertritt verwehrt bleibt. Der Führer befindet sich indessen noch viele Stunden von uns entfernt, erfahren wir. Fängt ja gut an, die chinesische Organisation.

Mittlerweile ist Mittagszeit und wir machen uns was zu essen, gleich vor dem Grenztor. Die freundlichen Beamten, die ja auch nichts für die Regularien können, schenken uns eine Wassermelone zur Vervollständigung des Mahls.

Ja, und irgendwann am Nachmittag trudelt dann unser Guide Ramon ein und wir dürfen unter Zuhilfenahme seines beachtlichen Papierstapels das Löwentor passieren. Das war die "formelle" Grenze. Die administrative chinesische Station liegt hundert Kilometer weiter südlich. Unser Führer bläut uns ein, in jedem Fall hinter seinem Omnibus zu bleiben und ja nicht zu überholen, da wir noch keine Versicherung hätten. Wir verziehen die Gesichter, den Dieselmief wollen wir nicht einatmen. Und eine Versicherung haben wir seit der Durchquerung der letzten drei Länder nicht mehr und es hat keinen gestört. Ramon führt außerdem ins Feld, dass er ab sofort die Verantwortung für uns tragen würde. Na, so ein Glück, endlich erklärt sich mal einer dazu bereit!

Thomas und ich können Ramon davon überzeugen, dass wir vor und nicht hinter seinem abgasumnebelten Gefährt fahren dürfen und somit etwas mehr Bewegungsfreiheit und Weitblick haben. Wir würden auch auf keinen Fall zu viel Gas geben, damit er uns im Auge behalten kann. Noch einmal gibt Ramon zu bedenken, dass wir keine Versicherung hätten. Aber die haben wir ja auch nicht, wenn wir hinter ihm fahren.

Der erste Versuch, uns von allzu viel Überwachung und Abhängigkeit freizustrampeln, ist erfolgreich. Wir versprechen, brav vor dem Omnibus herum zu trödeln. Daran halten wir uns auch.

Nach der Passage eines weiteren Kontrollpostens mitten in der Pampa erreicht der Konvoi schließlich die eigentliche Grenzstation. Dort gestaltet sich die Einreiseprozedur weit weniger zeitintensiv als befürchtet, außer Passkontrolle und recht flüchtigem Durchsehen unseres Gepäcks gibt es nichts, was uns nun aufhält.

Nach einer weiteren Stunde Fahrt rollen wir in Kashgar ein. Das in der Uigurenstadt angesteuerte Hotel ist nicht so dolle, es mieft und der Schimmel regiert in allen Ecken. Das nächste Hotel, das in Frage kommt, ist gar nicht fern, dann schauen wir uns eben das an. Aber so einfach ist das nicht. Unser Mitfahrer Detlev trägt dem Guide immer noch seine Unpünktlichkeit nach und ist reichlich unentspannt. Wie es denn sein kann, dass das Hotel nicht tiptop und durch die Agentur geprüft sei? Jetzt aber mal fix eine Alternative gesucht! In der Art fährt er Ramon auf dem Parkplatz an. Ich schalte den Motor wieder aus. Lautstark eskaliert die Situation zwischen den beiden. Ramon ist entsetzt über den Ton, den Detlev anschlägt und schreit ihn an: "I´m not your slave!" Na prima, es sind ja nur noch vier Wochen … Mittlerweile haben sich eine Menge Zuschauer eingefunden, und mir ist das Gehabe von Detlev so peinlich, dass ich am liebsten im Boden versinken würde.

Wir richten uns schließlich im zweiten Hotel ein. Detlev und seine Frau schlafen im Wagen auf dem Hotel-Parkplatz.

Am nächsten Morgen müssen wir unsere Motorräder viele Kilometer entfernt bei einer Art TÜV vorführen, das geschieht ohne langes Warten und ohne Probleme. Geprüft werden nur Beleuchtung und allgemeines Erscheinungsbild. Morgen sollen wir dann die Nummernschilder und die Führerscheine bekommen.

Es ist schön, dass wir zwei Tage Aufenthalt in Kashgar haben und die uigurisch geprägte Stadt zumindest ansatzweise erkunden können. Die einstmals so berühmte Altstadt ist so gut wie nicht mehr vorhanden, die Chinesen haben in Sachen Flurbereinigung ganze Arbeit geleistet. Es ist ein offenes Geheimnis, dass für den vernichtenden Abbruch nicht etwa der propagierte Erdbebenschutz der Grund ist, sondern die Absicht, die uigurische Kultur zu unterwandern – wenn man es vornehm ausdrücken will.

Seit der Blütezeit der Seidenstraße gehört Kashgar zu den größten Umschlagplätzen von Handelsware in Zentralasien, vor allem für

Vieh. Warmer Dunggeruch liegt in der staubigen Luft, das Gewimmel von Käufern, Verkäufern und gut sortierter vierbeiniger Ware sucht ihresgleichen. Immer noch wird an jedem Sonntag Viehmarkt gehalten, neben Schafen, Ziegen, Ochsen und Yaks wird auch mit Kamelen und Pferden gehandelt.

Am folgenden Tag wollen wir gerade aufbrechen, um Motoröl auf Vorrat zu besorgen, als wir vom Chef der Travelagentur, Mr. Hong, erfahren, dass Ramon ab sofort nicht mehr als unser Guide zur Verfügung stehen würde. Wir bekämen Basang zugewiesen, einen Tibeter, der sehr gut Englisch spräche. Basang müssten wir nun einen Platz besorgen, denn in den Kosten unserer Tibetdurchquerung sei kein Fahrzeug für den Guide enthalten. Jetzt wird uns klar, warum Ramon als Fahrgast in einem Omnibus bis nach Kashgar gurkte! Da wir den Einschluss eines Guidefahrzeugs jedoch schriftlich haben, lassen wir keine von Mr. Hong´s Ausreden gelten und vor allem kein Geld für die nicht erbrachte Leistung fließen. Immerhin haben wir etwas einbehalten und nicht alles im Voraus bezahlt.

Nach einigem Hin und Her entschuldigt sich Mr. Hong schließlich für seinen Fehler. Mit dem Hinweis, dass es trotzdem kein Fahrzeug für den Guide geben wird. Folglich muss er in einem Fahrzeug der beiden autofahrenden Parteien mitfahren. Bei der Familie mit dem Landrover ist nicht einmal Platz für eine Maus, und Detlev will ihn nicht mitnehmen. Aber aller Aufstand hilft nichts, denn er blockiert damit unser Fortkommen. Schließlich duldet Detlev wutschnaubend den stillen Basang auf seiner Wohnsitzgruppe. Wie gesagt, es liegen noch vier Wochen in dieser Konstellation vor uns.

***

Fahren wir beide doch erst einmal tanken. Gleich der erste Tankwart gibt uns zu verstehen, dass Motorräder an den Tankstellen in

Uigurische Küche in West-China.

Kostbare Seidenbrokatstoffe.

Gut sortierte Auslage: Auf dem
Viehmarkt in Kaschgar.

Wegen fehlender Passierscheine müssen wir die Nacht in einem Militärlager auf 5.200 m Höhe verbringen.

Lebensgefährlich: Die Höhenkrankheit erwischt uns.

Der heilige See Manasarovar ist einer der höchstgelegenen Seen der Welt (4.590 m). Im Hintergrund das Kloster Chiu und das Zentralmassiv des Himalaya.

Der Sommerpalast der alten Königsstadt Guge im westlichen Tibet.

Kloster mit Stupa in der Ebene bei Tsaparang.

Stupa und Manisteine am Kloster Chiu, im Hintergrund der Gipfel des Kailash, Tibet.

Buddhistischer Pilger.

Tänzerinnen bei einem tibetischen Fest.

Kashgar nicht mehr betankt werden dürfen. Mopeds mit Verbrennungsmotoren sollen aus dem Stadtbild verschwinden, angeblich wegen der hohen Unfallzahlen. Die findigen Chinesen stiegen kurzerhand auf Elektroroller um, was die Unfallzahlen garantiert nicht sinken ließ. Die Anwesenheit unseres Guides hätte uns an der Tanke vielleicht Sprit beschert, aber wir hegen den verwegenen Vorsatz, auch in Zukunft allein zu fahren, ohne die Anwesenheit einer recht unentspannten Reisegruppe. Wir können einen Tankwart schließlich davon überzeugen, dass wir als Reisende nunmal Sprit brauchen. Etwas nervös um sich blickend füllt er die Tanks randvoll.

Auf guter Straße verlassen wir Kaschgar in südlicher Richtung und passieren einige Mautstellen, an denen wir uns rechts vorbei über eine Art Fahrradweg mogeln dürfen, da Motorräder nichts zahlen müssen. Von den häufigen Passkontrollen bleiben aber auch wir nicht verschont. Jedes Mal müssen wir dann auf das Eintreffen der anderen warten, da Basang der Herr aller Passierscheine ist und wir nur als Gruppe abgefertigt werden können. Das kann schon mal dauern, denn der eine will noch länger frühstücken, der andere hat Harndrang und der nächste will noch schnell was einkaufen. Kaum sind die Schranken oben, geben wir Gas und sind weg.

Das Gebiet um Kaschgar liegt in einer riesigen Oase, die bereits nach einigen Kilometern der Westflanke der Wüste Taklamakan weicht. Steppe und Sanddünen bestimmen nun die Landschaft. Wir kommen gut voran, bis die Straße blockiert ist. Fünfzig Meter vor uns liegt ein Toter auf der Straße, überfahren von einem der rasenden Autofahrer, dessen Wagen auf dem Brückengeländer aufgespießt ist. Mit Gänsehaut unter der Motorradjacke umfahren wir die Unfallstelle querfeldein.

In Yecheng teilt sich die Straße: Nach Osten führt sie durch Hotan, der alten Seidenstadt am südlichen Rand der Wüste Taklamakan,

Ein Felssturz zertrümmerte das Führerhaus des LKW.

wir dagegen schlagen die Südroute ein, die nach Tibet führt. Der erste 5.000er Pass lässt nicht lange auf sich warten. Über eine atemberaubend schmale Straße schrauben wir uns in schwindelerregende Höhen, den Wolken entgegen. Regen setzt ein, sodass wir rechts ran fahren und uns in die Regenkombis zwängen. Die Plastikdinger haben den Vorteil, dass sie auch den kalten Wind abhalten. Phänomenale Abgründe von gut siebenhundert Metern Tiefe tun sich gleich neben der ungesicherten Bergpiste auf, mein Pulsschlag beschleunigt sich merklich.

Auf der Passhöhe stecken wir nicht nur mit den Köpfen in den Wolken, wir sehen auch die Hand vor Augen nicht mehr. Straße und Abgrund verschwimmen zu einem einzigen Grau. Schlaglöcher, die unvermittelt vor den Vorderrädern auftauchen, bemerken wir erst beim Durchknallen. Das kann gefährlich werden. Wir klappen das Visier auf, um besser sehen zu können, aber die Folge ist nur, dass der Regen uns wie Eisnadeln in Augen und Gesicht sticht. Zudem macht uns die ungewohnte Höhe ordentlich zu schaffen, die Motorräder pfeifen ebenso wie wir aus dem letzten Loch. Das Regenwasser rauscht in Strömen unter unseren Rädern durch. Wir müssen höllisch auf die Strecke achten, um nicht zu stürzen.

Irgendwann geht es wieder abwärts, die Wolkendecke reißt auf und wir warten am nächsten Militärkontrollposten auf unsere Reisegruppe.

Nacheinander parken der Jeep und das Expeditionsmobil am Schlagbaum, Basang springt aus dem Wagen und verschwindet mit unseren Passierscheinen im Wachhäuschen, um nach zwanzig Minuten für unsere Weiterfahrt zu sorgen. Es gibt innerhalb der Gruppe Palaver, als es um die Festlegung des nächsten Stopps geht. Die einen wollen bis hierhin kommen, die anderen bis dorthin.

Wir sind die Abhängigkeit von den anderen leid geworden, vor allem die Abhängigkeit von unserem Guide. Wir möchten Pause machen, wo es uns gefällt. Thomas versucht täglich, Basang zu überreden, unsere Papiere herauszurücken, da wir uns wegen der Posten gegenseitig nur aufhalten würden. Wir könnten ja vereinbaren, uns jeweils für den Abend an einem vorbestimmten Platz zu treffen. Basang lässt sich nicht erweichen. Immerhin hält er auf unser Drängen telefonische Rücksprache mit Mr. Hong, die bewirkt aber genau das Gegenteil, denn der Agenturchef will auf keinen Fall die Kontrolle über uns verlieren und schärft Basang erhöhte Wachsamkeit ein.

Tibet. Unfassbar, wir haben es bis in das Land geschafft, das immer noch als verboten und verborgen gilt. Die Chinesen tun ihr Bestes, das annektierte Land für ihre Zwecke einzuspannen. Sei es als militärisches Manövergebiet oder als Bollwerk zwischen China und Indien. Aber Tibet ist groß. Nach wie vor ist es so gut wie unerschlossen, alte Dörfer liegen unendlich weit versteht im kargen Land und eine Einsamkeit, wie wir sie niemals zuvor außerhalb von Sandwüsten kennenlernten, umgibt uns.

Zu hoch hinaus

Die 3.400 Kilometer lange Überlandstraße in Großrichtung Lhasa befindet sich im Bau, über lange Strecken ist die Trasse aufgerissen oder existiert vorübergehend überhaupt nicht. Rechts und links der Trasse geht es dann durch die Botanik, durch Schlamm und Flüsse, oft über Entfernungen von zwanzig Kilometern. Wenn das Tal zu schmal ist oder die Straße knapp an einem Fluss entlang führt, bleibt uns nichts anderes übrig, als mitten durch die Baustelle zu eiern, im Wettstreit mit emsig werkelnden Baustellenfahrzeugen, die sich uns Winzlingen gegenüber absolut gleichgültig verhalten.

Als ich eine solche Baustelle passieren will, bleibe ich mit dem Vorderrad in einem Sandhaufen stecken, der kein Durchkommen entlang des steilen Hangs zulässt. Beim Versuch, mich mit Motorkraft zu befreien, verreckt der Motor mit einem Ruck, während ein Bagger mit riesiger Schaufel unvermindert auf mich zuhält. Ich schreie los, damit der Fahrer mich hört, weiß ich, ob er mich gesehen hat? Nicht einmal zwei Fußlängen vor meinem Stiefel kommt das Ungetüm zum Stehen. Den Fahrer hoch oben in seiner Kabine sehe ich nicht, die Schaufel nimmt mein gesamtes Sichtfeld ein.

Ich habe die Pappen auf und versuche panisch, das Motorrad freizubekommen. Nach zwei vergeblichen Startversuchen bekommen die Reifen endlich wieder Grip, und ich quetsche die Fuhre zwischen Bagger und Berghang hindurch, kippelig und nervös. Hinter der Baustelle brauche ich gute zehn Minuten, bis die Knie nicht mehr zittern und Thomas sich mein Schimpfen auf die örtliche Bauleitung angehört hat. Die dünne Luft ist mit einem Mal ziemlich dick. Thomas schafft es wieder einmal, mich auf Spur zu bringen. Wir können weiter.

"5.200" hat jemand mit roter Farbe auf einen glatten Stein gemalt. Hätten wir nicht solche Mühe beim Atmen, würde uns der Pass nicht den Eindruck vermitteln, dem Himmel weit näher zu sein, als würden wir auf der Spitze des Mont Blanc herum fahren. In der Nachbarschaft der gewaltigsten Schneeriesen der Erde fällt dieser Geröllhaufen, auf dem wir neben dem bemalten Stein halten, nicht weiter auf.

Nachdem wir täglich Pässe von bis zu 5.400 Metern überfahren, versuchen wir dafür zu sorgen, dass wir stets tiefer zum Schlafen kommen, um nicht die gefürchtete Höhenkrankheit zu bekommen. So auch am Nachmittag eines Tages, an dem die anderen beschließen, nahe einem Dorf auf 4.200 Metern Höhe zu campen und für heute nicht weiterzufahren, da es Detlevs Frau nicht so gut geht. Laut Auskunft von Basang sind es bis zur nächsten "tiefen" Stelle, an der eine Rast gesundheitsverträglich möglich ist, noch hundertsechzig Kilometer und drei Pässe weit, die die angeschlagene Gitta heute besser nicht mehr zurücklegen sollte.

Der von den beiden Autofahrern ausgesuchte Campplatz eignet sich für unser Zelt allerdings überhaupt nicht, denn der Boden ist mit dicken Felsbrocken und Steinplatten übersät. Thomas und ich wollen unser Zelt ein wenig weiter den Fluss hinauf an einer sandigen Stelle aufstellen.

Das Wetter ist ruhig und klar, es ist noch sechs Stunden lang hell, die Strecke ist gut asphaltiert, und wir beide beschließen spontan, den ausgeguckten neuen Platz zu ignorieren und zum vom Guide erwähnten Ort zum Schlafen zu fahren, um dort am nächsten Tag auf die Gruppe zu warten.

Dem ersten 5.200 m hohen Pass folgt ein weiterer, dazwischen geht es kaum unter 5.000 Meter herunter, und es dauert nicht lange, da haben wir bereits zweihundert Kilometer auf dem Tacho und keinen Meter an Höhe verloren. Die Information war schlichtweg falsch! Zu unserem Verdruss hindert uns auch noch eine Straßensperre an der Weiterfahrt: Ein kleiner Militärposten, bestehend aus vier Zelten in der einsamen Bergwelt, von dem wir nichts wussten und der uns ohne Passierscheine (die natürlich der Guide behalten hat) nicht weiterfahren lassen will. Wir sollen umkehren und mit den Passierscheinen wiederkommen.

Zurück können wir nicht, dafür reicht der Benzinvorrat nicht. Es ginge nur vorwärts, aber der Posten ist unerschütterlich. Wir müssen bis zum nächsten Morgen hier warten. Mir geht es zunehmend schlechter, das Herz schlägt bis zum Halse, ich bekomme kaum noch ausreichend Luft und der Kopfschmerz will den Helm sprengen.

Auf Thomas' Frage, wo wir unser Zelt aufstellen dürfen, damit ich mich hinlegen kann, zeigt ein Uniformierter auf ein Armeezelt neben dem Wachzelt. Er schlägt die Eingangsplane zurück. Das rechteckige Zelt ist mit drei großen Betten ausgestattet, auf zweien breiten wir unser Schlafzeug aus.

Im winzigen Passkontrollzelt nebenan geht es hoch her: Drei Militärs, drei Polizisten, eine chinesische Tramperin mit ihrem Freund, die offiziell für diese Nacht als Übersetzerin rekrutiert wird und wir beide scharen uns um den warmen Bollerofen. Dank der Englischkenntnisse der Tramperin kommt eine Unterhaltung in Gang, die sich um "woher" und "wohin" dreht. Ich kann nicht recht folgen, mir ist speiübel und alles dreht sich im Kopf.

Auf dem Ofen brutzelt ein Eintopf, der wohl verantwortliche Soldat drückt jedem einen Teller in den Schoß und häuft Essen darauf. In der Ecke klimpert ein Fernseher in einer Art Technik- und Unterhaltungselektronik-Koffer, gespeist von Solarpanels. Ich bringe kaum einen Bissen hinunter, Thomas merkt die schwindelerregende Höhe auch bereits, und der Offizier reicht uns Tabletten und eine Art tibetischen Red Bull. Das Zeug aus der Dose, das im Wachzelt palettenweise herum steht, schmeckt jedenfalls genauso widerlich süß wie der In-Drink. Im Stockdunklen tappen wir durch den

Matsch zum Zelt zurück, das wir mit den beiden jungen Chinesen teilen.

Die unfreiwillige Nacht auf 5.200 Metern entwickelt sich zum blanken Horrortrip. Die Kopfschmerzen hämmern unerträglich, Schwindel und Übelkeit plagen uns. An Schlaf ist nicht zu denken, außer einem Dämmerzustand ist nichts drin. Wir bekommen es mit der Angst zu tun. Die gefürchtete Höhenkrankheit hat uns erwischt.

Beängstigende Gedanken kreisen um die körperliche Gefahr, in der wir uns befinden. Wie viel haben wir schon von tödlichen Höhenlungen- und -hirnödemen gelesen und wie sicher waren wir uns, die Etappen so planen zu können, dass wir für eine gesunde Akklimatisation sorgen können! Nun sind wir in genau eine solch bedrohliche Situation hineingeraten.

Die Sinne beginnen, mir Dinge vorzugaukeln, die nicht da sind. Neben meinem Motorrad läuft in gemächlichem Trab eine Gruppe Kamele am Wegesrand entlang, ich überhole sie und kann ihr wolliges Fell riechen. Ich höre einen Fluss in der Tiefe rauschen, den es gar nicht gibt. Mir ist in dieser Nacht nicht bewusst, dass diese Halluzinationen nichts mit der Wirklichkeit zu tun haben, nur in der Einbildung existieren. Die einzig reale Erinnerung in der Dunkelheit ist Thomas´ warme Hand, die unter den Decken meine hält.

In der Nacht beginnt es zu schneien.

Bei Tagesanbruch geht es Thomas etwas besser. Ich kann in meinem Schlafsack vor Benommenheit kaum ein Glied bewegen, habe einen trockenen Mund und einen Höllendurst, weil mir auch vom Wasser trinken schlecht wird. Aber je weniger ich trinke, desto schlimmer wird der schmerzhafte Druck im Kopf. Das fahle Licht des anbrechenden Morgens schimmert durch die Ritzen der Zeltwand. Ich höre leise Stimmen, und ein Offizier in einem schweren, pelzverbrämten Mantel schlägt die Plane zurück, um nach uns zu sehen. Er erwägt, mich zurück Richtung Yecheng in die Tiefe zu bringen. In Kürze soll ein Militärkonvoi den Posten passieren, der mich mitnehmen kann. Das ist eine Strecke von gut zweihundert Kilometern. Ich will nicht, aber wenn es nicht anders geht …

Der Soldat veranlasst, dass man mir Sauerstoff in einem Pumpkissen bringt und uns heißen Yak-Buttertee zu trinken gibt. Wir würgen das muffig schmeckende, aber nahrhafte Getränk hinunter, hoffe, dass ich mich nicht übergeben muss, und werfe zwei Aspirin hinterher. Immer wieder ziehe ich den reinen Sauerstoff aus dem Kissen in die Lungen.

Bald kann ich schon aufrecht sitzen und lasse die Beine baumeln, um den Kreislauf wieder in den Griff zu bekommen. Die nächste Stufe besteht darin, auf einem Stuhl vor dem Zelt zu sitzen, um frische Luft und Licht zu tanken. Auf diese Weise bin ich innerhalb von knapp zwei Stunden wieder halbwegs hergestellt, so weit, dass an eine Weiterfahrt in rettende geringere Höhen zu denken ist. Der Schnee beginnt zu tauen. Wir wollen nur noch runter.

Gegen zwölf Uhr kommt unsere Gruppe mitsamt Passierscheinen am Posten an. Da sich über Nacht aus unerfindlichen Gründen die Batterie der Alp zu allem Unglück auch noch entladen hat, muss die Maschine mithilfe eines Abschleppseils in Gang gebracht werden. Wir binden das Seil um die beiden Gabelholme, es spannt sich unter dem Zug und ich bugsiere mit schwachen Armen das Motorrad langsam durch den Schneematsch. Kein einfaches Unterfangen, immer wieder rutschen die Räder im Schlamm durch und der Motor will erst auf den letzten befahrbaren Metern auf Trab kommen.

Ich bin ebenfalls nicht auf Trab, sammle aber alle noch vorhandenen Reserven an Kraft und Konzentrationsfähigkeit zusammen – sehr zum Leidwesen der jungen Übersetzerin. Sie hat mich ins Herz geschlossen und macht sich große Sorgen, ob ich in dem Zustand das schwere Motorrad führen kann. Als ich wende, um durchs Lager zur Straße zu kommen, umarmt sie mich fest und wünscht mir Glück. Das vermute ich jedenfalls, denn sie spricht unaufhörlich auf chinesisch. Über ihre Schulter hinweg sehe ich Thomas in seinem Gepäck kramen. Er zieht seine Angelrute heraus und reicht sie dem jungen Offizier zum Dank für sein fürsorgliches Kümmern. Der schaut, als habe er so ein Dingen noch nie in den Händen gehalten, dreht und wendet die Angel und bedankt sich herzlich bei Thomas. Kurz überlege ich, was ein Chinese auf 5.200 Metern mit einer Angel tun will.

Irgendwie funktioniere ich zwar nur, aber trotz Matschpassagen und weiterer Flussdurchfahrten geht es uns mit jedem Meter, den wir tiefer kommen, besser. Und Tibet breitet sich in seiner ganzen Gewaltigkeit und einsamen Stille vor uns aus. Im Himalaya meditieren die Götter. Die Luft ist so dünn, dass in unseren Köpfen nur noch Platz ist für die Zeit der nächsten beiden Atemzüge. Auf Tibets Straßen dem Horizont entgegenzurollen, ist Reduktion auf das Wesentliche, ist Meditation.

***

Über die Tage verlieren sich die Beschwerden der Höhenkrankheit fast völlig. Nur beim Einschlafen, wenn der Atem versucht, seinem natürlichen Impuls zu folgen, haben wir das beklemmende Gefühl, keine Luft zu bekommen. Wehe dem, der sich hier eine Erkältung einfängt und nicht mehr durch die Nase atmen kann! Eine diffuse Grundübelkeit wird mich in den kommenden Wochen stets begleiten.

Oft plagt uns der Hunger. Weil unsere Motorräder nur wenig Vorratshaltung erlauben, leben wir von der Hand in den Mund. Wir nehmen, was wir kriegen können und was in unseren Augen halbwegs essbar erscheint. Meist sind das ungewürzte Nudelsuppen, Buttertee, trockenes Brot (wir finden weder Marmelade noch Käse-ähnliches) und Reissuppe, die wirklich nur aus Wasser und Reis besteht. Salz gibt´s höchstens auf Nachfrage, meist aber gar nicht. Da das Elend oft schon mit dem "Frühstück" beginnt, sind wir nicht selten schlapp und mit knurrendem Magen unterwegs. Wir fantasieren von Schweinebraten und thailändischer Küche. Entdecken wir alle paar Hundert Kilometer einen Obstladen, kaufen wir ein, was unsere Lagerkapazitäten vertragen. Die ebenfalls in einigen Dörfern vorhandenen kleinen Lebensmittelläden beeindrucken zwar durch ihr vielfältiges Angebot an chinesischen Fertig-Trockennudelgerichten in grellbunten Plastikdosen und Hunderten Sorten von Keksen und Chips, eingeschweißten Hühnerfüßen und undefinierbaren knochentrockenen Gewächsen. Nahrhaftes nach unseren wirklich nicht verwöhnten Vorstellungen findet sich aber höchstens auf den raren Märkten. Und manchmal, ganz selten, gibt es merkwürdigerweise Snickers zu kaufen. Kaum erblicken wir in einem Regal die vertrauten braunen Päckchen, ist das jedes Mal ein kulinarisches Feuerwerk für uns. Mittlerweile schlackern die Hosen und wir müssen gucken, dass wir satt werden. Die Benzinversorgung bedarf bei einer Reichweite von ungefähr 380 Kilometern ebenso einiger Voraussicht und klappt am besten, wenn man weiß, wie die tibetischen Sprit-Fässer aussehen, oder in was auch immer man Benzin lagern kann. Die Fässer stehen leider meist nicht offensichtlich am Wegesrand, sondern in Höfen oder hinter den kleinen Lehmhäusern. Wir fragen uns durch, dann offenbaren sich die Quellen. Der Treibstoff ist nicht gerade billig für den Lebensstandard hier, ungefähr 1,05 Euro müssen wir pro Liter hinblättern.

***

Steter Tropfen höhlt den Stein. Und tägliches Nerven erweicht schließlich auch Basang. Die Technik kommt uns zu Hilfe: In einer größeren Stadt erstehen wir beim Provider China Mobile eine Handykarte. Diese Prozedur nimmt beinahe zwei Stunden in Anspruch und ist wegen zahlreicher Formulare und Prüfungen nur mithilfe des geduldigen Basang möglich. Aber diese Karte eröffnet uns neue Möglichkeiten. Unter der Auflage, ihn regelmäßig am Mittag und am Abend telefonisch über unseren Standort zu informieren, rückt er endlich unsere Passierscheine heraus. Meinetwegen, diese Auflage ist angenehmer, als an jedem Posten warten zu müssen. Mit dem Versprechen, keinesfalls militärische Anlagen zu fotografieren und nicht von der vordefinierten Strecke abzuweichen, erst recht aber kein Yak anzufahren, brausen wir mit den begehrten Papieren im Tankrucksack davon.

Auf der gottverlassenen Strecke Richtung Rutog kurven wir unfreiwillig durch mehrere chinesische Militärmanöver. Die Straße führt mitten durch die Gefechtsstationen. Panzer, Granatwerfer, Scharfschützen in ihren Gräben und ganze Regimenter sind eindrucksvoll und lautstark auf der riesigen Hochebene im Einsatz, um zu marschieren, herum zu ballern und Truppen zu verschieben. Wohlfühlen tun wir uns nicht zwischen rauchenden Schießrohren und LKW-Konvois. Aber auch das gehört nun leider zu Tibet, auch wenn es nicht in eine romantische Vorstellung über ein altes Kulturland passen mag. Den Ausgleich für weite Strecken, manchmal Kälte, Regen und Schneefall bieten uns das Land mit grandiosen Landschaften und die Begegnung mit Tibetern, die ihr Leben unter widrigsten Bedingungen, aber eingebettet in eine beeindruckende, allumfassende buddhistische Kultur führen.

Wir wollen die abgelegene alte Königstadt Guge entdecken, die im 11. Jahrhundert gegründet und nach der Übernahme durch den König von Ladakh 1630 verlassen wurde. Erst 1930 wurde die Stadt von westlichen Archäologen wiederentdeckt. Die Lage auf einer hohen Felsnadel in einem abgeschiedenen Tal auf 3.700 Metern

Höhe ist exponiert. Sie erlaubte in den "guten Zeiten" der Stadt die Kontrolle des Indien-Handels über den einzigen Grenzpass weit und breit. Das muss sehr einträglich gewesen sein, erreichte das Königreich Guge doch eine Ausdehnung bis nach Zanskar und Spiti im heutigen Indien. Heute bleibt demjenigen, der sich hundertzwanzig Kilometer von der Hauptstraße aus bis hierher vorarbeitet, der einzigartige Eindruck der alten Königstadt mit seinem kleinen Sommerpalast auf der höchsten Felsspitze.

Eine gute Tagesreise von Guge entfernt liegt der für Hindus und Buddhisten gleichermaßen heiligste aller Berge, der Kailash, und der nicht weniger heilige See Manasarovar in seiner Nähe. An seinem Ufer schlagen wir für zwei Nächte das Zelt auf. Dieser Ort ist einfach magisch: Wir campen gleich unterhalb des uralten Klosters Chiu, das von Tausenden Gebetsfahnen umsponnen ist. Im Süden leuchten die gewaltigen schneegekrönten Gipfel des Himalaya, im Norden die des Transhimalaya. Viele Mönche und Pilger aus Indien und Tibet erklimmen den Felsen zum immer noch bewirtschafteten Kloster, um den Kailash zu sehen und zu beten. Sie beäugen und befragen uns genauso neugierig wie wir sie.

In unserer unmittelbaren Umgebung entspringen alle vier Hauptflüsse Indiens: der Brahmaputra, der Indus, der Satlui und der Karnali. Im Gegensatz zum See Manasarovar teilt der wenige Meter westlich gelegene halbmondförmige Rashastal-See nicht die Anbetungswürdigkeit seines heiligen Schwestersees. Der Rashastal-See bedeutet im Buddhismus den Gegenpol zum göttergeschaffenen Gewässer, das von runder Form wie die Sonne ist. Die beiden Seen werden als von den Göttern geschaffener Gegensätze von Licht und Dunkelheit angesehen.

Am Morgen des dritten Tages am "Unbesiegbaren Türkis-See" (so eine der vielen tibetischen Bedeutungen), zürnen uns die Berggeister, als unterhalb des fast acht Kilometer hohen Gipfels des Gurla Mandhan gewaltige Gewitterwolken aufziehen. Dumm, dass die Transalp immer noch Batterieprobleme hat, so muss Thomas mich im Angesicht des nahenden Ungemachs mal wieder anschleppen. Wir schaffen es so gerade eben, unseren Kram trocken aufzuladen und uns aus dem tibetischen Staub zu machen. Die Unwetterwand ist schneller. Klatschnass werden die Klamotten also trotzdem.

Wir geben ordentlich Gas, denn im nächsten Guesthouse hoffen wir auf eine warme Dusche, finden aber wie schon einige Male zuvor das stinkende "Klo" irgendwo zwischen Bauschutt- und Müllbergen auf dem Hof, warmes Wasser zum Waschen gibt es aus einer überdimensionalen Thermoskanne auf dem Zimmer, und das Ensemble wird vervollständigt durch eine kleine Waschbütt. Na ja, das geht auch, und Zeit, um die Kanne öfters am Ofen in der Küche nachzufüllen, haben wir ebenso im Gepäck wie unser eigenes Bettzeug. Trotzdem freuen wir uns, dass es bald Richtung Lhasa geht, vielleicht färbt das Hauptstadt-Flair ja etwas auf die Qualität der Einrichtungen für mittlerweile ziemlich bedürftige Motorrad-Reisende ab.

In Lhatse haben wir endlich die Möglichkeit, der Alp eine neue Batterie zu verpassen. Thomas ergattert einen Sieben-Ampèrestunden-Akku, das ist weniger Ladung, als die originale Batterie hatte, aber die Maschine springt willig an und läuft. Das zu kleine Einbauformat gleichen wir mit Papp-Unterfütterungen im Batteriefach künstlerisch aus. Die "alte" kommt zu unserer seelischen Beruhigung noch für ein paar Tage mit auf den Gepäckträger, auch wenn sie so gut wie nichts mehr hergibt.

Es dauert nicht lange, da sackt die Pappkonstruktion wegen der Rüttelei beim Fahren in sich zusammen. Etwas anderes muss her, um die Batterie an ihrem Platz zu halten. Außerdem ist der Zug auf die beiden Polkabel oben an der Batterie viel zu groß. Nur, was nehmen, um Abhilfe zu schaffen?

Besondere Umstände erfordern besondere Maßnahmen. Ein herumliegender Stein kommt nicht in Frage, der würde heraus rutschen. Ein passendes Stück Holz liegt nirgends herum. Es müsste etwas frei Formbares sein ... meine Wahl fällt auf unser ehemals gelbes Küchenhandtuch. Ich reiße es in zwei Teile, denn ein Küchenhandtuch brauchen wir ja noch. Die andere Hälfte rolle ich fest zusammen und stopfe es in den freien Raum unter den Akku. Der sitzt nun bombenfest und außerdem erschütterungsfrei.

Die Benzinbeschaffung in der mittelgroßen Stadt Lhatse erweist sich wieder als bemerkenswert. An einer staatlichen Pumpe angelangt, werden wir sogleich von ebenfalls pausierenden chinesischen Touristen umringt, die in einem Überlandbus unterwegs sind. Die freundliche Neugierde ist nichts Neues für uns. Ebenso wenig neu ist der Umstand, dass sich die Tankwarte mit dem entsetzten Ausruf "Police, Police!" weigern, uns mit Sprit zu versorgen. Auch nach Thomas´ Insistieren und der massiven Unterstützung seitens der Touristen bleibt die Belegschaft standhaft, immerhin bietet man uns ein fünf Liter fassendes Teekesselchen an, mit dem wir zwischen Straßenrand und Pumpe hin- und herlaufen sollen, bis die Vierundzwanzig-Liter-Tanks mal endlich voll sind. Und wenn uns das nicht passt, dann sollen wir es doch bei der nächsten Tanke zweihundert Meter weiter versuchen! Wir folgen dem unfreundlichen Rat. Auch dort Fehlanzeige, der Tankwart bewegt sich diesmal erst gar nicht aus seiner Bude heraus, als er uns erblickt. Also wieder zurück zu den schreckhaften Tankwarten an der ersten Station. Thomas versucht es diesmal im Tankstellen-Häuschen, wo er den Kassierer nebst zwei Polizisten antrifft. Die beiden stellen ihm freundlich schäkernd einen Bon zum Volltanken unserer beiden Maschinen an der Zapfsäule aus, ohne Wenn und Aber. Das soll nun einer verstehen.

Immerhin kommen wir nun bis nach Shigatse, das bis zur Mitte des 17. Jahrhunderts die Hauptstadt Tibets war. Im wundervoll an

Eingang zum Klosterbezirk Trashilhünpo in Shigatse, Tibet.

einem Hang gelegenen Klosterbezirk Trashilhünpo befindet sich seit
fast sechshundert Jahren der Sitz des Penchen Lama, einer der wich-
tigsten Autoritäten im tibetischen Buddhismus. Während der Kulturrevolution zwischen 1966 und 1976 wurden von den ursprünglich
in Trashilhünpo lebenden 6.000 Mönchen so gut wie alle in Haft
genommen oder ermordet. Von 1982 bis zum Ende der achtziger
Jahre wurde das Kloster durch Spenden vieler Gläubiger und des
10. Penchen Lama wieder aufgebaut. Sogar die chinesische Zentral-
regierung stellte mehrere Tonnen Gold, Silber und Bronze zur Verfügung. Dies war nur möglich, weil die Einschränkungen der
Religionsausübung, die während der Zeit Maos galten, gelockert
wurden. Für die Tibeter ist daran unter anderem die Bedingung ge-
knüpft, keine politischen Aktionen gegen die chinesische Herrschaft
zu unternehmen. Dazu gehört schon das Vorzeigen eines Bildes des
Dalai Lama.

Uns stellt sich die Frage, wie der Hass und die blinde Zerstö-
rungswut der Chinesen zu einer sogenannten "Wiedergutmachung"
durch marginale Unterstützungen am Wiederaufbau passen. Inte-

ressanterweise ist es uns verboten, noch vorhandene Spuren der Zerstörung zu fotografieren. Was uns nicht daran hindert.

Die Schönheit der riesigen Klosteranlage konnte sich bis in unsere Zeit erhalten und wird uns durch eine freundliche Führung von Basang nahe gebracht. Wie es vor der Kulturrevolution ausgesehen haben mag, können wir jedoch nur erahnen. Und trotzdem sind wir einer solchen Pracht noch nirgends begegnet. Wir besichtigen wundervolle Wandmalereien und Gebetsräume, die nicht etwa als Museumsstücke daherkommen, sondern gelebten Glauben widerspiegeln. Allein der Grabstupa des 10. Penchen Lama besteht aus 614 Kilo Gold, 868 wertvollen Steinen und 246.794 Juwelen.

Wie in vielen Städten Tibets ist auch in Shigatse der chinesische Einfluss unverkennbar, vor allem in der Peripherie der Stadt sind lieblose Plattenbauten zu finden. Genauso wie auffallend viele Polizeiposten. Verwaltung, Stadtplanung und Schlüsselpositionen der Gesellschaft liegen offensichtlich in chinesischer Hand. Die Regierung unterstützt massiv die Einwanderung von Han-Chinesen vor allem in die urbanen Zentren Tibets. Die Tibeter fristen ein Dasein am Rande der Gesellschaft, nicht einmal Reisepässe dürfen sie besitzen.

Der chinesische Straßenbau hält auch in entlegenen Winkeln Tibets Einzug.

Frauen beim spirituellen Umrunden einer sich drehenden Gebetsmühle, Thöling-Kloster, Zhada.

Der Potala-Palast in Lhasa.

Eindrücke rund um den Jokhang-Tempel.

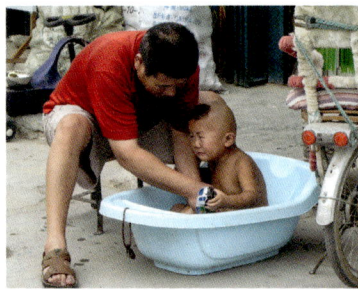

Gebetsmühlen vor der Himalaya-Hauptkette.

Motorradfahrer in Saga, Tibet.

Bei Tingri, Blick auf die Everest-Gruppe.

Zhangmu: Stundenlanges Warten auf den Grenzübertritt von China nach Nepal.

Die Friendship-Bridge an der Himalaya-Südflanke.

Der Keks des Dalai Lama

Zwei Tage später folgen wir nach ausgiebiger Stadtbesichtigung dem Oberlauf des noch jungen Brahmaputra, am Abend wollen wir Lhasa erreichen.

Vier Polizeiposten auf dem Weg winken uns heute einfach durch, drei davon, weil sie ungestört ihre Nudelsuppe verspeisen wollen. Am letzten Posten vor der Stadtgrenze winkt uns jedoch ein Ziviler heraus.

Als wir am Kontrollhaus parken, verlässt einer der Diensthabenden mit Reifenquietschen und Blaulicht den Posten. Der Zivile versucht, den verbleibenden jungen Beamten dazu zu bewegen, das Stationshaus zu verlassen, um unsere Papiere zu kontrollieren, der aber schämt sich offensichtlich so sehr, dass er sich hinter dem Fenster neben der Tür zu verstecken versucht. Der Zivile zieht ihm am Arm, ohne Erfolg. Ich könnte mich totlachen über die Situation, gut, dass ich Helm und eine Sonnenbrille trage! Thomas nutzt die Gunst des Augenblicks und artikuliert, ob wir passieren dürfen. Offensichtlich sehr erleichtert tritt der junge Beamte doch noch in die Tür und winkt uns hektisch durch.

Wenig später steuern wir die Motorräder an den Straßenrand. Vor uns erhebt sich auf einem Fels mitten in der Stadt der gewaltige Potala-Palast. Welch eine Ansicht! Und wieder ein markanter Punkt, an dem wir denken: "So weit geschafft, auf unseren alten Motorrädern!"

Während der nächsten Tage bleiben die Motorräder im Garten unseres Hotels stehen, wir bummeln durch die wunderbar lebendige Altstadt Lhasas und frönen ausgiebig der indischen Küche, die hier neben der chinesischen schon überall zu bekommen ist. Der ständige Hunger hat eindeutig ein vorläufiges Ende gefunden. Und natürlich machen wir ein Kulturprogramm, daran führt in Tibets Hauptstadt wirklich kein Weg vorbei.

Der Potala-Palast besticht durch seine Architektur, seinen Ausmaßen und der einzigartig exponierten Lage auf dem weithin sichtbaren Fels im Stadtzentrum. Der Sitz des ins Exil gezwungenen Dalai Lama ist in einigen Teilen zu besichtigen, besonders beeindrucken uns sein kleines Schlafzimmer und das Lesezimmer, in dem es scheint, als wäre der Dalai Lama nur eben hinausgegangen. Sogar ein sorgfältig arrangiertes Kekspäckchen "Walker´s Shortbread" auf seinem Lesepult scheint auf seine Rückkehr zu warten.

Neben dem Potala-Palast begeistert uns besonders das von Gläubigen vielbesuchte Hauptkloster der Buddhisten, der Jokhang-Tempel mitten in der Altstadt, mit seiner unfassbar prächtigen Ausstattung und der in allen Ecken spürbaren Spiritualität. Er war der erste Tempel in Lhasa, und ebenso wie der Potala-Palast gegründet von König Srongtsen Gampo um das Jahr 625. Der Tempel stellt in seinen Ausmaßen und in seiner Pracht sogar das Kloster in Shigatse in den Schatten. Leider ist es untersagt, im Inneren Fotos von den prächtigen Stupas, Buddhastatuen und den uralten geheimnisvollen Wandmalereien zu machen.

Alle Winkel Lhasas atmen Räucherwerk, Lebendigkeit, Farbenfeuerwerke und gläubiges Tun der Tibeter – und manchmal auch der Han-Chinesen.

Vor der weiteren Fahrt durch Tibets Einsamkeit liegt die Auffahrt auf die immerhin sechzig Kilometer lange Autobahn von Lhasa, die stadtauswärts Richtung Westen führt.

Diese Auffahrt ist nicht unbewacht. Ein Polizist springt engagiert vor Thomas´ Vorderrad, hat Glück, dass dieser ihn nicht einfach überfährt und lotst uns zu einem am Straßenrand aufgebauten gelben

Sonnenschirmchen, unter dem fünf weitere Staatsbedienstete sitzen. Freundlich lächelnd legen die Beamten ihre Smartphones beiseite und drohen mit Ungemach. Passkontrolle, kein Problem. Dann die Aufforderung an uns, doch bitte zurück durch die Innenstadt zu fahren und die alte Überlandstraße nach Westen zu benutzen, die in großem Bogen ums Tal herum führt. Verständliches Unverständnis auf unserer Seite, kein Erweichen auf der anderen. Das letzte bisschen Zögern der gegnerischen Seite wird durch einen Anruf beim Vorgesetzten aus der Welt geschafft. Der Grund der Obrigkeit für die Verweigerung der Autobahnbenutzung lautet: "Heute nicht." Aha. Man wünscht uns ein "Auf Wiedersehen".

Vom Dach der Welt direkt in die Tropen

Eine atemberaubende Fahrt erwartet uns, als wir erneut durch Lhatse fahren und dann nach Süden abbiegen. Wir sind auf dem Weg nach Nepal und befinden uns auf dem "Friendship Highway", der schmalen Verbindungsstraße zwischen Tibet und Nepal mitten durch das Himalaya-Massiv. Bis zu ihrer Fertigstellung 1964 war die Strecke lediglich ein uralter Yak-Trail und bildet heute wie in längst vergangenen Tagen den Haupthandelsweg zwischen beiden Ländern. Trotzdem herrscht so gut wie kein Verkehr, als wir unterwegs sind. In den Tälern liegen viele alte Befestigungsanlagen, gleich daneben die Dörfer der Bauern. Die letzten beiden Pässe über 5.000 Meter stehen an, der Himmel ist wolkenlos und mit einem Mal erhebt er sich vor uns: der Heilige Berg Qomolangma, der Mt. Everest. Einfach phänomenal, der Moment, als wir ihn erblicken: Blendend hell ragt sein Gipfel in den stahlblauen Himmel.

Wie makellose schneeweiße Perlen an einer Kette aufgereiht erstrecken sich die vielen 7.000er und 8.000er, auf die wir genau zuhalten, um den einzig vorhandenen Durchstieg innerhalb vieler Hundert Kilometer nach Süden zu finden. Wir lassen die Seelen in der Stille baumeln.

Der Friendship Highway verläuft, kaum dass wir das tibetische Hochland verlassen haben, in großer Höhe am Bergrand einer 1.500 Meter tiefen Schlucht entlang. Ein Blick in die Tiefe lässt uns noch näher an der Felswand entlangrollen.

Bald sind wir auf Wolkenhöhe, links und rechts der Straße trieft und tropft es aus dichter umnebelter Vegetation und aus Dutzenden Wasserfällen. Innerhalb weniger Minuten wird das Klima subtropisch, wir entdecken Bananenstauden und Affen, die auf den Dächern herumturnen. Wir haben die Südflanke des Himalaya erreicht, Nepal ist in greifbarer Nähe.

Gleich hinter Zhangmu, einem Städtchen, das abenteuerlich wie ein
Schwalbennest hoch oben am Hang über der engen Schlucht klebt,
verläuft die Grenze. Zu meinem Unbehagen erfahren wir, dass
gleich dahinter Schluss sein soll mit festem Untergrund und annähernd Leitplankenähnlichem. Die Weiterführung des "Highways"
auf nepalesischer Seite soll die gefährlichste Strecke des Landes
sein.

km 19.800

An der chinesisch-nepalesischen Grenze wird es schlimmer als erwartet. Ein letztes Mal dürfen wir von Überwachungswahn und In-
flexibilität der chinesischen Bürokratie kosten, als wir am Morgen
die erste Kontrollstelle noch innerhalb Zhangmus passieren. Über
acht Kilometer die enge Serpentinenstraße hinunter reiht sich ein
wartender Laster an den anderen, um abgefertigt zu werden. Zum
Überholen ist so gerade eben Platz, immer, wenn uns ein PKW entgegenkommt, dauert die Ausweichprozedur ewig. Wenn man bedenkt, dass diese Straße die einzige Handelsverbindung zwischen
China und Nepal ist ...

Vor dem Schlagbaum geht es zu wie in einem Bienenstock, und
nichts ist auch nur annähernd geregelt. Ein schmuddeliger Shop
reiht sich an den anderen, ein Blick in die verdreckten "Restaurants"
reicht aus, unser Verdauungssystem den schlimmsten Ahnungen
auszusetzen. Lastwagen mit Riesenballen an Ladung werden von
herumwuselnden Trägerinnen entladen, die Ladung neben oder
gleich auf der engen Straße gestapelt. Der stinkende Müllberg mitten auf der Fahrbahn bleibt aber der höchste Stapel von allen. Be-
stialischer Gestank aus dem öffentlichen Klo nebenan komplettiert
das Szenario. Zur Abrundung des Ganzen dröhnt mit unvorstellbarer
Lautstärke ein riesiger Dreizylinder-Dieselgenerator, der jede
Stunde kollabiert und sofort vom eigens abgestellten Mechaniker
mit einer ordentlichen Ladung Altöl geflutet und wieder zum Leben
erweckt wird.

Würden wir das Kaff nur mal eben passieren, wäre es ja in Ordnung. So ist es aber nicht. Beinahe sieben Stunden sind wir dem Inferno ausgeliefert, und unser Guide, den wir hier zum letzten Mal in Anspruch nehmen müssen, turnt immer noch acht Kilometer weiter oben in Zhangmu herum und versucht irgendeine unglaublich wichtige "Freigabe" aus Lhasa zu bekommen. Diese Story erzählt er uns jedenfalls am Handy, und das läuft heiß. Wir rufen sowohl ihn als auch den Agenten halbstündlich an, unsere Stimmung schwankt zwischen Ungläubigkeit, einer ordentlichen Portion Galgenhumor und blanker Verzweiflung mangels annehmbarer Toilette. Zeitweise überwiegt die Wut auf die Grenzer, die Bürokraten, unsere "Agentur" und auf die allgegenwärtigen Han-Chinesen ganz allgemein.

Irgendwann verschwindet die brütende Sonne, es beginnt zu regnen. Zu schütten. Wir verlassen den Sitzplatz auf den Reisesäcken und versuchen, die Mopeds unter das Dach vor dem Schlagbaum zu schieben – und ernten gleich einen Rüffel. Das ist uns jetzt so was von egal, nix verstehen.

Und irgendwann um kurz vor siebzehn Uhr sehen wir im Laufschritt unseren entnervten Guide nahen. Wird auch langsam Zeit, denn die Nepali drüben machen die Grenze um achtzehn Uhr dicht! Noch eine Passkontrolle auf chinesischer Seite, noch eine was-weiß-ich-Kontrolle, wir verabschieden uns vom gebeutelten Basang, schwingen uns auf die Maschinen und wollen endlich über die Friendship-Bridge rollen, auf deren Mitte der ersehnte Grenzstreifen zu Nepal verläuft.

Denkste – so einfach ist das nicht. Die chinesischen Beamten zetern: "Maschinen aus! Schieben!" Wie bitte? Wir haben weder einen Laster noch einen PKW bemerkt, der zur Grenze GESCHOBEN werden muss. Ich bin kurz vorm Explodieren und steige ab. Thomas sitzt mit verschränkten Armen auf der Twin und schaut verbissen. Diese Schikane wollen wir nicht kampflos über uns ergehen lassen.

Die Hände halbherzig gegen den Lenker gestemmt tue ich so, als sei das Motorrad für mich zu schwer zum Schieben. Die Uniformierten beobachten meine Bemühungen mit angespannten Minen. Wir sollen voranmachen und endlich die Brücke räumen! Sie fuchteln mit den Händen in der Luft herum und führen lautstarke Diskussionen untereinander. Der Anführer verliert die Kontenance und schreit mir ins Visier: "Go! Go! Go!" Nichts lieber als das, aber eben nicht so. Ich erkläre ihm, dass ich genau an dieser Stelle die Nacht verbringen werde, wenn ich nicht mit Motorkraft fahren darf. Woraufhin sich ein klein gewachsener Grenzer dazu bereit erklärt, mir zu helfen, das Motorrad über den auf den Asphalt gemalten Streifen zu schieben. Genau dort, wo beide Räder auf der mächtigen Talbrücke über den Strich gerollt sind, dürfen die Motoren wieder angeworfen werden. Uns fehlen zur Abwechslung die Worte.

Mittlerweile ist es zehn vor sechs. Die Nepali auf der anderen Seite der Brücke stellen uns in Anbetracht des nahen Feierabends in Windeseile zwei Visa aus und wir durchqueren Kodari. Das ist der Name der traurigen Bretterbuden-Ansammlung auf dieser einzigen Piste durch die enge Schlucht. Ein uraltes Auto kommt uns entgegen gerumpelt, es fährt bedrohlich weit am rechten Fahrbahnrand und macht keine Anstalten, auf seiner Straßenseite zu bleiben. Fast kommt es zum Zusammenstoß, nur mit einem beherzten Schlenker können wir der Motorhaube noch ausweichen. Wir schimpfen über so viel Rücksichtslosigkeit – bis uns ein Laster entgegen kriecht. Ebenfalls rechts, von uns aus gesehen. Wie peinlich – uns geht ein Licht auf. Tolle Globetrotter sind wir, haben noch nicht einmal einen Plan davon, dass in Nepal Linksverkehr herrscht.

Der Friendship Highway hat meist eine Breite von drei, manchmal auch fünf Metern, führt am Bergrand hoch über dem Fluss vorbei und ist auf den nächsten dreißig Kilometern eine Schlammpiste mit mehr oder weniger dicken Steinen, unfreiwillig integrierten Was-

Friendship-Highway, Kodari, Nepal.

serläufen und ordentlichem Gefälle. Wir kämpfen uns auf rutschigem Untergrund vorwärts. Es macht trotzdem Spaß, hier zu fahren, immer weiter geht es abwärts. Nur ab und zu halten wir an, um einem bunt bemalten Lastwagen die Durchfahrt zu ermöglichen. Die Luft wird feuchter und milder, fast tropisch, und Wasserfälle rauschen die grünen Berghänge herunter. Wie lange haben wir keine blühenden Pflanzen mehr gesehen! Hier an der Südflanke des Himalaya ist bereits der klimatische Einfluss Indiens zu spüren. Zur Illustration der urwüchsigen Landschaft umflattern uns kunterbunte Schmetterlinge, in den Büschen turnen die Affen herum – und kurz vor Einbruch der Dunkelheit habe ich einen Platten. Hinten natürlich. Wie blöd.

Wir laden das Gepäck ab und schieben das Motorrad bergauf bis zur nächsten Biegung, zu einem winzigen Haus mit zwei Tischen für Gäste auf dem schmalen Streifen zwischen Straße und offener Küche. Thomas kehrt mit seinem Motorrad noch einmal um und sammelt das zurückgelassene Gepäck auf.

240

Unter mentaler und physischer Anteilnahme des Wirtes und zweier Gäste beginnt das übliche Gehampele: Thomas baut das Rad aus und einen brandneuen Schlauch ein, den wir in den Untiefen des Gepäcks verstaut haben. Aber unser Mini-Kompressor scheint kaputt zu sein, jedenfalls bringt das Mistding keine Luft in den Schlauch. Einer der freundlichen Nepalesen schwingt sich kurzerhand mit dem Rad unter dem Arm auf Thomas´ Sozius und zeigt ihm den Weg ins nächste Dorf, um dort bei einem Bekannten Luft zu pumpen.

Derweil hocke ich auf einer niedrigen Mauer und bewache im Stockdunklen Werkzeuge, Gepäck und den Rest meiner Maschine neben der nun einsamen Dschungelpiste. Die beiden winzigen Tische füllen sich mit Fernfahrern, die ihre Laster hintereinander auf der schmalen Straße geparkt haben. Dunkle Augen mustern mich, aber niemand spricht mich an. Mir ist mulmig zumute in der fremden Gesellschaft, und die Zeit, bis Thomas wiederkommt, erscheint mir endlos. Als der Wirt meint, er müsse bald schließen, wächst meine Beunruhigung. Das einzige, was mir einfällt, ist ihn zu bitten, die einsame Glühbirne, die vom Dach baumelt, brennen zu lassen. Was mache ich nur, wenn er abschließt und nach Hause fährt? Die Fernfahrer erkennen doch mit einem Blick meine hilflose Situation.

Gerade, als ich versuche, die aufkommende Panik in den Griff zu bekommen, sehe ich den Lichtkegel von Doppelscheinwerfern näher kommen. Mir fällt eine ganze Geröllhalde vom Herzen, endlich sind sie wieder da. Dass das Rad aufgepumpt und zum Wiedereinbau bereit ist, ist zumindest für mich im Moment Nebensache. Tief in der Nacht schlagen wir uns durch die Wälder bis nach Bhaktapur durch.

Nepal

Bhaktapur ist ein exotischer Traum. Ein beschauliches Sammelsurium aus kleinen Läden mit Obst, Fisch, hinduistischen Kultobjekten und Wollwaren ist umnebelt vom Duft nach Räucherstäbchen und Currygerichten. Wir staunen über das indische Ambiente, das wir in Nepal gar nicht vermuteten. Die uralte Stadtanlage ist aus Ziegeln errichtet und mit wahren Meisterwerken der Schnitzerei ausstaffiert, belebte Tempel, freundliche Menschen und Aussteiger-Cafés machen uns glücklich. Wir fühlen uns wie im siebten Himmel. Auch die Tage der dicken Pullover und der Winterhandschuhe sind nun vorüber. Mit einem breiten Grinsen kramen wir kurze Hosen und T-Shirts hervor.

Bhaktapur ist neben Kathmandu und Lalitpur eine der drei alten Königsstädte Nepals im Kathmandutal. Hier leben vorwiegend hinduistische Bewohner des Stammes der Newar, die traditionell ihren Lebensunterhalt als Händler verdienen. Die Lage der Stadt an der alten Handelsstraße nach Tibet brachte der Stadt Reichtum und Kulturoffenheit. Der malerische Ortskern ist von sattgrünen Reisterrassen umgeben, in denen wir stundenlang herumspazieren können. Jeden Tag stromern wir durch die Gassen der Altstadt und sehen den Töpfern, den Händlern und dem geschäftigen Treiben auf den Plätzen zu. Wir lehnen unsere Rücken an die sonnenbeschienene Wand eines Cafés und genießen das Flair. In einem winzigen Geschäft entdecke ich Aufkleber ganz nach meinem Geschmack. Noch am selben Nachmittag zieren hübsche Bildnisse indischer Gottheiten sowie eindrucksvolle Buddha-Augen meine Maschine.

Eine chinesische Reisegruppe auf dem Weg zum Taleju-Tempel bestaunt unsere Motorräder, bis sie den unübersehbaren "Free Tibet"-Sticker an der Transalp entdecken. Der gerade noch interessierte Gesichtsausdruck weicht versteinerten Minen. Ein Hoch auf das Recht der freien Meinungsäußerung.

Im Gegensatz zum beschaulichen Bhaktapur ist das nahe Kathmandu schon eine ganz andere Nummer. Ein wahrer Hexenkessel erwartet uns, kaum dass wir die Stadtgrenze erreicht haben. Wir sammeln erste Eindrücke, als wir per Motorrad auf der Suche nach dem Hauptpostamt sind: Ein Verkehrsaufkommen, das kurz vor dem Kollabieren steht, drückende Schwüle und der noch gewöhnungsbedürftige Linksverkehr fordern die volle Aufmerksamkeit.

Die Partikel der LKW-Dieselabgase haben Staubkorngröße, ganz kurz kommt mir die Feinstaubdiskussion daheim in den Sinn. Die Ampelanlagen an den riesigen Kreuzungen dienen lediglich als Vorschlag zur Verkehrsgestaltung. Ganze Schwadrone knatternder Mopeds konkurrieren mit schweren Lastwagen, und uns scheint, dass die Zweiräder nur durch ihre gewaltige Überzahl für die Erhaltung ihrer Art sorgen können. Wir passen uns an und schalten um von "Sinnieren auf einsamer Piste" auf "Überleben im Getümmel".

Wir umkurven einmal das Gebäude und finden den Paketpostschalter. Überall auf der kleinen Rampe davor sitzen Frauen und Männer beim Nähen. Kurz registrieren wir diese Merkwürdigkeit, bevor wir die beiden großen Pakete über die Theke schieben. Sie sind mit Winterkleidung, Daunenschlafsäcken und anderen nun überflüssigen Dingen vollgestopft, die wir nach Deutschland versenden wollen.

"Oh, to Germany! Customs have to check this", meint der junge Postangestellte. Der Zoll sitzt am Nebentisch hinter Stapeln von Formularen in Gestalt von zwei ernst dreinblickenden Herren in dunklen Anzügen. Zu meinem Frust müssen wir die sorgfältig gepackten Pakete wieder öffnen und ausräumen. Der Inhalt wird interessiert geprüft. Eine kleine Bronzestatue aus Bhaktapur darf ich gleich draußen lassen, sie sieht zu antik aus. Ich soll sie doch bitte im Amt für Altertumsforschung in der Innenstadt vorzeigen und eine Expertise über ihre Unechtheit anfertigen lassen, dann darf sie mit auf die Reise gehen.

Es ist ja in Ordnung, dass der Ausverkauf der Landesschätze nach viel Missbrauch durch windige Geschäftsleute unterbunden werden soll, aber auf eine Odyssee zu besagtem Amt haben wir keine Lust. Ich nehme die lieb gewonnene Lakshmi-Statue an mich, dann wird sie uns eben weiter begleiten und an anderer Stelle persönlich außer Landes gebracht – hoffentlich.

Zollformulare werden ausgefüllt, die Pakete wieder zugeklebt, es geht zur nächsten Verarbeitungsstation einen Tisch weiter. Der Mann dort prüft die Papiere und ruft eine der Näherinnen zu sich. Sie näht beide Pakete gewissenhaft in weißes Leinen ein. Daher die Freilicht-Nähstube! Als die letzte Naht geschlossen ist, schiebt sie die Pakete zu einem Herrn weiter, der über eine Kerze gebeugt auf einem kleinen Schemel in der Ecke hockt. Er lässt rotes Siegelwachs auf sämtliche Nähte tropfen und drückt Thomas anschließend einen dicken Eddingstift in die Hand, damit er die Adresse von daheim aufs Leinen bringen kann. Dort wird man sich über die exotischen Pakete aus Nepal sicher wundern.

Besonderer Anziehungspunkt der Stadt ist der Durbar Square, der zentrale Tempelplatz in Kathmandu. Hier dürfen wir als Zweiradfahrer sogar parken, inmitten von Hunderten zu ordentlichen Reihen aufgestellter Mopeds. Im Tempelbezirk befindet sich neben den Tempeln unzähliger Gottheiten und Versammlungshäusern auch der Kumari Bahal, der kleine Palast der lebenden Göttin Kumari. Sie manifestiert eine Inkarnation der Göttin Taleju. Die jetzige Kumari ist gerade einmal zehn Jahre alt, und als wir uns im winzigen Hof des Bahal aufhalten, erscheint sie für einige Sekunden am Fenster. Sie lebt seit dem Kleinkindalter im Palast, ohne am Leben draußen teilnehmen zu dürfen, und das bis zum Eintritt ins Teenie-Alter.

Dann wird sie unvorbereitet in die Welt draußen entlassen, und aus der Kaste der Newar wird eine neue kleine Kumari erwählt. Erst seit wenigen Jahren steht einer Kumari eine Art Pensionsleistung nach ihrer Zeit als Göttin zu, denn sie besucht weder eine reguläre Schule, noch bekommt sie eine Ausbildung. Ich mache mir viele Gedanken über sie und eine Kultur, die mit westlichem Selbstverständnis nicht zu begreifen ist. An den Seelenzustand des Kindes nach seiner Entlassung mag ich gar nicht denken, denn auf die Zeit der Verehrung und der Anbetung folgt das Nichts.

Als wir schließlich durch die unübersichtlichen, engen Altstadtgassen kurven, fahren wir im Nasenspitzen-Abstand vorbei an winzigen Werkstätten und urigen Läden, schönen Cafés und unzähligen Guesthouses sämtlicher Kategorien. Bauplatz ist seit jeher Mangelware in der Innenstadt, und so sind die engen Häuser vierstöckig erbaut. Das wimmelnde Leben spielt sich draußen ab, die Gassen und Plätze werden gemeinschaftlich genutzt.

Wir sind Teil eines riesigen Mikrokosmos, aus dem manche der Bewohner vielleicht ihr ganzes Leben nicht herauskommen. Besonders die Ärmsten versuchen, sich in den dunklen Gassen mit Trage- und Putzarbeiten im Tagelohn über Wasser zu halten – falls es ihre Gesundheit noch zulässt. Mehr als ein paar schmutzige Lumpen tragen sie nicht am Leib. Durch dieselbe Gasse zwängen sich neueste westliche Limousinen, und Geschäftsmänner mit teuren Aktenkoffern unter dem Arm eilen vorüber. Was für ein Unterschied zu den schier endlosen Weiten des rauen Tibet, seiner in sich gekehrten und oft durch ein entbehrungsreiches Leben in der Natur gezeichneten Bevölkerung! Hier zeigt die Stadt ihr doppeltes Gesicht. Diese Art von Exotik ist keine orientalische Schönheit, sie lässt vielmehr das vertraute Mitteleuropa wie eine rosarote Insel der Sicherheit und des Wohlstandes erscheinen.

Im Kathmandu-Valley grassiert gerade massiv die Vogelgrippe. Die Regierung hat in der letzten Woche 1,6 Millionen Hühner schlachten lassen, und auf keiner der zahlreichen Geflügelfarmen findet sich noch gefiedertes Leben. Auf den Straßen und in den dunklen Wohnhäusern turnt das verseuchte Federvieh aber immer noch munter herum. Hühner im Flur, Hühner in der Küche, Hühner auf den Tischen und Theken … immerhin verwenden die meisten Restaurants weder Hühnchenfleisch noch Eier, was den Speisezettel auf Reis, Gemüse, Schweinefleisch und manchmal Fisch beschränkt.

Alles gut gewürzt, also besteht nicht der leiseste Grund zur Klage.

***

Beim Aufräumen unserer Papiere fällt uns zufällig die Liste der carnetpflichtigen Länder in die Hände. Ohne sie richtig zu lesen, fällt Thomas´ Blick auf Iran, Indien, Malaysia, Nepal. Nepal? Das kann doch nicht wahr sein. Wie bescheuert muss man sein, um das erst vier Tage nach der Einreise festzustellen? Der abgestempelte Eintrag in unsere Motorrad-Carnets ist in diesen Ländern bei der Einreise zwingend vorgeschrieben, um die Zweiräder später problemlos wieder ausführen zu können. Ich lasse mich mit einem entgeisterten Seufzer rückwärts aufs Bett fallen. Vor meinem geistigen Auge taucht der Friendship-Highway auf, steinig, eng und gefährlich. Bloß nicht den weiten Weg zurück zur nepalesisch-chinesischen Grenze, und das wegen eines Stempels! Thomas schnappt sich die Motorradschlüssel, schwingt sich auf die Africa Twin und rast zur Zollstelle am Flughafen in Kathmandu.

Eine Odyssee durch Flure und Büros des nüchternen Verwaltungsgebäudes lassen ihn schließlich den richtigen Ansprechpartner finden. Der meint, Stempel für das Carnet gäbe es seines Wissens nur an der Grenze bei der Einreise. Wieso wir denn keine hätten?

Aber morgen sei der Chef wieder da, wenn Thomas dann noch einmal kommen würde?

Am folgenden Tag sitzen wir zu zweit hoffnungsvoll auf der Ledercouch im Vorzimmer des Zollchefs. Die falsch eingeführten Motorräder parken unter dem Fenster. Das Telefon auf dem Schreibtisch der Vorzimmerdame klingelt leise, wir dürfen vorsprechen. Der Zollchef rügt uns wegen des Versäumnisses und wir hüten uns davor zu erwähnen, dass der Grenzer wegen des anstehenden Feierabends wohl auch nicht seinen Pflichten nachgekommen ist. Er prüft die Pässe, wirft einen Blick aus dem Fenster auf die Motorräder und meint, wir sollen im Vorzimmer seine Entscheidung abwarten. Eine halbe Stunde später klingelt wieder das Telefon der Sekretärin, Thomas darf erneut eintreten. Mit einem handgeschriebenen Papier kommt er zurück, das ist die Erlaubnis, die Papiere hier im Zollgebäude abzeichnen zu lassen! Ein Angestellter soll uns in den Raum führen, in dem sich der entsprechende Stempel und vor allem ein stempelberechtigter Herr befinden sollen. Drei Flure und fünf Büros später haben wir unsere Papiere komplettiert. Dafür hätten wir auch jedes Büro auf sämtlichen vier Etagen abgeklappert.

Fliegende Hondas

Um von Nepal nach Burma zu kommen, oder vielmehr nach Myanmar, wie es ja nun heißt, müssten wir von Kathmandu aus vier
Tage durch Indien zur burmesischen Grenze fahren. Die beiden Visa
haben uns im Hotel in Bhaktapur erreicht, die Botschaft in Deutschland hat sie zuverlässig ausgestellt und durch eine Visaagentur problemlos nach Nepal senden lassen. Der erste Schritt, mit dem
eigenen Fahrzeug durch dieses seit langer Zeit für Ausländer ver-
schlossene und deshalb für uns um so reizvollere Land fahren zu
können, ist getan. Wir beginnen freudig, die Straßenkarte Myanmars
zu studieren.

Es soll beim Fahren unserer Finger über die Landkarte bleiben. Der
Traum zerplatzt angesichts aktueller Reglements einiger indischer
Provinzen. Sie erlauben im Allgemeinen die Durchfahrt durch bestimmte Gebiete und den Grenzübertritt nur unter Vorlage zahlreicher Sondererlaubnisse, zu beantragen selbstverständlich nicht
zentral, sondern in den unterschiedlichen Bezirken gegen klingende
Dollar. Jetzt, zum Zeitpunkt unserer Nachfrage, ist gar kein Grenzübergang für ausländische Individualisten geöffnet. Die Enttäu-
schung ist groß, hatten wir doch aufgrund der politischen
Lockerungen der letzten Zeit darauf gehofft, dass das auch die Rei-
sebestimmungen betreffen würde.

Es hilft alles nichts, den Realitäten müssen wir uns beugen. Wir
treffen eine andere Entscheidung: Von Thailand aus sollen die Grenzen offen sein, also werden wir die Sache "Myanmar" von Osten
aus angehen. Die Maschinen müssen von Kathmandu nach Bangkok
geflogen werden, anders kommen wir nicht weiter.

Der Zufall will es, dass ein Kellner einen Tipp für eine Fracht-
agentur geben kann. Wir brauchen außerdem Holzkisten, um die

248

Motorräder versandfertig machen zu können, und für Hilfe bei den Zollformalitäten wären wir auch dankbar.

Spaghetti mit Tomatensauce türmen sich dampfend auf unseren Tellern, als der Parkplatzkies draußen laut knirscht. Ein kleiner Nepalese mittleren Alters entsteigt einer dunklen Limousine und stellt sich in perfektem Deutsch als Nishal vor. Auf unsere verwunderte Nachfrage meint er, er habe viele ausländische Handelsbeziehungen und spreche deswegen acht Sprachen. Das möchte ich auch gern können. Wenn ich mir eine einzige Gabe wünschen dürfte, dann wäre es, alle Sprachen sprechen zu können.

Wir kommen mit dem quirligen Mann rasch ins Geschäft, der verlangte Preis für Kistenbau und Transport nach Bangkok ist für uns völlig in Ordnung. Ein eilig herbeigerufener Zimmermann nimmt das Maß der Motorräder, und am kommenden Tag sind wir schon auf dem Weg in den Exportbereich des Flughafens Kathmandu.

Wir brettern eine steile Rampe hinauf, durch gestapelte Stoffballen, vernähte Säcke und Bergen von Kartons hindurch. Überall in der hohen Halle wimmeln Männer mit Frachtpapieren in den Händen herum, Träger stapeln Kisten zu Türmen und blicken uns erstaunt hinterher.

In der hintersten Ecke der Halle winkt uns der Zimmermann zu: "Come over here!" Zusammen mit seinem Gehilfen und Nishal steht er vor einem großen Haufen Bretter. Sie zeigen uns, wie wir die Motorräder versandfertig machen sollen: Die Vorderräder müssen raus, Frontmasken, Schutzbleche und Spiegel müssen abmontiert werden, wir klemmen die Batterien ab. In den Tanks darf sich während des Fluges kein Benzin befinden. Einen Kanister zum Abzapfen haben wir aber nicht. Der Gehilfe eilt mit vier großen Softdrinkflaschen aus Plastik herbei, in die wir den Sprit ablassen. Leider reicht die Kapazität der Flaschen nicht, die Tanks sind immer noch zu einem guten Viertel gefüllt. Macht doch nichts, bedeutet uns Nishal. Den guten Willen hätten wir ja gezeigt.

Die gefüllten Flaschen verschwinden in Windeseile aus unserem Blickfeld.

Bevor die letzte Seitenwand befestigt und der Deckel auf die Kisten genagelt wird, durchsucht ein Herr vom Zoll gewissenhaft, aber ziemlich fix die Ladung. Die Restfüllung in den Tanks bemerkt er nicht. Die Kisten können nun mit Eisenbändern umspannt werden. Acht Männer heben sie, jede von ihnen um die dreihundertfünfzig Kilogramm schwer, auf eine Riesenwaage, bevor sie auf ein Rollband geschoben werden und unseren Blicken entschwinden.

Nishal hat seinen Part erfüllt, er entschuldigt sich und eilt zum nächsten Kunden, einem Teppichhändler.

Am Abend ist es an uns, das Geschäft durch Bezahlung endgültig abzuwickeln. Nishals Büro liegt fast unauffindbar mitten in Kathmandus Altstadt Thamel, das Getümmel ist uns mittlerweile vertraut. Wir steigen in biblischer Finsternis die wackeligen Treppen in den zweiten Stock hinauf, wo sich das Büro des Agenten befinden soll. Das winzige Schild neben der Tür kündet vom richtigen Eingang, wir treten ein und stehen vor einer Wand aus Wollmützen. "Hier lang!", tönt es von irgendwo links hinter dem Mützenberg. Wir steigen über Bommelmützen, gefütterte Polarforschermützen, Mützen für die linke Szene, Rastamützen. "Entschuldigung, mein Partner aus Chile etikettiert gerade seine Waren um", meint Nishal mit einem breiten Grinsen. Ich frage mich, ob die Mützen auf die Reise von Nepal nach Chile gehen oder umgekehrt. Beides ergibt für mich keinen Sinn, stellen doch beide Länder Wollmützen her – dieses Elementarwissen konnte ich mir bei vielen Besuchen deutscher Weihnachtsmärkte aneignen.

Wir nehmen auf zwei Mützenbergen vor Nishal´s Schreibtisch Platz, und er befördert Tüten voller Etiketten unter den Tisch, um Platz für drei Teetassen zu schaffen. Ein Angestellter serviert lauwarmen Buttertee, ich nippe nur und schiele verstohlen auf die Colaflasche im Regal. Nishal meint mit einem Fingerzeig auf seine

Bhaktapur, links der vergoldete Eingang zum Taleju-Tempel.

Seit Jahrhunderten hat sich an der Fertigung der Töpferwaren nichts geändert.

In Bhaktapur.

Kathmandu: Verladung für den Flug nach Bangkok.

Auf Koh Yao Yai, Thailand.

Wasser-Kiosk.

Fahrradtour durch die Altstadt von Bangkok.
An der burmesischen Grenze.

Auf die Fähre nach Koh Chang.

Aktenordner, er exportiere auch Mützen nach Deutschland, die wären auf Weihnachtsmärkten sehr gefragt. Sieh mal einer an. Aber Motorräder zu transportieren ist für ihn auch kein Problem.

***

Die Flugzeugturbinen brummen gleichmäßig und einschläfernd. Unter uns liegt Myanmar. Traurig blicken wir aus dem Flugzeugfenster auf den dichten Urwaldteppich tief unten. Flussläufe ziehen sich wie Silberfäden durch das üppige Grün, durch das wir so gern gefahren wären. Noch eine halbe Stunde Flug bis Bangkok.

***

Thailand! Palmen, Strände, Hängematten – aber zuvor ist in der Frachthalle des Bangkoker Flughafens werkeln angesagt.

Früh am nächsten Morgen sind wir per Taxi vom Hotel auf dem Weg zum Flugplatz, um die Motorräder aus den Kisten zu befreien. Wir haben keine Ahnung, in welcher der unzähligen Hallen die Zweiräder abgestellt sein könnten. Unser Fahrer bemerkt die Orientierungslosigkeit und stellt sich uns kurzerhand als "Agent" zur Verfügung. Er mache das zwar zum ersten Mal, wisse aber besser Bescheid als wir. Wie wahr. Wir sind erleichtert und stimmen sofort zu, schließlich kann er Thai sprechen und kennt möglicherweise Abläufe, die uns für immer verborgen bleiben. Zielstrebig flitzt er mit uns im Schlepptau von einem Schalter zum nächsten. Was für ein Papierkram! Thomas meint, so schlimm wie er es bisher empfand, sei die deutsche Bürokratie im Grunde gar nicht.

Schlag zwölf stoppt die allgemeine Betriebsmittagspause unseren Durchmarsch, alle Schalter schließen. Wir mogeln uns in die Flughafen-Kantine und essen zusammen mit Hunderten Angestellten.

Am frühen Nachmittag und viele Stempel später gabeln schließlich zwei Stapler die beiden vertrauten Holzkisten auf, und wir bauen die Motorräder in einer Ecke des Importbereichs wieder zusammen. Unserem "Agenten" drücken wir dankbar dreißig Dollar in die Hand.

Tropi-Frutti-Thailand

km 22.400

Unsere erste Anschaffung in Bangkok ist – ein Regenschirm. Bangkok säuft gerade ab, denn die Regenzeit gibt noch einmal Alles, bevor sie sich in einigen Wochen verabschieden wird. Die Ablösung des traditionellen Schiffs- und Bootsverkehrs durch den immer stärker werdenden Autoverkehr erfordert den massiven Ausbau des Straßennetzes. Und so begannen die verantwortlichen Stellen der Riesenstadt vor einigen Jahren, die meisten der alten Klongs (Wasserkanäle) zuschütten zu lassen und an ihrer Stelle Straßentrassen zu bauen. Nun fehlen die Abflussmöglichkeiten, und das rächt sich in der Regenzeit regelmäßig. Die Innenstadt steht einen halben Meter in den schmutzigen Fluten.

Da wir in einigen Wochen Bangkok wiedersehen werden, verzichten wir auf eine Stadterkundung in Anglerhosen und erledigen Wichtigeres: Neue Lenkkopflager für beide Maschinen sind uns von Freunden hierher gesendet worden und werden flugs eingebaut. Die schlechten Pisten hatten beide Lager zeitgleich ruiniert. Wir erkundigen uns nach einem vernünftigen Schrauber in der Nähe, da wir für diese Operation nicht das richtige Werkzeug dabei haben und landen bei "Red Baron", der auch gleich erkennt, dass sich das Lager an Thomas´ Vorderrad ebenfalls gerade ins Nirwana verabschiedet. Das passende Lager für´s Rad hat der Laden zum Glück vorrätig.

Jetzt geht es endlich weiter! Wir können es kaum erwarten, wieder den Wind der Landstraße im Gesicht zu spüren und verlassen Bangkok Richtung Osten. Mit völlig neu gelagertem Fahrgefühl sind wir auf dem Weg nach Koh Chang. Die "Elefanteninsel" liegt nahe der kambodschanischen Grenze vor der Küste. Als wir Bangkoks Stadtgebiet nach vielen Kilometern entlang Autohändlern, Supermärkten und Werkstätten verlassen haben, kurven wir über die Ebene nördlich des Golfs von Siam. In der Ferne erheben sich die Hügel des nahen Kambodscha. Die Sonne brennt vom Himmel, und jede halbe Stunde stehen wir am Straßenrand, um zu trinken.

Das Kleiderkonzept hat sich geändert. Es ist einfach zu heiß, um in kompletter Montur unterwegs zu sein. Die Motorradjacken wandern – allen Sicherheitsbedenken zum Trotz – auf die Sitzbank.

Die kleine Inselfähre bringt uns übers Wasser nach Koh Chang, und wir finden eine Unterkunft, noch bevor wir zu suchen begonnen haben. Am wenig frequentierten Pier kommen wir mit einem Holländer ins Gespräch, der auf der Insel versucht, sich mit einem Mopedverleih über Wasser zu halten. Er sei Langzeitmieter bei Conny, einer Deutschen, die es ebenfalls aus dem kühlen Europa hierher verschlagen hat und die mit ihrem Mann neben einem Taxiunternehmen Kräuterverkauf und Früchteanbau betreibt. Außerdem führt sie eine kleine Dschungel-Lodge mit vier Zimmern.

Wir folgen dem Holländer und biegen wenig später in einen dicht bewachsenen Waldweg ein, der durch einen Kokoshain führt. Das Blätterdach öffnet sich. Auf einer sonnigen Lichtung hat sich Conny ein kleines Paradies geschaffen, und ihr halb offenes Holzhaus im Thai-Stil lässt uns auf Anhieb wohlfühlen. Nach ein paar Minuten, gerade solange es dauert, das Gepäck ins Zimmer zu schaffen und in kurze Hosen zu schlüpfen, sitzen wir mit unserer Gastgeberin im Garten. Schmetterlinge und bunte Vögel flattern durch die Büsche, auf dem Terrassentisch steht eine Schale mit frisch gepflückten Bananen und Mangos. Wir haben es gefunden – das Paradies!

Koh Chang steckt touristisch noch in den Windeln, war die Insel doch wegen der Nähe zu Kambodscha bis vor zwanzig Jahren Sperrgebiet. Wir profitieren nun davon: Neben einigen neu gebauten, aber moderat in die Landschaft eingearbeiteten Resorts finden wir noch viel Ursprünglichkeit. Lichte Kokoshaine und kleine Gummiplantagen wechseln sich mit dichtem Urwaldbewuchs ab, denn an den Hängen der steil aufragenden Berge ist keine Kultivierung möglich.

Am Strand auf Koh Chang.

Elefanten grasen in grünen Seitentälern. Sie werden zwar nicht mehr zur Wald- und Feldarbeit, sondern als Touristenattraktion gehalten, machen dem Inselnamen aber alle Ehre. Im Grunde genommen haben sie den ganzen Tag lang nichts zu tun; von Touristenströmen keine Spur.

Hier gibt es noch für ein paar Baht Hütten zu mieten und da Low-Budget-Hippieläden in Hülle und Fülle vorhanden sind, fliegen unsere ewig getragenen Klamotten gleich in die Ecke, nachdem wir dort als gute Kunden vorstellig wurden.

Von unserer Unterkunft aus, die in einer Fluss-Lagune liegt, müssen wir fünf Minuten mit dem Kayak zum Strand paddeln. Das ist Inselfeeling pur. Abend für Abend schwingen wir uns in Shorts und T-Shirt auf die Motorräder und sausen im warmen Abendwind durch die Dunkelheit nach Norden. Zehn Kilometer sind es bis White Sands. Das Dorf ist der perfekte Ort, um durch die Strandbars zu ziehen. Die Hütten, in denen die Lokale untergebracht sind, wurden aus Unmengen Bambus und Palm-Matten gebaut und sind zum Teil recht rudimentär ausgestattet. Dafür verfügen sie über eine umso

255

bessere Fischküche und bestechen durch die Herzlichkeit der Besitzer. Das ist alles ganz nach unserem Geschmack, und uns geht das Herz auf.

Wir laufen Gefahr, auf der Insel zu versacken. Da wären wir nicht die ersten, hätten wir genug Geld auf der hohen Kante, würde es uns wohl nicht anders ergehen. Aber wir kriegen die Kurve und beschließen nach einiger Zeit, uns auf den Weg nach Süden zu machen.

Die Reise führt uns um den ganzen Golf von Siam herum, leider via Bangkok, das mitten im Weg liegt. In der Stadt ist das Befahren der Stadtautobahn genauso wie die Benutzung der Brücken für alles Zweirädrige verboten. Sich durch das Dickicht der Straßen zu schlagen gerät zu einer Gedulds- und Überlebensprobe: Schier undurchdringlicher Verkehr, in dem jeder überall der Erste sein will, die Suche nach einer der gut versteckten Motorradfähren, die schwüle Hitze und die gewaltigen Ausmaße der Stadt gehen uns ganz schön auf die Nerven. Die Hände sind schweißnass und kleben an den Griffen. Die Saugfähigkeit des Helmfutters ist erschöpft. Der Schweiß fließt übers Gesicht, brennt in den Augen und vereinigt sich in Brusthöhe mit den Schweißströmen der anderen Körperteile, um sich schließlich in den Stiefeln zu sammeln. Der Stop-and-Go-Verkehr macht mich völlig gaga im Kopf, der lebenswichtige Fahrtwind ist nicht mehr existent und die weichgekochte Kugel auf meinem Hals droht mit Totalversagen. Konzentration ist so gut wie keine mehr vorhanden, nicht ungefährlich mitten in der Stadt. Jeder Millimeter Schatten ist willkommen, wenn es mal wieder nicht weitergeht. Sogar Ampelmasten bringen auf zehn Zentimetern Breite Schatten und damit wenigstens etwas Erleichterung.

Die Temperaturanzeige des Motors bewegt sich permanent im roten Bereich. Wir könnten auch einfach anhalten und warten, bis die Sonne untergeht ... aber wie das so ist, man will nur noch raus

aus der misslichen Lage, und das so schnell wie möglich. Die Frage, was mehr Sinn macht, stellt man sich dann selten.

Kaum haben wir die Stadtgrenze hinter uns gelassen, türmen sich die Wolken zu schwarzen Gebirgen. Der Himmel öffnet seine Schleusen, wie ich es niemals zuvor erlebt habe. Innerhalb weniger Sekunden steht das Wasser zentimeterhoch auf den Straßen, wir schaffen es gerade noch, ein Bushäuschen anzusteuern, in das sich bereits zahlreiche Mopedfahrer und Fußgänger geflüchtet haben. Die Leute starren uns an wie Außerirdische, lächeln verstohlen und mustern vor allem unsere Motorradkluft. Der Stoff wird mit den Fingern geprüft, die Reflektorenstreifen mit "Ah" und "Oh" kommentiert. Als wir ihnen auch noch die Protektoren an Ellbogen und Rücken zeigen, gerät das Bushäuschen vorübergehend aus dem Gleichgewicht.

Im dichten Gedränge und unter Beobachtung Dutzender Augenpaare ziehen wir Regenzeug über. Die Ausläufer des schlimmen Taifuns, der vor einigen Tagen die Philippinen verwüstete, ergießen ihr Abschiedsgeschenk über Thailand. Bis zum Abend wechseln wir fünfmal zwischen "Regenkombi an" und "Regenkombi aus". Denn kaum lugt die Sonne zwischen den triefenden Wolkenmassen hervor, brennt sie auf die schwarze Regenhaut und sorgt für einen unerträglichen Hitzestau. Wir kommen kaum voran, oft genug ist der Regen so stark, dass wir anhalten müssen, denn dann kann ich nicht einmal mehr Thomas´ Motorradbeleuchtung durch den Regenvorhang ausmachen. Statt Schweiß läuft nun Frischwasser oben in den Kragen hinein und bahnt sich den gewohnten Weg Richtung Stiefel.

Klatschnass erreichen wir im Dunklen Amphawa. Etwas orientierungslos stehen wir im Regen herum. Der Nachtmarkt des Dorfes hat bereits geschlossen.

"Hello? Want sleeping?" Unter einem riesigen Regenschirm blinzelt uns eine junge Frau an. Sie ist mit Tüten voller gekochter Nudelsuppe bewaffnet auf dem Heimweg und – vermietet Zimmer. Dankbar werfen wir die Motoren an und folgen ihr im Schritttempo durch die Nacht.

Amphawa ist durchzogen von Klongs. Viele Brücken und enge Verbindungswege zwischen den Häusern der Altstadt sorgen dafür, dass wir die schweren Maschinen zentimeternah an Mauern, verbeulten Mülltonnen und wackeligen Zäunen vorbei dirigieren müssen. Ich versuche, die leuchtend gelben Nudelsuppentüten, die im Scheinwerferlicht am Arm der Frau vor mir durch Dunkelheit schaukeln, nicht aus den Augen zu verlieren, denn das würde die verlockende Aussicht auf eine vielleicht warme Dusche und eine rasche Trockenlegung vereiteln.

Vor einem wackeligen Holzsteg geht dann nichts mehr. Der würde glatt unter dem Gewicht der Maschinen zusammenbrechen, wenn wir auf den rutschigen Bohlen nicht schon vorher mit Sack und Pack im schwarzen Klong landen. Im strömenden Regen konsternieren wir, dass in dieser entlegenen Ecke des Dorfs bestimmt nachts keiner entlang läuft, um unsere Sachen zu stehlen. Also schnappen wir uns nur die Tankrucksäcke mit den Papieren, die Fototasche und einen Rucksack mit Wechselwäsche und Zahnbürste. Wir platschen die letzten fünfzig Meter hinter den Nudelsuppentüten her über den wankenden Steg, hinterlassen eine Wasserspur bis in den ersten Stock des alten Holzhauses und ergattern ein nettes Zimmer mit Matratze auf dem Boden und einem Moskitonetz darüber. Amphawa nennt sich "schwimmendes Dorf". Wenn man es genau nimmt, stehen die Häuser aber fest gebaut im sumpfigen Grund, aber das Dorf hat einen tatsächlich schwimmenden Markt aufzuweisen. Am Wochenende liegen die hölzernen Thai-Boote dicht an dicht in den Wasserstraßen, die meist einköpfige Besatzung treibt Handel mit Gemüse, Obst, Werkzeugen und Kurzwaren oder sie bereitet auf Kochern und Grills ihre Spezialitäten zu. Jedes Haus am Kanalrand verfügt über eine breite Treppe oder mindestens einen

Steg zur Klongseite hin, sodass der geneigte Kunde sowohl von Land als auch vom Wasser aus an dem exotischen Treiben teilnehmen kann. In unserem Fall ist es ein nasses Treiben, denn immer wieder regnet es heftig und die Kaufleute haben ihre liebe Not, die Waren gegen die Güsse zu schützen.

***

Die Golfküste ist sehr, sehr lang. Beinahe neunhundert Kilometer erstreckt sich der thailändische Rüssel nach Süden, an mancher Stelle nur wenige Dutzend Kilometer breit. Die Strecke läuft nur selten nahe am Meer vorbei, aber meist sind wir ohnehin damit beschäftigt, uns dem Wasser von oben zu widmen. Die Motorräder stehen wie wir unter Dauer-Flutung, aber sie laufen und laufen. Was man von Thomas´ Navigationsgerät nicht behaupten kann. Es quittiert kurzerhand den Dienst. Mein GPS schlägt sich noch wacker, wenn auch bei ihm die Scheibe bereits unheilvoll von innen beschlagen ist. Es kann ja nicht ewig regnen. Aber lange.

Entlang der burmesischen Grenze geht es durch eine liebliche tropische Landschaft. Die grünen Hügel sind von Palmen, Bananenstauden und Gummibäumen übersät. Wenn die Tropensonne das regennasse Grün bescheint, glänzt die Welt, als wäre heute der Tag ihrer Erschaffung.

Nördlich von Chumphon komme ich ins Frohlocken. Nicht nur, dass die Sonne wenigstens am späten Nachmittag unsere Klamotten zum Dampfen und das Meer zum Leuchten bringt, auch die kleine Seitenstraße, die am palmenbewachsenen Sandstrand entlang führt, lässt mein Herz höherschlagen. Als wir dann noch wenige Minuten später unser allererstes Strandlager auf dieser Reise einrichten, komme ich aus der Begeisterung nicht mehr heraus.

Bis zu einem bestimmten Abend. Es beginnt mit einem Kribbeln an den Beinen, den Oberarmen und dem unteren Rücken. Am nächsten Morgen bilden sich dort unzählige rote Quaddeln, die sich rasch mit Flüssigkeit füllen und mittlerweile unerträglich jucken. Was ist das denn jetzt?

Den Laptop unter den Arm geklemmt mache ich mich auf den Weg zur Rezeption, dort gibt´s Internet. Was sich im Netz findet, ist ein Graus. Von Sandflöhen ist die Rede, die ihre Eier unter der Haut ablegen und deren Stiche sich so entzünden können, dass das bemitleidenswerte Opfer eine Blutvergiftung bekommen kann. Oder sind es Sandmücken gewesen? Dann müsse man ein paar Tage leiden und "nur" dafür sorgen, dass sich die Blasen nicht öffnen und entzünden. Super Aussichten, wenn man eine Motorradhose anziehen muss.

Ich entdecke einen Bericht über Fliegen, die ihre Eier unter den Fußnägeln ablegen. Das ist jetzt doch zuviel an Information, ich klappe den Laptopdeckel zu und sehe nur die Möglichkeit, jeden Tag dreimal nach unerwünschtem Leben auf meiner Pelle zu fahnden.

***

Ein solches Rambazamba haben wir lange nicht vor´s Visier bekommen. Touri-Busse, die uns mit Haaresbreite überholen und beinahe in den Straßengraben befördern, genervte Taxifahrer. Ein Restaurant reiht sich an das andere und der Bevölkerungsanteil an Nicht-Thais ist so hoch, wie wir ihn zuletzt in Europa sahen: Wir sind in Phuket-Stadt und bahnen uns einen Weg durch den Rummel.

Hier soll sich irgendwo der Pier befinden, von dem morgen früh eine Fähre zur Insel Koh Yao Yai ablegen wird. Es ist noch hell, und so machen wir uns vor der Zimmersuche auf die Suche nach besagtem Pier, damit wir morgen gleich wissen, wo wir hinmüssen. Mit den beladenen Maschinen kurven wir bei Bruthitze kreuz und quer durchs unübersichtliche Hafengebiet, auf Nachfragen bei Einheimischen nach dem richtigen Weg deutet man engagiert und unter vielen leider unverständlichen Erläuterungen nach links und rechts – gleichzeitig.

Irgendwann liegt der kleine Verladeplatz trotz aller Irrungen vor uns, und wir sehen gerade noch, wie ein Auto über zwei freischwebende Bretter eines der kleinen Schiffe verlässt. Na dann, keine Rampe weit und breit, aber was ein Auto kann … morgen sehen wir weiter. Wir gehen schlafen.

Diejenigen Fähren, die außer Fußgängern auch Autos und Motorräder transportieren können, sollen laut Aussage eines Inselbewohners am kommenden Morgen um halb neun und um halb elf Uhr losfahren. Wir trudeln also entspannt um zehn Uhr am Pier ein – und fragen uns, wie die Motorräder auf dieses Schiff kommen sollen. Das ist nicht dasselbe wie gestern.

Thomas findet den Kapitän, und gemeinsam klettern sie auf dem Seelenverkäufer herum, auf der Suche nach einer Transportmöglichkeit. Vorn auf dem Bug festzurren geht nicht, der ist viel zu schräg. Auf´s Heck geht auch nicht, der Anleger auf der Insel ist laut Kapitän viel zu kurz, um auch das Schiffsheck entladen zu können. Die Motorräder im Passagierraum unterbringen geht auch nicht, zumindest nicht, ohne sie auseinanderzubauen, denn die Tür ist nur ein niedriger Durchschlupf. Der Kapitän meint schließlich: Schieben wir die Dinger doch oben über die Passagierkabine aufs Sonnendeck! Er macht es mit einem Mini-Scooter vor: Eine fünf Meter lange schmale Planke wird im 45-Grad-Winkel postiert, und mit Ach und Krach ziehen und zerren drei Mann das Fliegengewicht aufs Dach. Und das mit unseren Maschinen? Da bricht die Planke doch gleich durch, ganz zu schweigen, wie der Flaschenzug (den es gar nicht gibt) aussehen müsste, der das Gewicht hochziehen kann!

Das Schiff, das letzte für heute, fährt also ohne uns ab. Das Acht-Uhr-Schiff wäre zum Transport fähig gewesen.

Schon blöd manchmal, so als Individualreisende. Um alles muss man sich selber kümmern, und wenn was daneben geht, hat man keinen Reiseleiter zum Verhauen.

Also verlassen wir frustriert den Pier, inzwischen kommt wieder genauso viel Wasser von oben, wie sich vermutlich während der biblischen Sintflut über die Welt ergoss. Wir erreichen klatschnass ein nahes Hotel, um dort einzuchecken. Abends kommen wir nicht mal vor die Tür, um etwas zu Essen zu besorgen, so schüttet es. Wir rufen die 1711 an, unsere Rettung: den unvergleichlichen, unersetzlichen, unübertroffenen Mc Donald´s Delivery Service! Natur und Einsamkeit gut und schön, aber Zivilisation ist manchmal etwas Feines.

Tatsächlich parkt nach einiger Zeit ein bedauernswertes Individuum auf einem Scooter draußen in den Fluten, um uns das erste Fast Food nach Monaten zu kredenzen. Stilvoll verzehren wir Burger, Pommes und Cola auf dem schneeweißen Hotelbett und versuchen, nicht allzu sehr mit der pappigen Pracht herum zu ferkeln.

Am nächsten Morgen sind wir schon lange vor acht Uhr am Pier, zahlen beim Kapitän und bugsieren die Motorräder in den Schiffsbauch der kleinen Fähre, wo wir uns den Platz mit ein paar PKW, einer Doppelbett-Matratze sowie Bananenkisten und duftenden Säcken voller Trockenfisch teilen.

Bald schaukelt das Schiff vor dem Pier von Koh Yao Yai. Dummerweise legt die Fähre längs an, sodass wir die Rampe nicht wie gewohnt bequem nach geradeaus, sondern in einem scharfen Bogen nach links verlassen müssen. Misstrauisch betrachte ich die veränderte Lage und stoppe die Maschine, noch bevor ich auf die Planke fahre. Durch den Seegang hüpft die Metallrampe mit lautem Getöse so mächtig auf der Uferbefestigung rauf und runter, dass ich nicht lange nachdenken muss und streike. Da komme ich niemals ungeschoren drüber!

Zwei Schiffsleute meinen, ich soll doch jetzt mal voranmachen, die anderen wollten ja auch noch an Land. Mir egal, ich bleibe, wo ich bin und bin voll und ganz damit beschäftigt, das Motorrad noch in der Senkrechten zu halten. Ein verzweifelter Blick nach hinten zu Thomas, der die Lage erkennt und gerade absteigt, um mir zu helfen – da liegt die ganze Fuhre auch schon auf der Rampe, mit mir unten drunter. Und die beiden Schiffsleute, die beim Aufrichten helfen, schimpfen nicht mehr, sondern merken, was die Honda wiegt.

Eine halbe Stunde später parken die beiden Motorräder einträchtig nebeneinander vor der Open-Air-Rezeption eines Strandresorts, von denen es auf Koh Yao nach einer ersten Erkundungsfahrt nur vier zu geben scheint. Die Insel ist ursprünglich und dschungelhaft, die Leute machen in Fischen und Kautschuk. Und wir machen erst mal nichts. Außer vielleicht schwimmen gehen und mit antiseptischer Creme meine lästigen Sandmückenstiche weg zu pflegen, die mich auch nach Tagen immer noch piesacken. Vor einer Entzündung bin ich noch einmal davon gekommen.

***

Leberkäse, Laugenbrötchen und Pfälzer Wurst – wir sind zurück auf Phuket. Nach vielen Monaten interessanter Nahrung frühstücken wir heimisch-vertraute Gaumenfreuden in Manni´s German Bakery. Wenn nicht hier auf dieser Rummelinsel, wo soll es sonst so etwas geben in Thailand?

Manni führt sein Geschäft seit zwei Jahrzehnten, während dieser Zeit hat er sich einen treuen Kundenstamm aufgebaut. Am Abend gehen wir mit ihm essen, er kennt sich natürlich bestens aus in der lokalen Szene. Hier ist was los, und an Kuriositäten mangelt es nicht: In einer Bar sitzen zwei Hunde mitten auf der Theke. In einem seichten Pool treffen wir auf erwachsene Asiaten, die mit Hello-

Kitty-Schwimmflügelchen an den Armen unterwegs sind. Nicht zum Spaß, sondern weil sie nicht schwimmen können. Und das, was wir am Straßenrand für Zierfischverkäufer halten, wegen der vielen glasklaren Aquarien auf dem Boden, entpuppt sich als Fisch-Spa: Der Kunde setzt sich auf die Bank hinter dem Becken und lässt die nackten Beine ins Wasser baumeln. Hunderte kleiner Fische stürzen sich auf die spa-bedürftigen Gliedmaßen und gnabbeln an ihnen herum, bis eine halbe Stunde vorüber ist. Der Spaß kostet einen Euro. Wir haben das noch nicht ausprobiert, sondern begnügen uns mit einem Blick in die Gesichter der Delinquenten.

km 27.900

Bald drängt die Zeit und ein Blick in die Reisepässe zur Grenze: Das 30-Tage-Visum für Thailand läuft aus. Wir wollen so gern nach Myanmar fahren, aber seit Wochen vergehen laut der lokalen Nachrichten keine drei Tage, an denen dort nicht geschossen und gebombt wird. Es ist schlimm, wie sich in dem durch die Militärdiktatur gebeutelten Land die Muslime und die Buddhisten in der Wolle haben. Die Lage ist reichlich unübersichtlich, es gibt keinen scharf umrissenen Krisenherd im Land, den wir eventuell umfahren könnten.

Da wir überhaupt keine Lust haben, uns einer organisierten Reisegruppe durch Burma anzuschließen, verzichten wir vorerst auf eine Einreise, die für zwei Individualisten am ersten Kontrollposten wahrscheinlich schnell eine Umkehr zur Folge hätte. Dazu sei am Rande erwähnt, dass, falls man sich doch für eine Reiseagentur entscheidet, bis zu 550 US-Dollar abgezockt werden, pro Tag, versteht sich. Wie solch exorbitanten Preise zustande kommen, ist uns ein Rätsel. Das ist nichts für uns, selbst wenn wir das Geld hätten.

Also, wo ist die nächste Grenze, die in Frage kommt? Es sind zwei bequeme Tagesreisen bis nach Malaysia, also warum nicht …

Die Hitze an den beiden folgenden Tagen ist kaum auszuhalten. Es ist bekanntermaßen ein Unterschied, im Flattergewand am Strand herumzugeistern oder mit Motorradstiefeln an den Füßen und Helm auf dem Kopf viele Kilometer auf dem Motorrad zurückzulegen. Es ist das erste Mal, dass mir in den Sinn kommt, mein Motorrad als "heißen Ofen" zu bezeichnen.

Keine zwei Stunden sind wir gefahren, als wir dringend Schutz vor der Sonne und etwas in den Magen brauchen. Suchend streift unser Blick am Straßenrand entlang, wir halten schließlich an einem offensichtlich geöffneten Restaurant, denn unter dem schattigen Dach sitzen viele Gäste. Das ist verheißungsvoll.

Kaum haben wir Platz genommen, bedeckt eine freundliche Dame unseren kompletten Tisch mit Schüsseln voller Fisch, mit Gemüseplatten und Getränken. Wir sind etwas erschrocken, ist heute Spezial-Menü-Tag? Wir hatten doch noch gar nicht bestellt! Auf unsere vorsichtige Nachfrage, was denn das kosten soll, wird das ohnehin schon zu hörende Gekichere um uns herum zum Gejohle.

Man klärt uns auf, dass dies kein Restaurantbetrieb, sondern eine private Hauseinweihungsparty sei. Oh, wie peinlich! Aber wir werden so herzlich verköstigt, dass unser Unbehagen nicht lange vorhält, im Gegenteil, wir fühlen uns richtig wohl bei den netten Leuten. Eine malaiisch-thailändische Band sorgt für richtig gute Livemusik.

Grenzgänger

Durch sattgrüne Dschungelwälder kurven wir weiter zur Grenze, pünktlich am letzten Tag der Visum-Gültigkeit. In Malaysia ist sofort klar, dass wir uns wieder in einem muslimisch geprägten Staat befinden. Alle Frauen tragen Kopftuch, lange Gewänder und der Muezzin ruft dreimal am Tag vom Minarett. Vieles ist auf arabisch geschrieben, und die Restaurants bieten Halal-Mahlzeiten an. Wir müssen uns ja nicht auf diese durch den Koran erlaubte Speisenzubereitung beschränken und stehen am Abend an einem qualmenden Straßenstand Schlange. Dort verleiben wir uns die besten Burger seit ewigen Zeiten ein.

Auf die Insel Langkawi kommen wir leider nicht, denn die kleine Auto-Fähre ist für die nächsten Tage komplett ausgebucht. Keine Ahnung, was uns dort erwartet hätte, ich gehe in Anbetracht des Ansturms aber davon aus, dass die Insel nicht zuletzt wegen ihrer viel gerühmten Schönheit touristisch sehr erschlossen ist. Wir bleiben auf dem Festland.

Die Nächte sind wie Seide, aber am Vormittag setzt mit aufsteigender Sonne die brütende feuchtwarme Hitze ein. Der Wärme ungewohnte Europäer kann bei diesem Klima keinesfalls aufs Baden im Meer oder in anderen Wasseransammlungen verzichten.

Ein Blick auf das Schild neben dem Eingang zum Poolbereich nebenan lässt mich jedoch stutzen. Bikini und Badeanzug sind rot durchgestrichen, ein Piktogramm ohne rotes Kreuz darüber zeigt ein halbärmeliges Oberteil und lange Hosen. Da hätte ich auch dran denken können in einem muslimischen Staat. Die Aussicht auf klebrig nasse, lange Sachen am Strand sind nicht besonders verlockend, dagegen kommt im Moment noch nicht einmal die Aussicht auf eine malaiische Landerkundung an. Thomas lässt sich relativ schnell überzeugen, und wir rechnen aus, dass wir im Grunde genommen nur zwei Tage im Land bleiben müssen. Dann nämlich könnten wir die vorsorglich in unsere zweiten Pässe in Kathmandu eingetragenen 60-Tage-Visa für Thailand bei der Einreise aktivieren und hätten Ruhe vor irgendwelchen abgelaufenen Visa-Geschichten. Planung ist manchmal die halbe Miete.

Gesagt, getan, schon am kommenden Tag kurven wir auf anderer Strecke über herrliche Serpentinen wieder durch den Dschungel des malaiisch-thailändischen Grenzgebietes und freuen uns, kurz darauf wieder im toleranten Thailand zu sein.

An einer Hauswand lesen wir: Life is a beach! Mit einem Grinsen unterm Helm geben wir Gas.

***

Am schönen Strand von Hat Yao hausen die Bestien. Mittlerweile konnte ich die winzig kleinen Sandmücken mit eigenen Augen identifizieren, aber nicht dingfest machen. So beißen und saugen sie zunächst unbemerkt an meinen Beinen herum, das traurige Ergebnis sehe ich am nächsten Morgen. Immerhin ist die Population der Mistviecher in Hat Yoa nicht so dicht wie am weit entfernten Strand von Chumphon, wo ich erste Erfahrungen mit ihnen machen durfte. Nur vier Attentat-Stellen kann ich ausmachen, aber von denen habe ich wieder acht Tage etwas. Thomas wird verschont, er lümmelt auch nicht ganz so gern im Sand herum wie ich, sondern bevorzugt Strandbudenstühle. Ich ab sofort auch.

Ao Nang weist erfreulicherweise eine andere Fauna auf. Nichts, was sticht, saugt und nachhaltige Pein verursacht, hier hüpfen "putzige kleine Gesellen" (frei nach B. Grzimek) in Form von Palmhörnchen im Geäst über unseren Köpfen herum und am Strand, dort, wo der Sand an den Fuß der dschungelbewachsenen Kalksteinfelsen grenzt, hausen die Affen. Jeden Morgen sitzen wir auf den Motorrädern und fahren den kurzen Weg über den schmalen Sandweg an den senkrecht aufsteigenden Felswänden entlang Richtung Wasser, um ihnen einen Besuch abzustatten. Oder vielmehr, um es uns unter den Büschen am türkisfarbenen Meer gemütlich zu machen.

Eigentlich gehören die Affen hoch oben in den Bambuswald, dort sind sie aber nur bei schlechtem Wetter anzutreffen. Nicht, weil es dort regengeschützt ist, sondern weil dann keine fütterungswilligen Touristen unten am Strand unterwegs sind, die für eine tierische Vollpension sorgen. Kommen die Leute, erleben wir lustige Szenen, besser als alle Zoo-Magazine im Fernsehen es zeigen: Affen, die kopfüber im Baum hängend nach kunstvollen Strandfrisuren grabbeln. Affen, die sich in unbeobachteten Momenten in unbewachten Kinderwagen tummeln und die Wickeltaschen ausräumen. Affen, die jede noch so winzige Tüte entdecken und schnellstens mit ihr im Baum verschwinden, und sich dann mit den Artgenossen darum zu kloppen. Affen, die von hinten an Bikinihosen springen ...

Die von uns regelmäßig frequentierte Strandbar "Last Café" wird von den Affenhorden verschont, denn der entnervte Besitzer bekommt es bemerkenswerterweise hin, die "kleinen Racker" von Tischen und Theke fern zu halten.

Dafür finden sich zum Sonnenuntergang andere Horden auf zwei Beinen ein – obwohl: Weil es, wie der Name treffend sagt, das letzte Café in der Bucht ist, sind viele Leute wohl zu faul, sich diesen schönen Platz zu erarbeiten. Sie bleiben in der Nähe des Dorfkerns, um zu vorgerückter Stunde dort ihren Sun Downer zu schlürfen. Vielleicht liegt der Grund auch darin, dass der Tourist auf dem Weg zum Café nicht weniger als dreiundzwanzig palmgedeckte Massagehütten passieren muss, wenn man nicht am Wasser entlang läuft. Und die Massage-Frauen sind äußerst geschäftstüchtig, um die Kundschaft auf die Liegen zu befördern. Da wird komplimentiert, Obst verschenkt, ein Vortrag über die Gesundheit gehalten oder schlicht mit einem mehr oder weniger umwerfenden Lächeln um die Gäste gebuhlt. Eine solche Massage ist nicht teuer und wirklich klasse, ich habe es am eigenen Leib erfahren. Ich bemühe mich täglich, auch Thomas auf die Matte zu bekommen.

Abgesehen davon, dass meine einzige motorradtaugliche Sonnenbrille spurlos verschwunden ist und die Affen Thomas´ T-Shirt klauen, um es anschließend hoch oben im Baum zu deponieren, sind keine Verluste zu beklagen. Wir machen tagelang nicht viel mehr als das, was wir immer schon "Urlaub" genannt haben.

***

Die Strecke von Ao Nang zurück nach Phuket führt in einem großen Bogen um die Bucht von Pha Nga herum. Dschungelbewachsene Kreidefelsen ragen linker Hand steil aus dem klaren Wasser, ein Anblick, der nicht ohne Grund weltberühmt wurde. Auch der sogenannte "James-Bond-Felsen" steckt wie eine Nadelspitze im Meer. Die Strecke führt durch üppige Wälder. Es ist eine Wohltat für Auge und Körper, das Motorrad in sanften Schwüngen um die Kurven schweben zu lassen. Goldene Tempel liegen wie Juwelen zwischen Wäldern und Grasflächen, Wasserbüffel stehen bis zum Bauch in sumpfigen Wiesen.

Als wir uns zum zweiten Mal auf dieser Reise Phuket nähern, wissen wir bereits, was uns erwartet. Das komplette Kontrast-Programm zu Überlandfahrten und authentischem Landesbild. Aber was ist schon authentisch, der Massentourismus gehört zu diesem Land wie die Monokultur der Gummibaum-Plantagen und die stinkenden Fabriken der Weiterverarbeitung. Für uns gibt es jedoch einen guten Grund, die Insel noch einmal aufzusuchen: Unsere Tochter Kathi ist eingeflogen, um uns für siebzehn Tage in Thailand besuchen zu kommen.

Am späten Abend kullern am Flughafen die Tränen, acht Monate haben wir sie nicht gesehen!

Unsere beiden Gepäckrollen, die sonst auf den Rückbänken befestigt sind, haben wir für die Dauer ihres Urlaubs in einem Store deponiert. Kathi schwingt sich bei Thomas hintendrauf, ich verzurre ihren Rucksack auf meiner Rückbank und wir fahren zu dritt durch die warme Nacht.

Schnell steht fest, dass sie nicht wieder nach Hause will, jedenfalls nicht schon nach zweieinhalb Wochen. Palmen, weiße Strände, Shopping-Offensiven und Coconut-Shakes – das können wir ja so was von verstehen! Nach kurzer Familien-Beratung verschieben wir ihren Rückflug, sodass wir mehr Zeit mit ihr verbringen können und sie noch nicht zu Studium und winterlichem Eiskratzer zurückkehren muss.

Pizzahütten, die unvermeidlichen Massage-Salons, Liegestühle im Sand und hippe Strandbars lassen in Surin das Herz des winterweißen Europäers, vor allem aber das des Russen, höherschlagen. Mitten im winterlichen Thailand-Rummel sind die Preise entsprechend Globetrotter-ungeeignet. Glücklicherweise sichten wir mit geübtem Auge den besten Warung-Stand vor Ort, am Rande einer schönen Bucht gelegen. Einige dieser kleinen, familiengeführten Garküchen mit ein paar Plastikstühlen unterm Bast- oder Wellblechdach haben sich noch nicht von Hotelanlagen und Strandbars vertreiben lassen, und so können wir köstlich thailändisch essen – zu normalen Preisen. Ist sowieso viel "stylischer", wie Kathi bestätigt. Denn bei fünfzehn Euro pro "Oligarchen-Pizza" hört der Spaß auf. Aber es gibt genug Verrückte hier, die das zahlen.

Zwei Freunde aus Deutschland verbringen just im Moment ebenfalls ihren wohlverdienten Urlaub hier, und so tingeln wir für fast zwei Wochen zu fünft in der Gegend herum. Wir sind mit Schwimmen, in den hohen Wellen herumtoben und anderen Strandaktivitäten voll im Urlaubs-Modus.

Mit Sorge beobachten wir die Entwicklung in Bangkok. Mittlerweile fliegen dort Gummigeschosse, und die Polizei setzt Tränengas ein. Massive Ausschreitungen zwischen der Regierung und der konservativen Opposition haben die Stadt in einen Ausnahmezustand versetzt. Es ist schwer abzuschätzen, in wieweit das öffentliche Leben bereits eingeschränkt ist, möglicherweise sind nur bestimmte Kernbrennpunkte um die Ministerien und wichtige Behörden herum betroffen. Schulen und Universitäten wurden jedoch bereits geschlossen.

Auch die Provinzhauptstädte bleiben nicht ruhig, auch wenn von dort Zwischenfälle in weit geringerem Maße als in der Landeshauptstadt vermeldet werden.

Bald müssen Thomas und ich uns auf den tausend Kilometer langen Weg in die Landeshauptstadt machen. Das wird die letzte lange Strecke der Reise sein, unsere freie Zeit geht dem Ende zu. Kein schönes Gefühl. Wir müssen von Bangkok aus die Motorräder per Seecontainer Richtung Heimat verschiffen und uns selbst später ins Flugzeug nach Westen setzen. Müssen, nicht wollen.

Unsere Tochter haben wir sicher im ungeliebten Flieger nach Deutschland "verstaut", die Wochen mit ihr gingen so schnell herum!

Wir beide machen uns auf den Weg nach Norden. Über Ranong geht es achthundert Kilometer an der burmesischen Grenze entlang, vorbei an kleinen Dörfern und Bauernhöfen mit Wasserbüffeln in den Reisfeldern. Das Fahren macht einen Riesenspaß wie eh und je, aber je näher wir der Metropole kommen, desto flauer wird uns. Heim-

Nachts in Bangkok, vor einem Hundesalon.

weh kann man das wirklich nicht nennen. Es hilft nichts, die Stadt verschluckt uns bereits dreißig Kilometer vor dem eigentlichen Stadtkern. Thomas Navigationsgerät hat sich immer noch nicht von den Regenzeit-Fluten erholt. Mein GPS jedoch kommt mit der Darstellung der manchmal dreifach übereinander liegenden Fahrbahnen nicht klar. Will heißen, ich kann die richtige Fahrbahn-Ebene nicht erkennen und liege mit meiner Wahl permanent daneben. Das zieht leider nach sich, dass wir oft wenden müssen, was wegen der Mittelplanken nur so ungefähr alle zwei Kilometer funktioniert. Das ganze Herummanövrieren geschieht außerdem mitten im Berufsverkehr, alle Straßen sind hoffnungslos verstopft und die Stadtautobahn bleibt Motorradfahrern bekanntlich verwehrt. Nach Stunden, eingepfercht zwischen haushohen SUVs, dieselstinkenden LKW und Schwärmen von Mopedfahrern, können wir endlich in die rettende Tiefgarage eines Hotels flüchten.

Bangkok ist – beeindruckend. Besonders der krasse Gegensatz zwischen galoppierendem Fortschritt und traditionellem Leben macht die Stadt am Chao Praya zu einem riesigen Entdeckungsfeld. Wir steigen vom Motorrad um auf Boot und Bahn, das Netz ist gut ausgebaut und ermöglicht stressfreie Fahrten zu allem, was wir uns ansehen wollen: den Königspalast, den Tempel des Smaragd-Buddhas, die Schicki-Micki-Shopping-Malls und noch viel lieber einige der Hunderte von kleinen Märkten. Wir stromern durch die verwinkelten Gassen China-Towns und über die Brücken der alten Wasserstraßen, auf denen die Longtail-Boote hin und her flitzen und so manchen Blumentopf auf den Holzterrassen zum Wanken bringen.

Wir lassen auch einen abendlichen Besuch von Phat Pong nicht aus, dem Rotlichtviertel. In den kurzen Gassen rund um die Thanya Road sitzen Hunderte Mädels auf Plastikhockern, durch die geöffneten Türen schallt laute Musik zum Tabledance, es gibt eine Gasse nur für homosexuelle Dienstleistungen und vor jeder Tür Angebote zum Besuch einer Show. Mindestens.

Das Schlendern durch die Straßen allein reicht uns, und als ich später nach "Ping Pong Show" google, bin ich froh, dass wir den Schleppern auf der Straße nicht nachgegeben haben und draußen blieben. An einer Bar hängt ein Reklame-Schild, das heute "Get your boy for 300 Baht" anpreist, das sind 7,50 Euro. Ein Mann trägt tatsächlich ein Preisschild um den Hals. Das ist eine Welt, die nicht die unsere ist und über die wir uns besser nicht allzu viele Gedanken machen. Rasch verschwinden wir.

Zwei Fahrräder stehen am Morgen für uns bereit. Besichtigungen sind ja gut und schön, aber wir haben noch nie von einer Radtour durch Bangkok gehört. Das ist die Idee eines findigen Holländers – wen wundert es. Wir machen sofort mit und sind begeistert. Es geht durch Hinterhöfe, vorbei an goldenen Tempeln und durch Betel-nuss-Plantagen.

***

Schnell, viel zu schnell steht die letzte Fahrt dieser Reise auf den treuen Motorrädern an. Eine unvergessliche Tour neigt sich dem Ende zu. Der Weg führt uns schweren Herzens zum Lagerhaus einer Übersee-Spedition, die die Motorräder per Sammelcontainer nach Deutschland verschiffen wird. Wir zwei werden wie geplant fliegen. Wie viel lieber würden wir fahren!

Nicht einfach für die Seele, im quirligen und warmen Bangkok den Flieger nach Deutschland zu besteigen. Abgesehen davon, dass in dem Ding eine bedrückende Enge herrscht, wie wir sie seit Monaten nirgends mehr erfahren mussten, ist es eine Art Kulturschock, mitten ins europäische Weihnachts- und Jahreswechsel-Getümmel zu platzen.

Aber jetzt haben wir sie alle wieder: Unsere Familie, unsere Freunde! Das ist einfach wunderbar. Und dass wir dann noch nach unserer Landung am Düsseldorfer Flughafen mitten in der Woche um die Mittagszeit herum mit einem von guten Freunden heimlich organisierten Bier- und Sektempfang in unserer Einfahrt begrüßt werden, ist die Krönung. Nicht nur die Familie, auch viele Freunde haben sich von der Arbeit loseisen können. Wir sind überwältigt.

Was bleibt

Außer zwei ramponierten Motorrädern bleibt die Erkenntnis, dass die Landkarte für uns jetzt noch mehr weiße Flecken hat als zuvor.

Weil wir nun aus eigener Erfahrung wissen, wie wundervoll und vielfältig die Welt ist. Und dass man überall klar kommen kann – wenn man aufgeschlossen ist und keine Verbote missachtet, ob gewollt oder ungewollt.

Die Erlebnisse, Eindrücke und Bilder dieser Reise sitzen in unseren Köpfen bombenfest, für immer.

Es bleibt auch das latente Fernweh, das sich immer dann Befriedigung verschaffen darf, wenn für uns die Ferien oder sonst eine Zeit gekommen ist, in der die Schlafsäcke aus dem Schrank geholt werden.

Diese Zeit wird wieder kommen.

Anhang 1: Ein paar Daten

Motorräder:	Honda Africa Twin XV 750, Bj. 1991
	Honda Transalp XL 600, Bj. 1989
Reisezeitraum:	März bis Dezember 2013
durchfahrene Länder:	17
gefahrene Kilometer:	29.100
Temperaturspanne:	min. -10 °C, max. + 47 °C
Höchste gefahrene Höhe:	5.460 Meter ü. NN
Ölverbrauch für zwei	
Maschinen:	10 l
Reifenpannen:	6
Verkehrsprotokolle:	1
Fährüberfahrten:	Venedig (I) - Patras (GR)
	Piräus (GR) - Chios (GR)
	Chios (GR) - Cesme (TR)
	Flussfähre Atatürk-Stausee (TR)
	Fähre über den Köycegiz (TR)
	Fähre Festland - Koh-Chang (T)
	Fähre Phuket - Koh Yao Yai (T)
	Flussfähre über den Chao Praya (T)
Flug:	von Kathmandu (NEP)
	nach Bangkok (T)
Benzinkosten:	2.430 Euro
Verpflegungskosten	
(Essen und Getränke):	4.700 Euro
Visakosten:	990 Euro
Übernachtungskosten/Tag:	0 Euro (wild campen) bis
	110 Euro (Luxushotel in
	Ashgabat (TM))

Anhang 2: Packliste

Reise-Büro
- Pässe, Visa
- Kopien der Pässe und anderer wichtiger Papiere
- Internationale Führerscheine
- KFZ-Scheine
- Carnets de Passage
- Grüne Versicherungs-Karten
- Impfpässe
- Passbilder
- Plastikgeld: Eurocard, EC-Karten
- Bargeld: Euro, US-Dollar
- Auslands-Krankenversicherungsscheine
- Landkarten (nur Übersichtskarten)
- Notizheft, Stift
- eBook-Reader mit Download-Büchern
- Point it (Zeigebüchlein)

Camp
- Zelt
- Ersatzheringe
- Zeltunterlage
- Tarp
- 2 Kopflampen
- Dauen-Schlafsäcke, dünne Inletts, aufblasbare Kissen
- Luftmatratzen mit Flickzeug
- Klapp-Stühlchen
- Benzinkocher, Ersatz-Generator, Dichtungssatz, Feuerzeug
- Spanngurte, auch als Wäscheleine zu verwenden
- 10 l-Wassersack mit Duschkopf

- Faltschüssel
- Scheuerschwamm, kleines Tuch
- Besteck, Taschenmesser, Schneidbrettchen, 2 Teller, 2 Tassen, 2 Töpfe, Klapp-Pfanne
- kleine Angel
- 4 Fertigessen für große Not
- Teebeutel, Salz, Pfeffer, Zucker und Brühwürfel in kleinen Dosen

Bekleidung + Zubehör
- Motorradbekleidung
- Endurohelme
- Endurostiefel
- Regenzeug
- individuelle Bekleidung, vieles aus Mikrofaser (5x Schlüpfer, 4x Socken, 4x T-Shirt, 1x Pulli, 1x Wetterjacke, 1x Jeans, 1x Badebekleidung, 1x Shorts, 2x Hemd bzw. Bluse, 1x Sportschuhe, 1x Badelatschen, 1x Sandalen)
- Kulturbeutel, je 2 Handtücher (Mikrofaser)
- Käppi, Wollmütze
- Sonnenbrillen
- Schaffell für Motorradsitzbank und überall, wo es kalt ist
- Nähzeug
- kleiner Tagesrucksack
- Trinkblasen zum Verstauen im Tankrucksack
- Waschmittelkonzentrat, Toilettenpapier
- Balbo Smart Bags zum Komprimieren des dicken Pullis

Apotheke
- Durchfallmittel
- antibiotische Augensalbe
- Vaseline

- Elektrolyt-Pulver zum Auflösen
- Aspirin
- starke Schmerztropfen
- Desinfektionslösung
- zellbildende Salbe
- Cortisonsalbe
- Creme gegen Herpes und Insektenstiche
- Antibiotikum
- Verbandspack, Pflaster, Klemmpflaster
- Sonnenschutzmittel
- Fieberthermometer
- 2 Spritzen, 2 Kanülen, kleines Skalpell, Nagelschere

Technisches
- Wasserentkeimer
- Mini-Kompressor
- Fotoapparat, Akku, kleines Stativ
- Filmkamera
- kleines Notebook/Pad
- Kompass
- GPS
- Handys
- Sat-Telefon
- Speicherkarten
- CS-Gas

Werkzeug + Ersatzteile
- Kabelbinder, Panzerband, Schrauben, Muttern, Kabelstücke
- diverse Maulschlüssel, Ratsche mit Aufsätzen,
  Schraubendreher, Zange
- Falttrichter, Kettenfett
- Schlauch, Flickzeug, Zündeinheit, Regler

Die Autorin

Susanne Goertz, Jahrgang 1966

Viel gereiste Schriftsetzerin mit einer Leidenschaft für das Motorradfahren, die seit den Jugendtagen besteht. Kaum das Abitur bestanden, war sie auf dem Weg nach Portugal, den Führerschein gerade einmal seit zwei Wochen in der Tasche. Familiengründung und "Nestbau" ließen immer Möglichkeiten, als Mediengestalterin, Tourveranstalterin und Autorin zu arbeiten.

Irgendwo in Nepal stellte sie überrascht fest, dass man nicht unbedingt ein festes Zuhause braucht, um sich daheim zu fühlen.

Nach zahlreichen Veröffentlichungen in Zeitschriften und im Internet führte eine Reise entlang der Seidenstraße gemeinsam mit dem besten Mann von Allen zur unbedingten Notwendigkeit, ihr erstes Buch zu schreiben.